Gracián | Handorakel und Kunst der Weltklugheit

Baltasar Gracián

Handorakel und Kunst der Weltklugheit

Übersetzt und herausgegeben
von Hans Ulrich Gumbrecht

Reclam

RECLAMS UNIVERSAL-BIBLIOTHEK Nr. 14195
2020, 2021 Philipp Reclam jun. Verlag GmbH,
Siemensstraße 32, 71254 Ditzingen
info@reclam.de
Gestaltung: Cornelia Feyll, Friedrich Forssman
Druck und Bindung: Elanders Waiblingen GmbH,
Anton-Schmidt-Straße 15, 71332 Waiblingen
Printed in Germany 2026
RECLAM, UNIVERSAL-BIBLIOTHEK und
RECLAMS UNIVERSAL-BIBLIOTHEK sind eingetragene Marken der Philipp Reclam jun. GmbH & Co. KG, Stuttgart
ISBN 978-3-15-014195-3
reclam.de

Inhalt

Anhang

Zur Lektüre der Übersetzung von Baltasar Graciáns *Oráculo Manual y Arte de Prudencia*

1 Der hier zum ersten Mal seit fast zwei Jahrhunderten vollständig ins Deutsche übersetzte Text des *Handorakels* von Baltasar Gracián erreicht uns nicht nur aus einer fremden Sprache, sondern auch aus einer fernen Zeit. In seinen Lebensjahren zwischen 1601 und 1658 war der seit 1635 dem Jesuitenorden angehörige Autor den spanischen Landsleuten wahrscheinlich weniger durch sechs unter fremden Namen veröffentlichte Bücher bekannt denn als einer der großen Prediger ihrer Zeit und als herausragender Theologe.

2 Unter Graciáns Werken kommt dem 1647 veröffentlichten *Handorakel* aus insbesondere zwei Gründen eine Sonderstellung zu: Sein adliger Freund Vincencio Juan de Lastanosa (1607–1681) stellt im Vorwort »An den Leser« das Buch als eine Sammlung von besonders bemerkenswerten Stellen aus früher erschienenen Texten Graciáns vor. Ob tatsächlich Lastanosa diese kurze Präsentation verfasste, entzieht sich unserer Kenntnis, während feststeht, dass nur die ersten 100 der insgesamt 300 vorgestellten Aphorismen annähernd dem Status einer solchen »Blütenlese« entsprechen. Sie alle bewegen sich jedoch in einem Anspielungsraum aus Verweisen und klassischen Zitaten, der in dieser Ausgabe so weit als möglich aufgeschlüsselt wird, um den Horizont abzustecken, zu dem der Gesamttext gehört. Das *Handorakel* vermochte Könige in Graciáns eige-

ner Zeit (wie Philipp IV. von Spanien oder Ludwig XIV. von Frankreich) in seinen Bann zu ziehen und große Philosophen (wie Arthur Schopenhauer oder Friedrich Nietzsche) zu begeistern. So wurde es zu einem Kanon-Text im europäischen Kulturerbe.

3 Den Text des *Handorakels* erfassen und eine intellektuell produktive Einstellung ihm gegenüber finden ist schwieriger, als es eine Sammlung kurzer Reflexionen über Probleme und Strategien des Verhaltens im Alltagsleben zunächst vermuten lässt. Dies hat weniger mit dem kulturhistorischen Abstand zu tun, den der Leser überbrücken muss, als mit der Komplexität, dem sich stellenweise zur Obsession steigernden Rhythmus im Denken des Autors und mit der zu Auslassungen wie Abkürzungen neigenden Dichte seines Sprachstils.

4 Langsames, aber anhaltendes Lesen über einen längeren Zeitraum – zum Beispiel zwischen fünf und zehn Aphorismen pro Tag – kann zu anhaltender Freude am Text führen. Dazu gehört das wiederholende Nachvollziehen einzelner Sätze und Absätze – vor allem jedoch Geduld beim Entstehen und Entwickeln eigener Formen des Lesens und Verstehens.

5 Obwohl die 300 Aphorismen des *Handorakels* nicht nach der Linie eines Arguments oder mit dem Vorhaben aneinandergereiht worden sind, eine systematische Welt-

sicht zu entwerfen, bietet sich kontinuierliche Lektüre vom ersten bis zum letzten Absatz an, ohne notwendig zu sein: denn sie vermag den Denk- und Schreibprozess des Autors als Ereignisverlauf zu vergegenwärtigen.

6 Eine der für Gracián wichtigen Funktionen seines verdichtenden Stils lag in dem Impuls, den Leser zu aktivem eigenem Denken herauszufordern. Nicht selten entsteht der Eindruck, dass man eine fremde Gedankenbewegung zum Abschluss bringen soll. Daraus können individuelle Reflexionen hervorgehen, die einen Grad der Unabhängigkeit gegenüber dem historischen Text gewinnen. Inhaltlich gesehen verspricht diese Möglichkeit mehr als eine Rekonstruktion und Übernahme von Ratschlägen aus Graciáns Lebenslehre.

7 Lohnend und nicht selten mitreißend ist also neben manchmal faszinierenden Einzelbeobachtungen und der eingängigen Schönheit vieler Sentenzen vor allem ein sichtbar werdender Prozess des Denkens. Der eigentlich legitime Versuch, einzelne Begriffe oder Argumente zu fixieren, um sie ins eigene Leben zu übertragen, mag deshalb mitunter unbefriedigend bleiben, eben weil Gracián alle Elemente seines Gedankenspiels in Bewegung setzt und – ohne wirklichen Abschluss – in Bewegung hält.

8 Anders als Arthur Schopenhauers großartige Übersetzung des *Handorakels* aus dem Jahr 1832, die bei aller gesuchten Nähe zum spanischen Original dessen Unklarheiten und sprachlichen Unebenheiten meist paraphrasierend glättet, ist meine neue Übertragung an dem Ziel ausgerichtet, die individuell und historisch besonderen Formen von Graciáns Sprache als eine Spur des Denkens so weit als möglich im deutschen Text zu erhalten. Dies gilt für die den Denkrhythmus unterstreichende Interpunktion; für syntaktische Verschiebungen, die auch im Spanischen des 17. Jahrhunderts exzentrisch wirken mussten; für unvollständige Sätze, Formulierungen an der Grenze grammatischer Korrektheit (wie etwa Inkonsistenzen im Gebrauch der Zeitenfolge oder Pronomina); aber auch für die häufigen Wortspiele – und schließt in ihrer Bedeutung trotz aller Verstehensbemühung unklare Passagen ein, welche selbst im Original nicht zu eindeutigen Sinnstrukturen zu führen scheinen. Vor allem soll die enge Anlehnung der Übertragung an den Wortlaut des Originaltexts jenen Lektüreeffekt und jene existenzielle Faszination bewahren, deren Zusammenspiel ich im Nachwort als »Verräumlichung des Denkens« analysiere und beschreibe.

Hans Ulrich Gumbrecht

Handorakel und Kunst der Weltklugheit

Aus den in den Werken von Lorenço Gracián
erdachten Aphorismen gezogen

ORACVLO
MANVAL,
Y
ARTE DE PRVDENCIA.
SACADA
DE LOS AFORISMOS
QVESE DISCVRRẼ
En las obras de
LORENÇO GRACIAN.
PVBLICALA
D. VINCENCIO
IVAN DE LASTANOSA,
I la dedica
Al Excelẽtiſsimo Señor
D. LVIS MENDEZ
DE HARO,
CONDE DVQVE.

Con licencia: Impreſſo en
Hueſca, por Iuan No-
gues. Año 1647.

An den Leser

Weder dem Gerechten Gesetze, noch dem Weisen Ratschläge; aber keiner wusste je genügend für sich. Eines musst du mir verzeihen und das Andere danken: dass ich diese Sammlung richtigen Wissens vom Leben *Orakel* nenne, denn das ist sie durch ihren hohen Stil und ihre dichte Form; dass ich Dir in einem Zug alle zwölf Graciáne anbiete, von denen jeder so geschätzt wird, dass man *Den Weltklugen* noch kaum in Spanien gesehen hatte, als er schon in Frankreich in die dortige Sprache übersetzt und gedruckt bei Hof erfolgreich war. Dieser Gracián nun soll der Vernunft beim Gastmahl ihrer Weisen als Gedenkschrift dienen, in die sie die Gänge der Klugheit eintragen kann, welche ihr in den anderen Werken dienen werden, um den Genuss auf geistreiche Weise zu verbreiten.

Don Vincencio Juan de Lastanosa

1 **Alles ist schon voll entfaltet, und das Person-Sein im höchsten Grad.** Mehr wird heute von einem Einzigen als früher von sieben Weisen erwartet; und mehr braucht man in diesen Zeiten, um mit einem Menschen zurechtzukommen, als früher mit einem ganzen Volk.

2 **Gemüt und Verstand.** Die beiden Achsen, welche Fähigkeiten strahlen lassen; eine ohne die andere, halbes Glück. Verstehen reicht nicht, Gefühl wird begehrt. Unglück des Dummen, die Bestimmung in Gesellschaft, Beruf, Land, Alltag zu verfehlen.

3 **Die Dinge im Unklaren lassen.** Die Bewunderung der Neuheit ist Wertschätzung des Gelingens. Mit offenen Karten spielen ist weder nützlich noch angenehm. Nicht gleich deutlich werden schafft Anspannung, vor allem wo hoher beruflicher Status Gegenstand allgemeiner Aufmerksamkeit ist; lass immer etwas Geheimnisvolles aufscheinen und löse mit solcher Unklarheit Verehrung aus; selbst wenn man sich zu verstehen gibt, ist Offenheit zu vermeiden, so wie auch im Umgang die inneren Gedanken nicht allen zugänglich werden sollen. Behutsames Schweigen ist der heilige Innenraum von Klugheit. Das angekündigte Vorhaben wurde nie geschätzt, eher der Verurteilung überlassen, und wenn es zu einem schlechten Ende führt, dann zweimal unglücklich. Göttliches Verhalten soll also nachgeahmt werden, um sich den Blicken und dem Warten auf Entbergung auszusetzen.

4 **Das Wissen und der Mut schaffen Größe.** Sie machen unsterblich, weil sie es sind. Jeder ist, so viel er weiß, und wer Wissen hat, dem gelingt alles. Ein Mensch ohne Kenntnisse, eine Welt im Dunkel. Einsicht und Kräfte, Augen und Hände; ohne Mut ist die Weisheit fruchtlos.

5 **Abhängig machen.** Das Gottesbild macht nicht, wer es vergoldet, sondern wer es anbetet; der Scharfsinnige hat lieber Leute, die ihn brauchen, als Leute, die ihm dankbar sind. Auf gemeinen Dank zu setzen, heißt Erwartung auf hoher Ebene mindern, denn während jener leicht vergisst, hält diese Erinnern wach. Mehr profitiert man von Abhängigkeit als von Höflichkeit; wer seinen Durst gestillt hat, kehrt der Quelle gleich den Rücken zu, und die ausgequetschte Apfelsine fällt vom goldenen Gefäß in den Kot. Wo Abhängigkeit aufhört, hört der Austausch auf und mit ihm die Wertschätzung. Es soll also eine Lehre aus erster Erfahrung sein, sie lebendig zu halten, statt durch Befriedigung aufzuheben, und so selbst dem gekrönten Herrn das Gefühl zu geben, dass er einen braucht; doch darf man nicht so weit gehen, zu schweigen, um ihn einen Fehler begehen oder – zum eigenen Vorteil – einen unumkehrbaren Schaden erleiden zu lassen.

6 **Seine Entfaltung erreicht haben.** Niemand wird fertig geboren; jeden Tag vervollkommnet man sich in der Person, der Aufgabe, bis hin zur Ausbildung aller Fähigkeiten, aller Vorzüge. Dies wird deutlich in erhöhtem Geschmack, geläutertem Denken, reifem Urteil, klarem Willen. Man-

che gelangen nie dahin, vollkommen zu sein: es fehlt ihnen immer etwas; andere kommen erst spät dahin. Der rundum ausgebildete Mann mit seiner weisen Rede, seinem klugen Tun wird willkommen geheißen, ja begehrt zum Umgang unter den Weltklugen.

7 **Siege über den Vorgesetzten vermeiden.** Jeder Sieg ist verhasst, und der über seinen eigenen Herrn entweder töricht oder tödlich. Die Überlegenheit wurde schon immer verabscheut, und vor allem gegenüber Überlegenen. Gemeine Vorteile pflegt die Aufmerksamkeit zu verhehlen, so wie Nachlässigkeit die Schönheit überspielt. Gut wird es dem gehen, der sein Glück und seine Gemütseigenschaften zurücktreten lässt, aber niemand, schon gar nicht jemand, der in hohem Rang steht, tut dies mit seinem Verstand. Er ist die Königs-Eigenschaft, und daher war jedes Vergehen gegen ihn ein Majestätsverbrechen. Fürsten wollen auf höchster Ebene fürstlich sein. Sie lassen sich gerne helfen, aber nicht überbieten, und deswegen muss der Rat, den man ihnen gibt, eher wie eine Erinnerung an etwas Vergessenes wirken denn wie ein Verweis auf etwas ihnen nicht Zugängliches. Eine glückliche Anleitung dazu geben uns die Sterne, denn obwohl sie ihre Kinder sind, wagen sie sich nie an die Strahlen der Sonne heran.

8 **Leidenschaftslos sein, Fähigkeit der höchsten Geistesgröße.** Ihre Überlegenheit erlöst einen von der Unterwerfung unter gemeine Außeneindrücke. Keine größere Herrschaft gibt es als die über sich selbst, seine eigenen Affekte: sie

wird zum Triumph des freien Willens. Und wenn die Leidenschaft schon das Persönliche beherrscht, darf sie sich nicht an das Amt wagen, umso weniger, desto höher es ist. Eine gebildete Haltung, um sich Enttäuschungen zu ersparen und sogar den Weg zum Ansehen abzukürzen.

9 **Die Fehler seiner Nation überspielen.** Das Wasser nimmt die guten oder schlechten Eigenschaften der Gefäße an, durch die es fließt, und der Mensch die des Klimas, in das er geboren wird. Manche verdanken den Vaterländern mehr als andere, da sich ein günstigerer Himmel dort höher wölbte. Es gibt keine noch so gebildete Nation ohne typische Fehler, und alle beschuldigen die Nachbarn entweder aus Vorsicht oder zum Trost. Siegreiche Fähigkeit, solche nationalen Mängel zu beseitigen oder wenigstens zu überspielen: mit ihr schafft man sich den lobenswerten Ruf, eine Ausnahme in der eigenen Gruppe zu sein, was je mehr geschätzt wird, umso weniger es zu erwarten war. Es gibt auch typische Fehler der Herkunft, des Standes, des Berufs und des Lebensalters und wenn sie alle in einem einzigen Menschen zusammenkommen und die Aufmerksamkeit ihnen nicht zuvorkommt, dann machen sie ihn zu einem unerträglichen Ungeheuer.

10 **Glück und Ruhm.** Was der eine an Unbeständigkeit hat, hat das andere an Dauer. Das Erstere, um zu leben, der Letztere für danach; jenes gegen Neid, dieser gegen das Vergessen. Glück wünscht man sich und hilft manchmal nach, Ruhm bringt man auf den Weg. Der Wunsch nach Anse-

hen entsteht aus der Tugend, Ruhm ist ein Bruder der Riesen; er bewegt sich immer im Übermäßigen, entweder im Ungeheuren oder im Wunderbaren, wird verabscheut, mit Beifall bedacht.

11 **Mit dem verkehren, von dem man lernen kann.** Es soll der freundliche Verkehr Schule der Gelehrsamkeit sein und die Unterhaltung gebildeter Unterricht: so macht man seine Freunde zu Lehrern, während der Nutzen des Lernens und die Freude an der Unterhaltung einander durchdringen. Mit Leuten von Verstand lösen Genuss und Verstehen einander ab, indem das, was man sagt, den Beifall einbringt, den man bekommt, und das, was man hört, die Belehrung. Gewöhnlich führen uns eigene Ziele zu den anderen – und hier ganz besonders. Der Offene besucht die Häuser jenes Adels höfischer Helden, welche Bühnen der Heldenhaftigkeit statt Paläste der Eitelkeit sind. Es gibt für ihr gescheites Verhalten anerkannte Helden, die nicht nur als Vorbild und im Umgang zu Orakeln alles Großen werden, sondern zugleich durch ihr Gefolge zu einer hohen Akademie aller guten und eleganten Weltklugheit.

12 **Natur und Kunst, Stoff und Werk.** Es gibt weder Schönheit ohne Nachbesserung, noch Vollkommenheit, die ohne Erhöhung der Kunst nicht in Rohheit umschlüge: was schlecht ist, macht sie besser, und das Gute macht sie vollkommen. Die Natur lässt uns gewöhnlich im Stich, wenn es ums Beste geht – halten wir uns also an die Kunst. Ohne sie ist die die beste Anlage ungebildet, und ohne Bildung fehlt

die Hälfte zur Vollkommenheit. Jeder Mensch schmeckt schal ohne Kunstfertigkeit, denn er braucht Schliff zur Vollkommenheit.

13 **Aus Absicht handeln, manchmal aus der zweiten, manchmal aus der ersten.** Eine Schlacht ist das Leben des Menschen gegen das Schlechte im Menschen. Es kämpft der Scharfsinn mit Strategien der Absicht: nie tut er das, was er vorgibt; er visiert ein Ziel nur an, um zu täuschen; er macht gekonnt aussehende Luftstreiche und tut, immer zu überspielen bemüht, das, woran niemand gedacht hat; eine Absicht lässt er sichtbar werden, um die rivalisierende Absicht zu binden, und kehrt ihr dann den Rücken, um durch das nicht Erwartete zu siegen. Doch aufmerksam kommt ihm durchdringende Intelligenz zuvor, lauert mit Reaktionen auf; versteht immer das Gegenteil von dem, was sie verstehen soll, und erfasst jegliche Täuschungsabsicht; sie lässt alle erste Absicht ins Leere laufen und wartet schon auf die zweite oder sogar auf die dritte. Wenn Verstellung ihre Kunst durchschaut sieht, wird sie stärker und versucht, mit der Wahrheit selbst zu täuschen; sie stellt ihr Spiel um, indem sie ihre List umstellt und das nicht Fingierte fingiert erscheinen lässt, also die Finte in der größten Aufrichtigkeit begründet. Auftritt die Beobachtung mit ihrem eigenen Scharfsinn und deckt die vom Licht verkleidete Finsternis auf; sie entziffert die Absicht, welche je einfacher desto arglistiger ist. In solcher Weise kämpft die hitzige Python gegen den Glanz von Apollos durchdringenden Strahlen.

14 Die Wirklichkeit und die Art. Die Substanz reicht nicht aus, man braucht auch den Umstand. Alles verdirbt eine falsche Art, selbst die Gerechtigkeit und Vernunft; die richtige verbessert alles, sie vergoldet das *Nein*, versüßt die Wahrheit und verschönt das Alter. Das Wie macht sehr viel aus, und die kleine Art ist ein Taschendieb des guten Gefühls. Elegantes Benehmen macht das Leben zum Fest; nichts hilft so sehr aus Verlegenheit wie der richtige Ausdruck.

15 Intelligenzen zur Hilfe haben. Glück der Mächtigen: sich mit Athleten des Verstandes umgeben, die ihnen aus durch Unwissen bedingten Schwierigkeiten helfen und für sie mit offenen Problemen streiten. Besondere Größe, sich der Weisen zu bedienen, und sie ragt über den gräulichen Geschmack des Tigranes hinaus, unterworfene Könige zu Dienern zu machen. Eine neue Form der Herrschaft im besten Sinn des Lebens: sich mit Geschick die zu Dienern machen, welche die Natur überlegen ausgestattet hat. Es gibt viel zu wissen und wenig zu leben, und ohne Wissen lebt man nicht wirklich. Ein einzigartiges Geschick ist es also, ohne Anstrengung zu lernen – und zwar viel von vielen, indem man von allen Wissen bezieht. Bei einer Versammlung redet man dann mit den Worten von vielen, aus dem Mund von all den Weisen, die einem vorausgingen, und gewinnt dank fremden Schweißes den Ruf, Orakel zu sein. Jene stellen zuerst die Vorlesung zusammen und dienen einem in den Quintessenzen des Wissens. Wem es aber nicht gegeben ist, sich das Wissen zum Diener zu machen, der pflege den Umgang mit ihm.

16 **Wissen mit redlicher Absicht.** Zusammen garantieren sie Fruchtbarkeit des Gelingens. Ein Ungeheuer der Gewalt war schon immer die Ehe aus guter Vernunft und bösem Willen. Die böse Absicht vergiftet alles Vollkommene, und wenn ihr das Wissen hilft, dann verdirbt sie es in noch durchtriebenerer Weise. Unglücklich die herausragende Fähigkeit, welche der Verworfenheit zuarbeitet! Wissenschaft ohne Verstand, doppelte Narrheit.

17 **Den Ton beim Handeln abwechseln.** Nicht immer auf dieselbe Weise, um so die Aufmerksamkeit vor allem derer zu blenden, mit denen man im Wettbewerb steht. Nicht immer beim ersten Versuch, dessen Gleichförmigkeit sie erfassen werden, um die Aktion zu konterkarieren und sogar zunichtezumachen. Leicht ist es, einen Vogel zu töten, wenn er geradeaus, aber nicht, wenn er in Bögen fliegt. Auch nicht immer beim zweiten Versuch, denn beim zweiten Mal verstehen sie die List. Die Bosheit wartet ab; es bedarf großer Raffiniertheit, sie zu täuschen. Nie spielt der Betrüger das Stück, mit dem sein Gegner rechnet, und schon gar nicht das, welches er sich wünscht.

18 **Fleiß und Minervas Begabung.** Niemand ragt heraus ohne beide, und wo sie zusammen vorkommen, im Übermaß. Mehr erreicht Mittelmäßigkeit mit Fleiß als Überlegenheit ohne ihn. Man erwirbt sich Ansehen um den Preis der Arbeit; wenig Wert hat da, was wenig verlangt. Selbst in den höchsten Ämtern ließen einige den Fleiß vermissen: selten überspielt er das Gemüt. Nicht im niederen Amt

herausragend sein, um in einem hohen mittelmäßig sein zu wollen, lässt sich als Großherzigkeit entschuldigen; doch nicht den, der sich im Letzteren mit Mittelmaß zufriedengibt und im Ersteren herausragen könnte. Begabung und Können sind also gefordert, und der Fleiß besiegelt sie.

19 **Nicht mit überzogener Erwartung auftreten.** Es ist ein bekannter Mangel alles vorweg Gerühmten, das Übermaß der Vorstellungen nicht zu erreichen: nie konnte das Wirkliche das Vorgestellte einholen, weil es einfach ist, Vollendung vorzugaukeln, aber sehr schwer, sie zu verwirklichen. Mit der Vorstellungskraft geht das Wünschen eine Ehe ein und denkt immer viel mehr, als die Dinge sind. Selbst was am meisten herausragt, kann solchen Gedanken nicht genügen, und da sie von übertriebener Erwartung getäuscht sind, wird es sie eher ernüchtern als erhöhen. Die Hoffnung ist eine große Wahrheits-Fälscherin; Klugheit soll sie zurechtweisen und dafür sorgen, dass der Genuss alle Wünsche übertrifft. Wer von Beginn Ansehen genießt, dem fällt es leicht, Neugierde zu wecken, nicht aber den Erfolg festzulegen. Am besten geht es, wenn die Wirklichkeit die Vorstellung überbietet und mehr ist, als man glaubte. Diese Regel wird nicht für das Schlechte gelten, dem ja das Übertreiben gerade hilft; denn es kann sie unter allgemeinem Beifall widerlegen, und so wirkt am Ende akzeptabel, was man als Höhepunkt des Schlimmen befürchtet hatte.

20 Mann in seinem Jahrhundert. Die ganz besonderen Menschen hängen von den Zeiten ab. Nicht alle hatten die, welche sie verdienten, und vielen, die sie hatten, gelang es nicht, etwas aus ihr zu machen. Manche waren eines besseren Jahrhunderts würdig, nicht alles Gute setzt sich immer durch. Die Dinge haben ihren Moment, selbst das Vortreffliche gehört in einen Rahmen; doch das Weise hat ein Privileg: dass es ewig ist, und wenn dieses nicht sein Jahrhundert ist, es viele andere sein werden.

21 Die Kunst, Glück zu haben. Es gibt Regeln des Glücks, für den Weisen besteht es nicht nur aus Zufällen; es kann durch Bemühung befördert werden. Manche sind damit zufrieden, sich frohen Muts am Tor des Glücks einzufinden und darauf zu warten, dass es handelt. Besser tun andere, sie gehen weiter und vertrauen der klugen Kühnheit, die mit den Flügeln ihrer Tugend und ihres Muts das Glück erreichen und ihm wirksam schmeicheln kann. Aber philosophisch recht gesehen gibt es kein Ermessen als das der Tugend und Aufmerksamkeit, denn es gibt nicht mehr Glück oder Unglück als Klugheit oder Unklugheit.

22 Mann mit lobenswerten Kenntnissen. Ausrüstung der Gescheiten ist eine feine, elegante Gelehrsamkeit: ein praktisches Wissen von allem Geläufigen, eher das Bemerkenswerte als was in aller Munde ist; einen würzigen Vorrat witziger Redeweisen und eleganter Verhaltensformen haben und sie im rechten Moment zu gebrauchen wissen; oft klang ein Rat als Witzwort besser denn als schwerwiegende Belehrung. Wissen für Gespräche hat sich für manche besser bewährt als alle sieben freien Künste, so frei sie auch sein mögen.

23 **Keinen Makel haben.** Die notwendige Bedingung von Vollkommenheit. Wenige leben ohne Schwäche im Moralischen wie im Körperlichen und leiden sehr darunter, obwohl man sie leicht heilen kann. Es bedrückt die Weisheit, von außen zu sehen, wie ein winziger Fehler manchmal eine erhabene Vollständigkeit von Fähigkeiten beeinträchtigt, und eine Wolke reicht, um eine ganze Sonne zu verfinstern. Muttermale des Ansehens, welche die Missgunst bemerkt und auf die sie zurückkommt. Es wäre das höchste Geschick, sie in Glanzpunkte zu verwandeln. Auf diese Weise verstand es Cäsar, aus seinem körperlichen Gebrechen einen Lorbeer zu machen.

24 **Die Einbildungskraft dämpfen.** Manchmal, indem man sie zurechtweist, manchmal, indem man sie unterstützt, denn sie vermag alles für unser Glück und kann selbst den Verstand korrigieren. Zu einer Tyrannin wird sie, wo sie sich nicht mit dem Betrachten begnügt, sondern handelt und sogar das Leben zu beherrschen pflegt, es angenehm oder, je nach der Torheit, auf die sie stößt, beschwerlich macht, weil sie die Menschen unzufrieden oder zufrieden mit sich macht. Manchen setzt sie beständig Bilder des Leidens vor, als ein häuslicher Henker der Toren; anderen spielt sie Glück und Abenteuer mit angenehmem Schwin-

del vor. All dies vermag sie, wenn nicht die hochweise Urteilskraft sie zügelt.

25 **Gut verstehen.** Einst war Nachdenken-Können die Kunst aller Künste; jetzt reicht es nicht mehr: man muss imstande sein, Dinge zu erahnen, besonders wenn es darum geht, Illusionen aufzulösen. Wer nicht gut versteht, kann nicht verständig sein. Es gibt Tiefengräber des Herzens und Luchse der Absichten. Die Wahrheiten, die uns am wichtigsten sind, werden immer nur zur Hälfte ausgesprochen; sie sollen von dem Aufmerksamen mit vollem Verständnis aufgenommen werden: im Angenehmen, die Gutgläubigkeit zügeln, im Abscheulichen, sie anspornen.

26 **Für jeden die richtige Daumenschraube finden.** Es ist die Kunst, den Willen anderer in Bewegung zu setzen. Eher aus Geschicklichkeit besteht sie als aus Entschlossenheit: das Wissen, wie man einem jeden beikommen kann. Es gibt keinen Willen ohne besondere Neigung, und sie ist je nach Geschmack eine andere. Alle haben ihre Götzen: manche die Wertschätzung, andere das eigene Interesse und die meisten das Vergnügen. Es geht darum, zum Zweck der Bestimmung anderer diese Götzen zu kennen, indem man für jeden den wirksamen Auslöser kennt, dann hat man gleichsam den Schlüssel zum Wollen der anderen. Man muss zum primären Impuls gehen, der nicht immer der höchste, meistens der niedrigste ist, weil die Menschen ohne Ordnung zahlreicher sind als die Untergeordneten. Man muss zuerst das Gemüt bearbeiten, danach das richti-

ge Wort treffen, bei der Neigung angreifen, so setzt man unfehlbar den freien Willen matt.

27 **Dem Innen mehr Aufmerksamkeit als dem Außen schenken.** Die Vollkommenheit besteht nicht aus Quantität, sondern aus Qualität. Alles besonders Gute war immer wenig und selten; das Viele kommt Geringschätzung gleich. Selbst unter den Menschen sind die Riesen die wahren Zwerge. Manche schätzen die Bücher nach ihrem Umfang, als ob man sie schriebe, um die Arme statt den Verstand zu üben. Das Außen allein kam nie über das Mittelmaß hinaus; und es ist die Krankheit der Allgemeingebildeten, sich nirgends auszukennen, weil sie sich überall auskennen wollen. Das Innen gibt Vorzüglichkeit, und es ist heldenhaft, wenn es um Erhabenes geht.

28 **In nichts gemein.** Nicht im Geschmack. Was für ein großer Weiser, der unzufrieden war, weil seine Dinge vielen behagten! Das Rauschen des allgemeinen Beifalls befriedigt die Gescheiten nicht. Manche werden so sehr zum Chamäleon der Beliebtheit, dass sie eher als Apollos sanften Hauch den gemeinen Atem genießen. Auch nicht in Sachen des Verstandes: man soll nicht auf die Wunder des Pöbels achten, die nicht darüber hinauskommen, die Unwissenden zu erregen, welche die gemeine Torheit bewundern, während die Aufmerksamkeit des Einzelnen Täuschung aufhebt.

29 Rechtschaffener Mensch. Immer auf der Seite der Vernunft, mit solcher Festigkeit in seinen Vorhaben, dass weder gemeine Leidenschaft noch die Gewalt des Tyrannen ihn je dazu bringen, die Grenze der Vernunft zu überschreiten. Doch wer kann so ein Phönix der Gerechtigkeit sein? Die Rechtschaffenheit hat nämlich wenig treue Freunde. Viele feiern sie, jedoch nicht für ihr eigenes Haus; manche folgen ihr bis zum Punkt der Gefahr; dort schwören die Falschen ihr ab, und die gesellschaftlich Versierten geben vor, sie zu haben. Sie macht keine Zugeständnisse an die Freundschaft, an die Macht und nicht einmal an den eigenen Vorteil, und hier ist der Druck, sie zu ignorieren. Die Wendigen sehen mit einsichtigen höheren Gründen von ihr ab, um nicht das Interesse der über sie Gestellten oder des Staates zu verletzen; doch der standhafte Mann sieht solche Verstellung als eine Art Verrat an, achtet sich mehr für Beharrlichkeit als für Klugheit, befindet sich, wo sich die Wahrheit befindet; und wenn er die Leute verlässt, dann nicht, weil er sich verändert hat, sondern weil die sie zuerst verlassen haben.

30 Sich nicht auf Beschäftigungen ohne Ansehen festlegen. Weniger noch auf Hirngespinste, das diente eher dem Streben nach Geringschätzung denn nach Anerkennung. Zahlreich sind die Sekten ausgefallenerer Vorlieben, und allen muss der kluge Mann aus dem Weg gehen. Es gibt Leute mit eigentümlichem Geschmack, die sich stets mit dem verbinden, was die Weisen ablehnen; sie leben glücklich in dem Gefühl, etwas Besonderes zu sein, das sich, selbst wenn sie damit sehr bekannt werden, eher aus Lächerlichkeit denn aus ihrem guten Ruf ergibt. Nicht einmal zur Weisheit soll der umsichtige Mann sich bekennen, umso weniger zu all dem, was die, welche es zeigen, lächerlich macht; und sie werden nicht genau bestimmt, weil die gemeine Verachtung sie schon hinreichend identifiziert.

31 **Die Glücklichen als Vorbild und die Unglücklichen als Abschreckung kennen.** Das Unglück ist gewöhnlich eine Wirkung der Dummheit, und keine klebrigere Ansteckung gibt es für die, die ihr zugehören. Nie darf man auch dem kleinsten Übel die Tür öffnen, denn stets kommen nach ihm heimlich viele andere und größere. Beim Spiel ist Nicht-Aufnehmen die feinste Strategie: mehr bedeutet die kleinste Karte, die Trumpf ist, als die größte, die gerade Trumpf war. Im Zweifel ist es richtig, sich an die Weisen und Vorsichtigen zu halten, denn früher oder später stoßen sie auf das Glück.

32 **Als gefällig gelten.** Angenehme Gefühle wecken ist sehr nützlich für Menschen, die regieren; ein Vermögen der Herrscher, mit dem sie die allgemeine Anerkennung erobern. Der einzige Vorteil, der sich aus dem Recht zu befehlen ergibt: mehr Gutes tun zu können als alle anderen. Freunde sind die, welche Freundesdienste tun. Im Gegensatz dazu sind manche darauf aus, keine angenehmen Gefühle zu wecken, nicht weil es schwerfällt, sondern aus Bosheit, was sie zum genauen Gegenteil der göttlichen Zuwendung macht.

33 **Sich zu entziehen wissen.** Wenn schon die Fähigkeit des Verweigerns eine große Lebenslehre ist, so ist die Fähigkeit, sich selbst, den Geschäften, den Personen nein sagen zu können, noch größer. Es gibt fremde Geschäfte, die Motten der kostbaren Zeit sind, und sich mit Unangebrachtem beschäftigen ist schlimmer, als nichts tun. Für den Umsichtigen reicht es nicht, dass er nicht aufdringlich ist, vielmehr muss er dafür Sorge tragen, dass man sich ihm nicht aufdrängt. Er darf nicht so sehr allen gehören, dass er nicht sich selbst gehört. Nicht einmal seinen Freunden darf man zur Last fallen, jedenfalls nicht mehr, als sie es erlauben. Jedes Übermaß ist ein Fehler, zumal im Umgang. Mit dieser klugen Mäßigung bewahrt man sich Sympathie und auch Wertschätzung bei allen, da sie den über alles zu schätzenden Anstand nicht beeinträchtigt. Man soll also Freiheit des Gemüts haben, Leidenschaft für das Erlesene und nie gegen den Glauben seines eigenen guten Geschmacks sündigen.

34 **Seine Königs-Gabe kennen:** die hervorstechende Fähigkeit ausbilden, den anderen nachhelfen. Jeder hätte Meisterschaft in etwas erreichen können, wenn er seinen besonderen Vorzug gekannt hätte. Man soll also seine Königs-Eigenschaft beachten und Fleiß auf sie verwenden: bei manchen ragt das Urteil, bei anderen der Mut heraus. Die meisten tun ihrer Gabe Gewalt an und erlangen so nie Überlegenheit: was früh der Leidenschaft schmeichelt, deckt die Zeit später als Irrtum auf.

35 **Sich Gedanken machen.** Und zwar mehr zu dem, was am wichtigsten ist. Weil sie nicht denken, gehen alle Dummen unter: sie begreifen die Dinge nicht einmal zur Hälfte; und weil sie den Schaden oder den Vorteil nicht wahrnehmen, bemühen sie sich auch nicht. Manche legen großen Wert auf das, was wenig, keinen auf das, was große Bedeutung hat, weil sie immer verkehrt abwägen. Manche verlieren den Verstand nicht, weil sie keinen haben. Dinge gibt es, die man mit aller Bemühung betrachten und in der Tiefe seines Geistes bewahren sollte. Der Kluge macht sich über alles Gedanken, aber dort gräbt er am meisten, wo es Grund und Widerstand gibt; und er denkt vielleicht, dass da mehr ist, als er denkt: so kommt sein Nachdenken dorthin, wo seine Wahrnehmung nie hinkam.

36 **Sein Glück eingeschätzt haben:** um zu verfahren, um sich einzulassen. Mehr bedeutet dies, als über sein Temperament nachdenken, denn dümmer noch als mit 40 Jahren aus Gründen der Gesundheit den Hippokrates, ist es, den Seneca aus Gründen der Weisheit zu Rate zu ziehen. Eine große Kunst, sein Glück steuern zu können, indem man entweder darauf wartet, was durchaus möglich ist, oder es herbeiführt, weil es Momente und Gelegenheiten hat; obwohl sein Verlauf so unregelmäßig ist, dass sich ein Gang nicht herausfinden lässt. Wer sah, dass es ihm günstig ist, der soll mit Zuversicht fortschreiten, denn oft begeistert es sich für die Waghalsigen oder wie eine stattliche Frau für die Jungen. Wer unglücklich ist, der soll nicht handeln, er soll sich zurückziehen, damit ihm nicht noch einmal Un-

glück widerfährt. Freie Bahn für den, der es beherrscht, dem es den Vorrang gibt.

37 Andeutungsweise zu reden und es zu nutzen verstehen. Das ist der höchste Grad von Feinheit im Umgang mit Menschen. Man macht Andeutungen, um die Gemüter zu prüfen, und mit ihnen lässt sich auch das Herz auf verborgene und eindringliche Weise erforschen. Andere können aber auch boshaft, verletzend, angesteckt vom Kraut des Neids und getränkt vom Gift der Leidenschaft sein: unsichtbare Strahlen, welche aus Anmut und Wertschätzung herabstürzen. Verletzt von solchen Reden sind viele aus dem Vertrauen der ihnen Über- oder Untergeordneten gefallen, denen eine ganze Verschwörung aus gemeinem Klatsch und individueller Bosheit nichts anhaben konnte. Andere Formen der Andeutung haben eine gegenteilige, günstige Wirkung, indem sie Ansehen stützen und bestätigen. Doch mit demselben Geschick, mit dem die Absicht sie wirft, muss die Vorsicht sie aufnehmen und die Aufmerksamkeit auf sie warten; denn wer sie kennt, muss sich nicht verteidigen, und der Schuss, mit dem man rechnet, trifft nie.

38 Loslassen können, während man vom Glück profitiert. Das gehört zu Spielern von Ruf. Ein schöner Rückzug ist so wichtig wie ein kühner Vorstoß; seinen Taten ein Ende setzen, wenn sie hinreichend, wenn sie zahlreich sind. Fortgesetztes Glück war immer verdächtig; sicherer ist ein unterbrochenes, und sein Genuss soll etwas Süßsaures haben. Je mehr sich Glücksfälle überstürzen, desto größer das Risiko, dass sie von der Bahn abkommen und alle stürzen. Manchmal wiegt die Intensität des günstigen Moments seine kurze Dauer auf. Das Glück wird müde, einen lange auf den Schultern zu tragen.

39 **Den Punkt der Entfaltung, den Moment der Dinge kennen und sie nutzen.** Alle Naturdinge erreichen eine Fülle ihrer Vollkommenheit; bis dahin wuchsen sie, von da an nehmen sie ab. Unter den Dingen der Kunst kommen nur wenige dort an, wo sie sich nicht verbessern können. Es ist ein Vorzug guten Geschmacks, jedes Ding auf seinem Höhepunkt zu genießen; weder können dies alle, noch verstehen sich alle darauf, die es können. Selbst für die Früchte der Vernunft gibt es diesen Punkt der Reife; für die Wertschätzung und die Praxis ist es wichtig, ihn zu kennen.

40 **Gunst bei den Leuten.** Es ist viel, die allgemeine Bewunderung, aber mehr, die Zuneigung zu gewinnen; dies steht teils in den Sternen geschrieben, hängt aber mehr von der Bemühung ab. Herausragende Fähigkeiten reichen nicht, obwohl man dies annimmt; denn es ist leicht, Zuneigung zu gewinnen, wenn erst einmal Ansehen gewonnen ist. Wohlwollen verlangt Wohltaten: Gutes tun mit beiden Händen, gute Worte und bessere Werke, lieben, um geliebt zu werden. Die Höflichkeit im Umgang ist das stärkste Zaubermittel großer Persönlichkeiten. Man muss die Hand erst nach den Taten und dann nach der Schreibfeder strecken; vom Blatt des Schwerts zu den Blättern der Schrift, es gibt eine Schriftsteller-Gunst, und die ist ewig.

41 Nie übertreiben. Sehr darauf achten, nicht in Superlativen zu sprechen, zum einen, um sich nicht der Gefahr auszusetzen, die Wahrheit zu beleidigen, zum anderen, um seine Weisheit nicht herabzusetzen. Übertreibungen sind eine Verschwendung des guten Rufs und Anzeichen der Beschränktheit im Wissen und im Geschmack. Lobreden wecken lebhafte Neugier, spornen Begierde an, und wenn dann der Wert nicht der Hochschätzung entspricht, wie es gewöhnlich der Fall ist, dann kehrt sich die Erwartung gegen die Täuschung und rächt sich mit der Geringschätzung dessen, was gerühmt wurde, und der Person, die es rühmte. Der Kluge hält sich also deutlich zurück und zieht den Vorwurf der Unter- dem der Übertreibung vor. Nur Weniges ist herausragend: deshalb besser die Wertschätzung herabtönen. Dinge schönen gehört zum Zweig des Lügens, und man verliert dadurch das Ansehen guten Geschmacks, was schlimm, und des Verstandes, was schlimmer ist.

42 Von natürlicher Herrschaft. Sie ist eine geheime Kraft der Überlegenheit. Nicht aus ärgerlicher Verstellung soll sie hervorgehen, sondern aus herrschaftlicher Natur. Ihr unterwerfen sich alle, ohne zu wissen wie, und erkennen die geheime Kraft der naturgegebenen Autorität. Es sind adlige Gemüter, Könige aus Verdienst und Löwen aus angeborenem Vorrecht, welche die Herzen, aber auch die Rede der anderen aufgrund ihrer Achtung erobern. Wenn noch weitere Fähigkeiten mitwirken, dann sind sie geboren, um die ersten bewegenden Kräfte der Politik zu sein, weil sie mehr mit einer Geste ausführen als andere mit aller Weitschweifigkeit.

43 Denken wie die Wenigsten und reden wie die Meisten. Gegen den Strom gehen wollen wird nie Irrtümer aufheben, aber sehr wohl Gefahren heraufbeschwören. Allein ein Sokrates könnte das versuchen. Man fasst das Abweichen als Beleidigung auf, weil es das Urteil der anderen verdammt; die Zahl derer, die Anstoß nehmen, vervielfältigt sich aufgrund des Gegenstands der Kritik und wegen desjenigen, der ihm Beifall gab. Die Wahrheit ist eine Sache der Wenigen, der Irrtum ist so gemein wie verächtlich. Nicht an dem, was er im öffentlichen Raum sagt, erkennt man den Weisen, denn dort spricht er nicht mit seiner eigenen Stimme, sondern mit jener der gewöhnlichen Dummheit, sosehr sie auch von seinem Innern abweichen mag. Gegenstand des Widerspruchs werden vermeidet der Weise ebenso wie das Widersprechen: was nahe beim Tadel ist, wird vor der Öffentlichkeit zurückgehalten. Das Denken ist frei, man kann und soll ihm keine Gewalt antun; es zieht sich in den heiligen Innenraum seines Schweigens zurück; und wenn es manchmal losgelassen wird, dann nur im Schatten von Wenigen und Weisen.

44 Sympathie mit großen Männern. Eine Fähigkeit des Helden ist es, sich mit Helden zu verbinden: ein Wunder der Natur in seiner Verborgenheit und Vorteilhaftigkeit. Es gibt eine Verwandtschaft der Herzen und der Gemüter, und ihre Wirkungen sind die, welche die Ignoranz der Masse auf Zaubertränke schiebt. Sie bleibt nicht bei bloßer Wertschätzung stehen, vielmehr bringt sie Wohltätigkeit hervor und wird sogar zur Neigung; sie überredet ohne Worte und findet Gelingen ohne Verdienste. Es gibt sie aktiv und passiv; die eine und die andere sind Glücksumstände, umso mehr, wenn sie erhaben sind. Großes Talent, sie zu kennen, sie zu unterscheiden und sie zu nutzen verstehen, denn kein Streben reicht hin ohne diese heimliche Hilfe.

45 **Reflexionen nutzen, aber nicht überbenutzen.** Man soll sie nicht zur Schau stellen; noch weniger zu verstehen geben: alles der Kunst Entsprechende muss verdeckt werden, denn es weckt Verdacht, und am meisten die Vorsicht, sie ist verhasst. Täuschung wird viel gebraucht; man soll den Argwohn vermehren, ohne es zu zeigen, denn das würde Grund zum Misstrauen geben; es löst oft Beziehungen auf und beschwört Rache herauf, ruft Böses hervor, das sich nicht vorstellen ließ. Die Reflexion über das Vorgehen hilft sehr beim Handeln: ein stärkeres Argument fürs Nachdenken gibt es nicht. Die größte Vollkommenheit im Handeln vertraut auf die Meisterschaft, mit der es ausgeführt wird.

46 **Seine Antipathie unter Kontrolle bringen.** Wir pflegen aus freien Stücken zu verabscheuen und noch bevor wir Fähigkeiten gesehen haben; und manchmal wagt sich diese angeborene, gemein machende Abneigung an die herausragenden Männer. Die Weisheit soll sie unter Kontrolle bringen, nichts schadet dem Ansehen mehr, als die Besten zu verabscheuen; so wie die Sympathie für Helden von Vorteil ist, ist die Abneigung ein Makel.

47 Die Verpflichtungen fliehen. Ist unter den ersten Elementen der Vorsicht. Große Fähigkeiten sind immer auf großem Abstand zu den letzten Möglichkeiten: von einem Extrem zum andern gibt es weite Wege zu gehen, und sie stehen immer in der Mitte ihrer Weisheit; sie lassen es spät zum Bruch kommen, denn es ist leichter, sich Anlässen zu entziehen, als gut aus ihnen hervorzugehen. Das sind Versuchungen des Urteils, sicherer, ihnen zu entgehen, als sie zu bezwingen. Jedes Vorhaben bringt ein weiteres mit und steht sehr nah am Rand des Scheiterns. Es gibt Menschen, die aufgrund ihres Gemüts und sogar ihres Nationalcharakters zu Risiken neigen, sich leicht Verpflichtungen aussetzen; wer aber im Licht der Vernunft geht, steht immer weit darüber: er hält es für den größeren Mut, sich nicht einzulassen, als zu siegen, und wenn es einen Toren gibt, der zu Risiken neigt, hält er sich heraus, damit es mit ihm nicht zwei sind.

48 Ein Mensch mit Tiefe hat entsprechend Persönlichkeit. Immer und in allem muss das Innen deutlich mehr sein als das Außen. Es gibt Leute, die nur Fassade sind, wie Häuser, die noch fertiggestellt werden müssen, weil das Geld fehlte: sie haben den Eingang eines Palasts und den Wohnraum nach Art einer Hütte. Bei ihnen kann man nicht halten; oder alles hält an, weil nach dem Ende des ersten Grußes die Unterhaltung endete. Sie treten mit den ersten Höflichkeiten wie sizilianische Pferde auf, und dann enden sie mit Schweigen, denn die Worte gehen aus, wo es keinen beständigen Fluss des Gedankens gibt. Leicht täuschen sie andere, die auch einen oberflächlichen Blick haben, aber nicht den Scharfsinn, der sie, weil er nach innen schaut, leer findet, einen Spott der Umsichtigen.

49 **Mensch mit Urteil und genauem Blick.** Er beherrscht die Dinge, nicht die Dinge ihn. Er untersucht nämlich den Grund der größten Tiefe; er versteht vollkommen die Anatomie eines Vermögens. Wenn er eine Persönlichkeit sieht, versteht und schätzt er sie in ihrem Kern ein. Mit wenigen Beobachtungen entziffert er die verborgenste Innenwelt. Er nimmt scharf zur Kenntnis, denkt differenziert, folgert mit Urteilskraft; alles entdeckt, bemerkt, fasst und versteht er.

50 **Nie die Selbstachtung verlieren.** Noch mit sich selbst allzu vertraulich sein. Eigene Rechtschaffenheit muss das Maß des richtigen Verhaltens sein, und man soll sich mehr an den Ernst seines eigenen Urteils halten als an alle äußeren Vorschriften. Was anstößig ist, soll man unterlassen, mehr aus Respekt vor der eigenen Klugheit als wegen der Strenge der fremden Autorität. Man soll dahin kommen, sich selbst zu fürchten, dann braucht man nicht den Erzieher, den Seneca sich vorstellt.

51 **Ein Mensch, der gut auswählt.** Davon lebt man am meisten. Ein guter Geschmack und striktester Sachverstand sind Voraussetzungen, Gelehrsamkeit und Verstand reichen nicht aus. Es gibt keine Vollkommenheit ohne Auswählen; und dies schließt zwei Vorrechte ein: dass man

aussuchen und dass man das Beste aussuchen kann. Viele Leute mit reichem und feinem Verstand, mit Urteil, Gelehrsamkeit und Scharfblick verlieren die Orientierung, wenn es zum Auswählen kommt; sie verheiraten sich immer mit dem Schlechtesten, so als ob es ihnen darum ginge, zu irren; daher ist dies eine der größten Gaben von oben.

52 **Nie die Fassung verlieren.** Großes Element der Klugheit, nie die Beherrschung zu verlieren: dies spricht für wahre Größe, für Adel des Herzens, denn hoher Geist ist schwer in Rührung zu bringen. Die Leidenschaften sind die Launen des Geistes, und ihr Übermaß setzt die Klugheit außer Kraft; und wenn diese Krankheit den Mund verlässt, wird sie zu einer Gefahr für das Ansehen. Man soll deshalb so sehr Herr über sich selbst und so groß sein, dass einem weder in den günstigsten noch in den schwierigsten Momenten der Vorwurf der Verwirrung, sehr wohl aber hohe Bewunderung gebührt.

53 **Tätig und intelligent.** Die Tätigkeit führt prompt aus, was die Intelligenz ausführlich bedenkt. Eile ist eine Leidenschaft der Toren, die ohne Bedenken handeln, weil sie das Hindernis nicht entdecken; die Weisen hingegen sind gewöhnlich allzu verhalten, denn beim genauen Hinsehen tauchen Bedenken auf. Manchmal verhindert zögernde Tatkraft die Umsetzung von richtigen Einsichten des Sachverstands. Prompt sein ist eine Mutter des Glücks. Viel hat getan, wer nichts für morgen übrigließ. Ein hoher Grundsatz: eile langsam.

54 **Weisheit mit Kraft verbinden.** Den toten Löwen zupfen selbst die Hasen. Mit Mut ist nicht zu scherzen; wer dem Ersten nachgibt, wird auch dem Zweiten nachgeben müssen, und so bis zum Letzten; ähnlich geht es mit späten Siegen, früh wäre besser. Die Kraft des Geistes übertrifft die körperliche Kraft; sie ist wie ein Schwert, das wir immer für den richtigen Moment in der Scheide der Klugheit halten. Sie ist der Schutz unserer Person; es schadet mehr, wenn der Geist als wenn der Körper schwach wird. Viele hatten herausragende Fähigkeiten, die wie tot wirkten und unbenutzt begraben wurden, weil ihnen jener Atem des Herzens fehlte; nicht ohne guten Grund verband die aufmerksame Natur die Süße des Honigs mit dem scharfen Stachel der Biene. Nerven und Knochen gibt es im Körper: der Geist darf nicht nur sanft sein.

55 **Warten können.** Spricht für ein großes Herz, das durch Leiden breiter geworden ist. Sich nie unter Druck setzen oder den Leidenschaften nachgeben. Man soll zuerst Herr über sich selbst sein, und dann wird man Herr über andere werden. Durch die Räume der Zeit zum Mittelpunkt der Gelegenheit wandern. Die weise Zurückhaltung bringt die Einsichten zum Erfolg und die Geheimnisse zum Vorschein. Die Krücke der Zeit richtet mehr aus als die eiserne Keule des Herkules. Gott selbst straft nicht mit einem Stock, sondern mit der Zeit. Ein großer Satz: »die Zeit und ich, wir nehmen es mit zwei anderen auf.« Das Glück selbst beschenkt Warten mit der Größe des Lohns.

56 **Geistesgegenwart haben.** Sie entsteht aus glücklicher Schnelligkeit. Aufgrund ihrer Lebendigkeit und Direktheit gibt es für sie weder Druck noch Zufall. Manche denken sehr viel nach, um dann ganz falschzuliegen; und andere gehen immer richtig, ohne vorher nachzudenken. Es gibt antiparastatische Genies, die unter Herausforderungen besser handeln; sie sind Ungeheuer, weil sie beim Improvisieren immer richtig- und beim Denken immer falschliegen; was ihnen nicht gleich in den Sinn kommt, kommt nie, später nachfragen lohnt sich nicht. Man spendet den Geistesgegenwärtigen Beifall, weil sie eine wunderbare Fähigkeit zeigen: Differenziertheit im Denken; Klugheit im Handeln.

57 **Sicherer sind die, die nachdenken.** Was gut ist, ging schnell genug. Was man gleich macht, löst sich auch gleich wieder auf; was aber für immer halten soll, braucht auch für immer, um zu entstehen. Nur die Vollkommenheit zählt, und nur das Gelungene hat Dauer. Verstand mit Gründlichkeit schafft Dinge für immer. Was großen Wert hat, verlangt große Anstrengung; denn auch das edelste der Metalle dauert am längsten und hat das größte Gewicht.

58 **Verstehen, sich angemessen zu verhalten.** Man muss nicht gegenüber allen gleich viel Verstand zeigen, noch mehr Kraft verwenden, als gebraucht wird. Keinen Überschuss, weder im Wissen noch im Tun: der gute Falkner lässt nicht mehr Vögel aufsteigen, als er zum Jagen braucht. Die Dinge nicht immer zur Schau stellen, sonst gibt es am

nächsten Tag keine Bewunderung mehr. Man muss immer etwas Neues haben, um damit zu glänzen, denn wer jeden Tag mehr aufdeckt, hält immer Erwartung aufrecht, und so wird es den anderen nie gelingen, die Grenzen seiner Möglichkeiten zu entdecken.

59 **Mann von gutem Nachgeschmack.** Wenn man das Haus des Glücks durch die Tür des Gefallens betritt, dann verlässt man es durch die des Bedauerns und umgekehrt. Achtung also, was das Ende angeht! Besser ist es, sich um einen glücklichen Abgang zu sorgen als um Beifall beim Eingang. Das Los der Unglücksraben ist es, sehr günstige Anfänge und sehr tragische Enden zu haben. Es kommt nicht auf den Beifall der Masse beim Auftritt an, der sieht bei allen gut aus, sondern auf das allgemeine Gefühl beim Abtreten, nur wenige gibt es, die man sich zurückwünscht. Selten begleitet das allgemeine Bedauern diejenigen, die abtreten: was sich an Freundlichkeit gegenüber denen zeigt, dic kommen, an Unhöflichkeit gegenüber denen, die gehen.

60 **Gute Urteile.** Einige kommen klug auf die Welt: mit diesem Vorteil der angeborenen Vernunft treten sie in die Welt des Wissens ein und sind so schon den halben Weg zum Gelingen gegangen. Mit dem Alter und der Erfahrung kommt ihr Verstand zur vollen Reife, und sie erreichen ein sehr abgewogenes Urteil; sie verabscheuen jeden Eigenwillen als Verführung der Klugheit, umso mehr, wenn es um Staatsgeschäfte geht, wo man aufgrund ihrer Bedeutung

voller Gewissheit bedarf. Solche Leute verdienen am Ruder zu stehen, als Handelnde oder als Ratgeber.

61 **Herausragen im Besten.** Etwas Einziges unter einer Vielzahl von Vollkommenheiten. Es kann keinen Helden ohne eine über alles erhabene Eigenschaft geben: Mittelmaß ist nicht Gegenstand des Beifalls. In einem wichtigen Amt herausragen, dies sondert einen aus der gemeinen Menge aus und erhebt in die Kategorie der Seltenen. In einem bescheidenen Beruf herausragend sein heißt etwas im Geringen sein: was daran angenehm ist, geht auf Kosten des Ruhms. Exzellenz auf den höchsten Gebieten ist wie ein Status von Herrschaft: sie fordert die Bewunderung und gewinnt die Zuneigung.

62 **Mit guten Werkzeugen arbeiten.** Manche wollen, dass sich der außerordentliche Grad ihres Geschicks von der Dürftigkeit ihrer Werkzeuge abhebt; eine gefährliche Befriedigung, die Bestrafung vom Schicksal verdient. Nie hat die Qualität des Ministers die Größe des Herrn gemindert; eher fällt das Ansehen des Gelingens am Ende auf seine erste Ursache zurück, so wie umgekehrt mit dem Tadel. Der Ruhm begleitet immer die Ersten. Es heißt nie: »er hatte gute oder schlechte Minister«, sondern: »er war ein guter oder schlechter Urheber.« Es soll also Auswahl, es soll Urteil geben, ihnen wird man mit der Unsterblichkeit des Ansehens trauen.

63 **Die Auszeichnung, Erster zu sein.** Und sie ist doppelt, wenn Meisterschaft dazukommt. Ein großer Vorteil, zuerst zu spielen, bei gleich verteilten Karten bringt er den Sieg. Viele wären ein Phönix in ihrem Beruf gewesen, wenn nicht andere vor ihnen an der Reihe gewesen wären. Die Ersten steigen mit dem Hauptanteil des Ruhms auf, und den Zweiten bleibt nur der Streit um den Rest des Erbes, sosehr sie auch schwitzen, können sie sich nicht vom gemeinen Vorwurf des Nachahmens befreien. Es war das Geschick der Außergewöhnlichen, neue Wege zur höchsten Ebene zu finden, solange die Weisheit vorab den Einsatz bedachte. Durch Erneuerung schufen sich die Weisen einen Platz unter den Helden. Manche wollen lieber Erste in der zweiten als Zweite in der ersten Kategorie sein.

64 **Unannehmlichkeiten zu vermeiden wissen.** Es ist eine einträgliche Klugheit, sich Enttäuschungen zu ersparen. Die Vorsicht vermeidet viele: sie ist die Lucina des Glückes und so auch der Zufriedenheit. Die schlechten Nachrichten nicht weitergeben und noch weniger annehmen: man muss ihnen den Eingang verbieten, außer wenn es der zu einer Lösung ist. Manche wollen allein süßes Geschmeichel hören; andere nur bitteren Klatsch, und manche können ohne täglichen Ärger nicht leben, wie Mithridates mit dem Gift. Ebenso wenig ist es eine Regel der Selbsterhaltung, sich einen lebenslangen Grund der Unannehmlichkeit zu geben, um einem anderen, sosehr es das richtige ist, einmal einen Grund zur Freude zu geben. Man soll nie gegen das eigene Glück handeln, um jemandem zu behagen, der Ratgeber ist und außen bleibt; und auf jeden Fall ist es die angemessene

Lehre, wo immer sich das Behagen des anderen und die eigene Enttäuschung treffen, dass sich besser der andere jetzt ärgern sollte als du später und unumkehrbar.

65 **Besonderer Geschmack.** So wie der Verstand ist er der Ausbildung fähig. Herausragendes Verstehen erhöht die Qualität der Wünsche und später den Genuss des Besitzens. Das Hohe einer Begabung erkennt man an der erhabenen Neigung. Um eine große Fähigkeit zu befriedigen, bedarf es eines großen Gegenstands; wie große Bissen zu großen Gaumen gehören, so erhabene Stoffe zu erhabenen Geistern. Die wertvollsten Dinge richten sich nach dem Geschmack, und selbst die gewissesten Vollkommenheiten verlassen sich nicht auf ihn; in allererster Größe sind sie selten: Hochschätzung soll selten bleiben. Guter Geschmack teilt sich im Umgang mit und wird mit der Dauer erblich: großes Glück ist es, sich mit jemandem auszutauschen, der ihn in der richtigen Form besitzt. Doch soll es keine Verpflichtung werden, mit allem unzufrieden zu sein, das ist außerordentliche Dummheit, verächtlicher noch als Pose denn aus Unausgeglichenheit. Manche wünschten, dass Gott eine andere Welt und andere Formen der Vollkommenheit zur Befriedigung ihrer ausschweifenden Phantasie erschüfe.

66 **Darauf achten, dass die Dinge gut ausgehen.** Manche sehen mehr auf die Genauigkeit der Richtung als auf das Glück im Erreichen der Absicht, doch dabei unglücklich sein schadet dem Ruf mehr als das Nachlassen des Fleißes.

Wer siegt, braucht keine Rechenschaft ablegen. Die meisten nehmen nicht die genauen Umstände wahr, sondern den guten oder misslungenen Ausgang; so verliert nie Ansehen, wer seine Absicht umsetzt. Ein gutes Ende vergoldet alles, auch wenn die Wahl der Mittel dem widerspricht; es ist eine Kunst, gegen die Regeln der Kunst zu gehen, falls anders das Glück des guten Ausgangs nicht erreicht werden kann.

67 **Anerkannte Ämter vorziehen.** Die meisten Dinge hängen von der Befriedigung anderer ab. Die Wertschätzung ist für die Vollkommenheiten, was milder Westwind für die Blumen ist: Atem und Leben. Es gibt Aufgaben, die allgemeinen Beifall auslösen können, und andere, die keine Beachtung finden, obwohl sie größer sind: jene erheischen das gemeine Wohlwollen, weil sie sich vor den Augen aller vollziehen; diese werden nicht wahrgenommen und bleiben geheim, geehrt, aber ohne Beifall, obwohl sie seltener und vortrefflicher sind. Unter den Fürsten werden die Siegreichen gefeiert, und als Krieger, Eroberer und edelmütige Helden waren die Könige von Aragón so berühmt. Ein großer Mann muss sichtbare Aufgaben vorziehen, die alle wahrnehmen und die für alle wichtig sind, so erlangt er in der gemeinen Wahl Unsterblichkeit.

68 **Verstehen schenken.** Ist von größerem Wert als Erinnern schenken, insofern es größer ist. Manchmal muss man sich erinnern und andere Male aufpassen. Einige versäumen, die Dinge im richtigen Moment zu tun, weil sie ihnen

nicht in die Augen fallen; dann soll ein freundlicher Hinweis helfen, wahrzunehmen, was angebracht ist. Eine der größten Vorzüge des Geistes ist es, dass sich ihm zeigt, was wichtig ist. Wo dies ausbleibt, wird vieles Richtige nicht gemacht. Wer über Licht verfügt, der soll es geben, und fordern soll es, wem Licht fehlt: jener mit Gelassenheit, dieser mit Zuwendung; nicht mehr als eine Andeutung soll es sein. Dringend braucht man solch feines Verhalten, wenn ein praktisches Interesse dessen im Spiel ist, der reagiert; dann muss man Bereitwilligkeit zeigen und wenn das nicht ausreicht, noch weiter gehen: das *Nein* hat man schon, man kann sich also mit Geschick um das *Ja* bemühen, meistens wird etwas deshalb nicht erreicht, weil es gar nicht versucht wird.

69 **Sich nicht gemeiner Laune ergeben.** Ein großer Mensch, wer sich nie wechselnden Eindrücken unterwirft. Eine Schule der Weltoffenheit ist das Nachdenken über sich selbst: seine momentane Neigung erkennen und ihr vorbauen, und dann auf die entgegengesetzte Seite gehen, um zwischen Natur und Reflexion den Punkt der Vernunft zu finden. Selbsterkenntnis ist der Beginn der Selbstbesserung; es gibt Ungeheuer der Zumutung: sie stecken immer in irgendeiner Laune und ändern mit ihr das Verhalten; und am Band dieses Ärgernisses lassen sie sich auf ganz entgegengesetzte Richtungen ein. Und nicht bloß den Willen verdirbt dieses Ausschweifen, es beeinträchtigt auch das Urteil, indem es das Wollen und das Verstehen verschiebt.

70 Nein-Sagen-Können. Nicht allen und nicht allem darf man Zugeständnisse machen. Das ist genauso wichtig wie das Zugestehen-Können; und wer Befehle gibt, muss darauf unbedingt achten. Hier kommt es auf die Art und Weise an: mehr schätzt man das *Nein* des einen als das *Ja* des anderen, weil ein vergoldetes *Nein* mehr befriedigt als ein trockenes *Ja*. Viele haben immer das *Nein* im Mund, und verderben alles damit; das *Nein* kommt bei ihnen immer zuerst, und selbst wenn sie später alles zugestehen, schätzt man sie nicht, weil jene erste Verärgerung vorausging. Man soll die Dinge weder gleich rundum abschlagen: Enttäuschung vollzieht sich besser schluckweise; noch ganz abschlagen, denn das hieße, eine Abhängigkeit aufheben. Es muss immer ein Rest von Hoffnung bleiben, um die Bitterkeit der Weigerung zu mildern. Höflichkeit soll das Ausbleiben eines Gefallens ausfüllen und gute Worte den Mangel der Taten ersetzen. Das *Nein* und das *Ja* sind schnell gesagt, aber fordern viel Nachdenken.

71 Nicht holperig sein, unausgeglichen in seinem Benehmen. Weder aus Spontaneität noch aus Verstellung. Der kluge Mann war immer derselbe in allem Vollkommenen, so gilt er als verständig. Wenn er sich ändert, dann darf das nur von Gründen und Verdiensten abhängen. Für die Klugheit ist Abwechslung hässlich. Manche haben jeden Tag ein anderes Selbst; sogar ihr Verstand ist holperig, umso mehr ihr Wille, um vom Glück nicht zu reden. Gestern ein weißes *Ja*, heute ein schwarzes *Nein*, so schaden sie immer ihrem eigenen Ansehen und verwirren das Denken der anderen.

72 Entschlossener Mensch. Weniger schädlich ist die schlechte Ausführung als die Unentschlossenheit. Substanz verbraucht sich weniger im Fließen als im Stocken. Es gibt Menschen, die sich nicht entschließen können und immer einen Bewegungsimpuls von außen nötig haben; und manchmal entsteht dies nicht so sehr aus der Lähmung ihres Urteils, das umsichtig ist, wie aus mangelnder Tatkraft. Intelligent ist es, Schwierigkeiten zu sehen, aber noch mehr, Wege aus unangenehmen Lagen zu finden. Andere gibt es, die sich von nichts aufhalten lassen, mit umfassendem und entschlossenem Urteil wurden sie für außergewöhnliche Aufgaben geboren, weil ihr klares Verstehen Einsicht und Tun befördert; für sie ist alles fertig, und nachdem er der einen Welt Sinn gegeben hat, blieb einem von diesen noch Zeit für eine andere; und wenn solche Leute ihrem Glück vertrauen, finden sie Lösungen mit noch größerer Sicherheit.

73 Zufälle zu nutzen verstehen. So lösen sich kluge Leute aus Verwicklungen. Mit Großzügigkeit und Witz finden sie aus dem verworrensten Labyrinth. Anmutig und lächelnd entgeht ihr Körper der schwersten Schlacht. Darauf gründete der bedeutendste der *Grandes Capitanes* seine Stärke. Eine höfliche List des Ablehnens ist es, das Thema zu wechseln, und keine größere Form der Zugewandtheit gibt es, denn so zu tun, als habe man nicht verstanden.

74 Nicht unnahbar sein. An den dichtestbewohnten Orten leben die wahren Bestien. Die Unzugänglichkeit ist ein Laster derer, die sich selbst nicht kennen und je nach den Ehrenbezeigungen ihre Laune ändern. Es ist kein Weg zur Wertschätzung, mit einer Verärgerung zu beginnen. Was es ist, eines dieser unnahbaren Ungeheuer zu sehen, welche immer die Zumutung ihrer Unfreundlichkeit auf die Spitze treiben! Zu ihrem Unglück treten die Abhängigen in ein Gespräch mit ihnen ein, wie in einen Kampf mit Tigern, für den sie sich mit Vorsicht ebenso wie mit Argwohn wappnen. Um ihren Status zu erreichen, machten sie sich bei allen beliebt, und wenn sie einmal dort sind, wollen sie sich entschädigen, indem sie alle verärgern. Statt für viele da zu sein, wie es die Stellung fordert, sind sie es aufgrund ihrer Ungeschliffenheit und Herablassung für niemanden. Die höfische Strafe für sie diese: sie stehen lassen und ihnen mit dem Umgang die Klugheit nehmen.

75 Einen Begriff des Helden auswählen. Eher als Herausforderung denn zur Nachahmung. Es gibt Vorbilder wahrer Größe und Bücher voll Inspiration auf dem Weg zum Ruhm. Jeder soll sich an die Besten in seinem Amt halten, nicht um ihnen zu folgen, sondern um selbst weiterzukommen. Alexander weinte nicht, weil Achilles begraben, sondern weil er selbst noch nicht zu Ruhm gelangt war. Nichts ruft Ehrgeiz im Geist so hervor wie die Lobes-Posaune für andere: wie sie den Neid zu Boden wirft, ermutigt sie den Edelmut.

76 Nicht immer zu Scherzen aufgelegt sein. Bedachtsamkeit erkennt man am Ernst, der mehr gilt als das Geistreich-Sein. Wer immer scherzt, ist nie wirklich ein Mann. Wir stellen ihn den Lügnern gleich, weil wir beiden nicht trauen: dem einen nicht, weil uns Lügen misstrauisch, den anderen nicht, weil sie sich lustig machen. Nie weiß man, ob sie aus Vernunft sprechen, was darauf hinausläuft, keine Vernunft zu haben. Es gibt keine größere Taktlosigkeit als dauernde Freundlichkeit. Andere erwerben den Ruhm von Vielrednern und verlieren das Vertrauen der Klugen. Heiterkeit soll ihre Weile haben; alle andere Zeit der Ernst.

77 Sich allen anpassen können. Verborgene proteische Fähigkeit: Gelehrter unter Gelehrten, Heiliger unter Heiligen. So gewinnt man alle, weil die Ähnlichkeit Wohlwollen schafft. Die Gemüter beobachten und sich auf jedes einstellen; auf den Ernsten und auf den Heiteren eingehen, sich je nach Umgang verändern ist dringend für Leute in Abhängigkeit. Dieses große Feingefühl im Leben verlangt ein großes Talent; weniger schwierig für einen Mann, der vielseitig im Wissen und vielschichtig in den Geschmacksrichtungen ist.

78 Kunst des Tastens. Der Dumme fällt immer mit der Tür ins Haus, denn alle Dummen sind waghalsig. Dieselbe Einfalt, die sie zuerst daran hindert, an Vorkehrungen zu denken, nimmt ihnen später das Gefühl für Peinlichkeiten. Dagegen tritt die Weisheit tastend auf, Aufmerksamkeit und Zurückhaltung sind ihre Vorhut, damit sie ohne Gefahr fortschreiten kann. Wer umsichtig sein will, darf keinesfalls vorpreschen, selbst wenn ihm das Glück einmal recht gibt. Es ist nötig, langsam zu gehen, wenn man große Tiefe befürchtet: dann wird sich der scharfe Blick nach vorne tasten und vorsichtig den Grund erobern. Heute gibt es große Untiefen im menschlichen Umgang: deshalb trifft es sich, immer ein Senkblei herabzulassen.

79 **Anmutiges Gemüt.** In Mäßigung ist es eine Gabe, kein Fehler: ein Korn von Witz gibt allem Würze. Die Großen spielen dieses anmutige Spiel, denn ihm kommt allgemeine Zuneigung entgegen; doch behält es immer die Miene der Klugheit im Auge und achtet auf den Anstand. Andere nutzen einen Witz als Abkürzung, um sich aus einer Verlegenheit zu befreien, denn es gibt Dinge, die man als Scherz auffassen muss – und manchmal sind es gerade die, welche der andere besonders ernst nimmt. Dies zeigt Umgänglichkeit, ist ein Angelhaken für Herzen.

80 **Aufmerksamkeit beim Beschaffen von Auskünften.** Man lebt vor allem von Auskunft, das wenigste sehen wir: wir leben vom Vertrauen zu anderen. Das Ohr ist die zweite Tür der Wahrheit, die erste der Lüge. Gewöhnlich sieht man die Wahrheit, in Ausnahmefällen hört man sie; selten kommt sie in ihrer reinen Substanz an, am wenigsten wenn sie von weit kommt; aufgrund der Gefühle, durch die sie geht, hat sie immer etwas Gemischtes; die Leidenschaft färbt alles, was sie berührt, mit ihren Farben, manchmal abscheulich, manchmal angenehm; sie will immer Eindruck

machen: zugunsten dessen, den sie lobt, und mehr noch zuungunsten dessen, den sie tadelt. Es bedarf in dieser Hinsicht der vollen Aufmerksamkeit, um die Absicht des Vermittlers zu entdecken und im Voraus zu wissen, mit welchem Fuß er sich bewegte. Die Überlegung soll der Kontrast zu dem sein, was fehlt und falsch ist.

81 **Die Erneuerung seines Glanzes befördern.** Das ist ein Vorrecht des Phönix. Exzellenz pflegt alt zu werden und mit ihr der Ruhm; Gewohnheit verringert Bewunderung, und das mittelmäßige Neue siegt über gealterte Exzellenz. Also soll man die Wiedergeburt in der Kraft, im Verstand, im Glück, in allem befördern; stattliche Neuheit betonen, wie die Sonne immer wieder neu aufgehen, die Bühnen des Glanzes wechseln, damit der Entzug auf der einen und die Neuheit auf der anderen hier Applaus und dort Verlangen herausfordern.

82 **Nie das Schlechte oder das Gute ausschöpfen.** Auf Mäßigung in allem führte ein Weiser die gesamte Weisheit zurück. Das höchste Recht wird Unrecht, und presst man die Apfelsine zu sehr aus, wird sie am Ende bitter: auch im Genuss soll man nie bis zum Äußersten gehen. Selbst der Geist wird erschöpft, wenn man ihn ausschöpft, und statt Milch bekommt Blut, wer rücksichtslos melkt.

83 Sich ab und an ein lässliches Versehen erlauben. Eine Nachlässigkeit pflegt die größte Empfehlung der Fähigkeiten zu sein. Der Neid hält ein Scherbengericht ab, je ziviler der Fall desto strafrechtlicher die Form. Er klagt es dem Vollkommensten als Fehler an, keinen Fehler zu haben, und verurteilt das ganz und gar, weil es ganz vollkommen ist; mit Argusaugen findet er Fehler an dem, was sehr gut ist, eigentlich nur zum Trost. Wie der Blitz schlägt die Kritik bei den höchsten Erhebungen ein. Es darf selbst Homer einmal eindösen, und man soll ab und an Nachlässigkeit des Verstandes oder der Tapferkeit, aber nie der Klugheit vorgeben, um so die Missgunst abzuwiegeln, damit die nicht wie ein Gift platzt: dies wird sein, als ob man dem Stier des Neides das Tuch überwirft, um die Unsterblichkeit zu retten.

84 Die Feinde zu nutzen wissen. Alle Dinge muss man richtig zu nehmen wissen, nicht an der Klinge, mit der sie verletzen, sondern am Griff, mit dem sie verteidigen sollen; umso mehr gegenüber Widersachern. Der kluge Mann schlägt mehr Gewinn aus seinen Feinden als der unbedarfte aus seinen Freunden. Missgunst ebnet oft Berge der Schwierigkeit, die anzugehen Gunst nicht wagte. Für viele haben Leute, die ihnen missgünstig waren, ihre Größe aufgebaut. Mehr verletzt Schmeicheln als Hass, denn dieser heilt wirksam von den Flecken, die jenes verbirgt. Der Kluge macht die Abneigung zu einem Spiegel, der schärfer ist als die Zuneigung und der Nachrede seiner Fehler vorbeugt oder sie ausbessert; groß ist die Umsicht, wenn man an der Grenze von Konkurrenz, von Missgunst lebt.

85 Nicht die Trumpfkarte sein. Es ist ein Nachteil alles Vortrefflichen, dass allzu viel Gebrauch zu Missbrauch wird; da es eben alle begehren, sind am Ende alle verärgert. Großes Unglück, zu nichts gut zu sein; kein geringeres, es für alles sein zu wollen; diese verlieren, weil sie viel gewinnen, und am Ende so sehr verabscheut werden, wie sie zuerst begehrt waren. Jede Art von Vollkommenheit nutzt sich wie eine Trumpfkarte ab, indem sie die anfängliche Wertschätzung des Seltenen verliert und die Verachtung des Gewöhnlichen erlangt. Die einzige Lösung für alles Hochbesondere ist, mit dem Glanz ein Maß einzuhalten: der Überschuss soll in der Vollkommenheit liegen, die Mäßigung im Zeigen. Je mehr eine Fackel leuchtet, desto mehr verbraucht sie sich und desto weniger dauert sie an. Sparsames Erscheinen belohnt sich mit Erfolgen bei der Wertschätzung.

86 Übler Nachrede vorbeugen. Der Pöbel hat viele Köpfe; und so auch viele Augen für die Missgunst und viele Zungen, um dem Ansehen zu schaden. Wenn sich in ihm eine schlechte Nachrede verbreitet, beeinträchtigt sie das größte Ansehen, und falls ein Name daraus wird, zerstört er das Ansehen für immer. Anlass ist gewöhnlich ein auffälliger Fehler, etwas Lächerliches, das leicht zum Gegenstand seiner Geschwätzigkeit wird, so wie es auch der gemeinen Missgunst von einzelnen Widersachern zugeworfene Makel gibt; denn es gibt Stimmen der Missgunst, die großes Ansehen schneller mit einem Witz als mit einer Entstellung zerstören. Leicht gelangt man in üblen Ruf, weil das Schlechte sehr glaubhaft und schwer zu löschen ist. Der kluge Mann soll sich deshalb solche Fehler ersparen und seine Umsicht der Unverschämtheit des Pöbels entgegenstellen, einem Schaden vorbeugen ist leichter als ihn beheben.

87 **Bildung und Form.** Geboren wird der Mensch als Barbar, indem er sich bildet, erlöst er sich vom Zustand des Tiers. Personen erschafft die Bildung; und umso mehr je größer sie ist. In ihrem Namen konnte Griechenland den ganzen Rest des Universums barbarisch nennen. Sehr roh ist die Unwissenheit; nichts bildet mehr als das Wissen. Doch selbst das größte Wissen war plump, solange es keine Form hatte. Nicht nur das Verstehen braucht Form, auch das Wollen und mehr noch das Gespräch. Man findet Menschen, zu denen innere und äußere Schönheit als Form gehört, in Gedanken und Worten, im Aussehen ihres Körpers, das wie die Rinde, und in den Gaben ihrer Seele, die wie die Frucht sind. Andere gibt es im Gegensatz dazu, die so roh sind, dass sie all ihren Dingen, selbst den herausragenden, durch unerträglich barbarische Schlampigkeit den Glanz nehmen.

88 **Anspruchsvoll soll das Verhalten sein,** Erhabenheit zeigen. Der große Mann darf nicht kleinlich in seinem Vorgehen sein. Er soll nie viel auf Einzelheiten eingehen, am wenigsten auf unangenehme: denn, wenn es auch von Vorteil ist, nebenbei alles zu bemerken, ist es nicht gut, alles absichtlich wahrnehmen zu wollen. Man soll gewöhnlich mit einer edlen Allgemeinheit vorgehen, die zum vornehmen Anstand gehört. Führen ist zu einem großen Teil sich verstellen; man muss von den meisten Angelegenheiten hin-

sichtlich seiner Verwandten, Freunde und vor allem Feinde absehen. Jede Kleinlichkeit ist ärgerlich und gelegentlich lästig. Immer wieder auf einen Ärger zurückkommen ist eine Art von Besessenheit. Und im Allgemeinen wird sich jeder so verhalten, wie es seinem Herzen und seiner Fähigkeit entspricht.

89 **Kenntnis seiner selbst.** Im Gemüt, im Verstand; im Urteilen, in den Gefühlen. Niemand kann Herr über sich sein, wenn er sich nicht zuerst kennt. Für das Gesicht gibt es Spiegel, für das Gemüt gibt es sie nicht: das konzentrierte Nachdenken über sich selbst soll der Spiegel sein. Und wenn man je sein äußeres Bild vergäße, soll man doch das innere erhalten, um es zu ändern und zu verbessern. Er soll für Unternehmungen seine Klugheit und seine Unterscheidungsfähigkeit kennenlernen; man prüfe für Kämpfe seinen Zorn; man soll für alles seinen Grund vermessen und sein Talent gewogen haben.

90 **Kunst, lange zu leben:** gut leben. Zwei Dinge bringen das Leben schnell zu Ende: die Dummheit und die Niedertracht. Manche verloren es, weil sie es nicht zu erhalten wussten; und andere, weil sie nicht wollten. So wie die Tugend sich selbst belohnt, so bestraft das Laster sich selbst. Wer intensiv im Laster lebt, stirbt schnell auf zweierlei Weise; wer intensiv in der Tugend lebt, stirbt nie. Die Standhaftigkeit der Seele teilt sich dem Körper mit, und man hat lange ein gutes Leben nicht nur nach innen, sondern auch nach außen.

91 Nie mit Skrupeln über Unvorsichtigkeit handeln. Die Vermutung des Misslingens bei einem, der zu Werke geht, fällt dem Beobachter klar ins Auge, zumal wenn er ein Widersacher ist. Wenn der Sachverstand schon bei heißer Leidenschaft Skrupel hat, dann wird er nach Verschwinden der Leidenschaft die deutliche Torheit verurteilen. Gefährlich sind die Handlungen im Zweifel, ob genug Vorsicht gewaltet hat; sicherer wäre die Unterlassung. Die Klugheit gibt sich nicht mit Wahrscheinlichem ab: sie schreitet immer am Mittag des Lichts der Vernunft. Wie kann ein Unternehmen gut gehen, das der Argwohn schon verurteilt, während es ausgedacht wird? Und wenn ein mit dem inneren *nemine discrepante* gereifter Entschluss oft unglücklich endet, was soll einer erwarten lassen, der im Schwanken der Vernunft und mit einer schlechten Prognose durch den Sachverstand begann?

92 Hirn vor allem. Und ich sage ohne Ausnahme. Es ist die erste und höchste Regel des Handelns und des Redens, umso empfehlenswerter, je größer und höher die Ämter. Ein Korn Klugheit ist mehr wert als Tonnen von Spitzfindigkeit. Es ist ein Weg in Sicherheit, aber ohne großen Beifall, wenn auch der Ruf, klug zu sein, der Triumph des Ruhmes ist: es wird genügen, die Klugen zu befriedigen, deren Stimme der Prüfstein des Gelingens ist.

93 Universaler Mensch. Aus der ganzen Vollkommenheit zusammengesetzt, steht er für viele. Leben macht er zur Freude und gibt dieses Genießen der Mitwelt weiter. Die

Abwechslung in Vollkommenheit ist unterhaltsames Leben. Große Kunst, alles Gute zu erreichen; und da ihn die Natur zum Inbegriff alles Natürlichen in seiner höchsten Form gemacht hat, soll ihn das Können durch Übung und Bildung zu einem Universum des Geschmacks und des Verstandes machen.

94 **Undurchschaubarkeit der eigenen Möglichkeiten.** Der umsichtige Mann soll verhüten, dass der Grund seines Wissens oder seiner Kraft je ermessen wird, wenn er wünscht, dass ihn alle verehren: er darf sich dem Erkennen öffnen, nicht dem Durchschauen. Niemand soll die Grenzen seines Potenzials wahrnehmen wegen der offensichtlichen Gefahr einer Ernüchterung. Nie soll er es dahin kommen lassen, dass jemand ihn ganz erfasst: größere Verehrung bewirken der Eindruck und die Ungewissheit im Blick auf die Grenzen des Potenzials, das ein jeder hat, als deren offenes Erscheinen, so groß es auch sein mag.

95 **Die Erwartung aufrecht halten können:** ihr immer einen Köder vorsetzen. Das Viele soll noch mehr versprechen, und die beste Handlung soll das in-Aussicht-Stellen von größeren sein. Man darf nicht die ganze verbleibende Hand in der ersten Runde spielen, und eine große List ist es, sich in den Kräften, im Wissen mäßigen zu können, um so die Leistungsfähigkeit zu befördern.

96 Von der großen moralischen Urteilsfähigkeit. Sie ist der Thron der Vernunft, der Sockel der Bedachtsamkeit, in ihrem Namen fällt das Gelingen leicht. Sie ist eine Glücksgabe des Himmels, und zwar die erste, beste und deshalb am meisten begehrte: so sehr das dringend benötigte erste Stück der Rüstung, dass der Mangel keines anderen ihn mangelhaft macht; man bemerkt am meisten ihr Ausbleiben. Alle Handlungen des Lebens hängen von ihrem Einfluss ab, und alle fordern ihre Einschätzung, denn alles soll mit Hirn geschehen. Sie besteht in einem angeborenen Hang zu allem, was am meisten der Vernunft entspricht, und verheiratet sich deshalb immer mit dem Richtigsten.

97 Das Ansehen erlangen und erhalten. Es ist der Ertrag des Ruhms. Große Anstrengung verlangt es, weil es aus vortrefflichen Eigenschaften hervorgeht, die so selten wie die mittelmäßigen verbreitet sind. Einmal erlangt, lässt es sich leicht erhalten. Es verpflichtet sehr und wirkt mehr. Eine Art von Hoheit ist es, wenn es durch die Erhabenheit seines Grundes und seiner Reichweite zur Verehrung wird; doch das wirkliche Ansehen ist jenes, das immer dauerte.

98 Den Willen verschlüsseln. Es sind die Leidenschaften die geheimen Türen des Geistes. Das am meisten praktische Können besteht im Sich-Verstellen: Wer mit offenen Spielkarten spielt, nimmt das Risiko an, zu verlieren. Die Zurückhaltung des Vorsichtigen soll mit der Aufmerksamkeit des Weltoffenen rivalisieren: gegen Luchsaugen für die Rede, Sepia-Tinte für die Innerlichkeit. Man soll seinen Geschmack nicht kennen, damit man ihm nicht zuvorkommen kann, in einigen Fällen mit Widerspruch, in anderen mit Schmeichelei.

99 **Wirklichkeit und Schein.** Die Dinge gelten nicht nach dem, was sie sind, sondern nach dem, was sie scheinen. Selten sind die, die nach innen sehen, und viele die, die sich an das Erscheinende halten. Recht haben mit einem Gesicht von Verschlagenheit reicht nicht.

100 **Von Täuschungen befreiter Mann:** weiser Christ, philosophischer Hofmann; doch ohne es zu zeigen oder gar zur Schau zu stellen. Obwohl es die größte Beschäftigung der Weisen ist, hat das Philosophieren das Ansehen verloren. Es lebt das Wissen der Klugen ohne Autorität. Seneca führte es in Rom ein, es erhielt sich einige Zeit am Hof, und wird jetzt als Zumutung angesehen. Doch die Befreiung von Täuschungen war immer Nahrung der Bedachtsamkeit, Entzücken am Rechtschaffenen.

101 **Die Hälfte der Welt lacht über die andere Hälfte, und töricht sind alle.** Entweder ist alles gut, oder alles ist schlecht, je nach den Ansichten: dieser folgt dem, was der andere verfolgt. Unerträglich dumm, wer jeden Gegenstand an seine Auffassung anpassen will. Was vollkommen ist, hängt nicht von einer einzigen Zustimmung ab: so zahlreich sind die Geschmäcker wie die Gesichter – und so verschieden. Es gibt keinen Fehler ohne Gefallen: man soll

den Dingen nicht misstrauen, weil manche ihnen nicht zustimmen, es wird nicht an anderen fehlen, die sie schätzen; doch der Beifall der Letzteren soll ihm nicht in den Kopf steigen, andere werden ihn verurteilen. Die Norm der wahren Zufriedenheit ist die Billigung der Männer von Ansehen, die im entsprechenden Zusammenhang etwas zu sagen haben. Man lebt weder von einer einzigen Ansicht noch von einer einzigen Konvention noch von einem einzigen Jahrhundert.

102 **Magen für große Bissen des Glücks.** Nicht der am wenigsten wichtige Teil im Körper der Bedachtsamkeit ist ein großer Magen, denn aus großen Teilen setzt sich eine große Fähigkeit zusammen. Von guten Glücksfällen wird nicht verlegen, wer größere verdient; was für manche Übersättigung, ist für andere Hunger. Viele gibt es, für die jeder große Leckerbissen wegen ihres kleinen Körperbaus zur Verschwendung wird, weil sie weder an so hohe Ämter gewöhnt noch für sie geboren sind; ihr Verhalten wird säuerlich, und die Dämpfe, welche aus der ungemessenen Ehre aufsteigen, machen ihren Kopf schwindlig; in hoher Stellung laufen sie große Gefahr, und sie verlieren die Fassung, weil das Glück nicht in sie passt. Der große Mann soll also zeigen, dass ihm noch Raum für Größeres bleibt, und mit besonderer Aufmerksamkeit jedes Anzeichen von Engherzigkeit fliehen.

103 Jeder majestätisch auf seine Weise. Alle Handlungen sollen, wenn nicht die eines Königs, doch eines solchen würdig sein, jede entsprechend ihrem Bereich; königlich das Verhalten, innerhalb der Grenzen seiner klug wahrgenommenen Bedingungen: erhabene Handlungen, aufsteigende Gedanken. In allen Dingen soll er einen König nach Verdiensten, wenn schon nicht in Wirklichkeit darstellen, denn die wahre Herrschaft besteht in der Rechtschaffenheit der Sitten, und keine Größe muss beneiden, wer ihre Norm sein kann. Besonders an die, die dem Thron nahestehen, soll sich etwas von der wahren Überlegenheit kleben: sie sollen eher an den Gaben der Majestät teilhaben als an den Riten der Eitelkeit, nicht Unvollkommenes mit Aufgeblasenheit, sondern das Hohe mit Substanz erfüllen.

104 Den Ämtern den Puls gefühlt haben. Sie sind voneinander verschieden: meisterliches Wissen, das viel Aufmerksamkeit braucht. Manche verlangen Mut, andere Scharfsinn. Leichter bewältigen lassen sich jene, die von der Aufrichtigkeit, schwerer die, welche vom Geschick abhängen: mit einem guten Charakter hat man genug für jene; für diese kann keine Aufmerksamkeit und Wachheit ausreichen. Eine anstrengende Beschäftigung, Menschen zu regieren und besonders, wenn sie verrückt oder dumm sind: man braucht doppelt so viel Hirn für den Umgang mit denen, die keines haben. Unerfreuliches Amt, welches einen ganzen Menschen verlangt, mit abgezählten Stunden und einem bestimmten Gegenstand; besser sind die ohne Langeweile, welche zum Ernst Vielfältigkeit hinzufügen, denn Abwechslung erfrischt. Am angesehensten sind die, welche weniger oder entferntere Abhängigkeit haben. Und dasjenige ist das schlechteste, das einen am Ende in der menschlichen Wohnstätte schwitzen lässt, und mehr noch in der göttlichen.

105 **Nicht ermüden.** Der Mensch mit einem einzigen Anliegen und der mit einer einzigen Form der Rede pflegen lästig zu sein. Die Kürze ist schmeichelnd und besser zum Verhandeln: als Höflichkeit gewinnt sie, was sie als Kürze verliert. Das Gute, falls kurz, zweimal gut; und selbst das Schlechte, falls wenig, nicht so schlecht. Mehr wirken Quintessenzen als Mischmasch; und es ist eine allgemein geltende Wahrheit, dass ein weitläufiger Mensch nur selten verständig ist, nicht so sehr nach dem Materiellen der Anordnung wie nach dem Formellen der Rede. Es gibt Menschen, die eher zur Peinlichkeit als zum Schmuck des Universums dienen, verlorene Möbel, welche alle aus dem Weg räumen. Der Umsichtige darf nie peinlich werden, vor allem nicht gegenüber hochgestellten Persönlichkeiten, die sehr beschäftigt leben; und es wäre schlechter, eine von ihnen unangenehm zu berühren als die ganze übrige Welt. Das gut Gesagte ist schnell gesagt.

106 **Nicht mit dem Glück prahlen.** Mehr verletzt es, die Würde hervorzuheben als die Person. Sich inszenieren ist verhasst, es war genug, beneidet zu werden. Ansehen gewinnt man umso weniger, je mehr man es sucht, es hängt von der Achtung der anderen ab; und so kann man es sich nicht nehmen, sondern von den anderen verdienen und

dann erwarten. Die großen Ämter verlangen ihrer Ausübung entsprechende Autorität, ohne die kann man sie nicht mit Würde ausüben: man soll zur Erfüllung des wesentlichen Teils seiner Verpflichtungen diejenige bewahren, die man verdient; sie nicht erzwingen, aber fördern. Und all die, welche sich in ihrem Amt inszenieren, zeigen an, dass sie es nicht verdienten und dass die Würde nur angefügt ist. Wer auf seinen Wert bestehen will, soll dies mehr mit seinen herausragenden Fähigkeiten tun als mit Zufälligkeiten; auch einen König soll man mehr wegen seiner persönlichen als wegen seiner äußerlichen Herrschaft verehren.

107 **Nicht Selbstzufriedenheit zeigen.** Man soll weder unzufrieden leben, das ist Kleinmut, noch selbstzufrieden, das ist Dummheit. Bei den meisten entsteht die Selbstzufriedenheit aus Unwissen und bleibt in einer dummen Glückseligkeit stecken, die zwar Vergnügen immer weiter am Leben erhält, aber nicht den Ruf bewahrt. Da sie nicht an die höchsten Vollkommenheiten bei den anderen heranreicht, begnügt sie sich mit jeder gemeinen Mittelmäßigkeit im Eigenen. Misstrauen war immer nützlich, nicht nur klug, entweder als Maßnahme für ein gutes oder als Trost für ein schlechtes Ende: eine Enttäuschung kehrt bei dem nicht wieder, der sie schon befürchtete. Selbst Homer döst manchmal ein, und Alexander fällt aus der Illusion über seinen Status. Die Dinge hängen von vielen Umständen ab, und was an einer Stelle und Gelegenheit triumphierte, misslingt an anderer. Doch unheilbar dumm ist es, wenn die eitelste Selbstzufriedenheit zu einer Blume wurde und aus ihrem Samen Knospen treibt.

108 Kurzer Weg, um Person zu sein: sich auf Umgang verstehen. Der Verkehr mit anderen ist sehr wirksam: Verhaltensformen und Geschmäcker werden weitergegeben, das Gemüt und sogar der Verstand verbreiten sich, ohne dass man es merkt. Der Vorschnelle soll deshalb versuchen, sich zum Selbstbeherrschten zu gesellen; und so mit den anderen Gemütslagen; mit dieser wird ihm die Mäßigung ohne Gewaltsamkeit gelingen: es ist ein großer Vorteil, sich mäßigen zu können. Die Abwechslung zwischen Gegensätzen verschönt und trägt das Universum, und wenn sie schon Harmonie in der Natur stiftet, dann umso mehr in der Sittlichkeit. Man soll sich dieses Prinzip des Umgangs bei der Auswahl von Vertrauten und Untergebenen zunutze machen, denn durch die Vermittlung zwischen den Extremen gleicht sich eine sehr kluge Mittellage ab.

109 Kein beständiger Ankläger sein. Es gibt Menschen mit heftigem Gemüt: alles machen sie zu einer Straftat, und nicht aus Leidenschaft, sondern aus natürlicher Neigung. Sie verurteilen alle: manche für das, was sie taten, andere für das, was sie tun werden. Daraus spricht ein Geist, der schlechter als grausam ist, nämlich schäbig; und sie klagen mit solcher Übertreibung an, dass sie aus den Atomen Balken machen, um die Augen auszuhöhlen; als Wächter über alle Orte machen sie zur Galeere, was Elysium sein sollte; und wenn die Leidenschaft dazwischenkommt, treiben sie alles aufs Äußerste. Hingegen findet die Einfachheit für alles einen Ausweg, wenn nicht absichtlich, dann aus Nichtbeachtung.

110 Nicht darauf warten, eine untergehende Sonne zu sein. Es ist eine Maxime der Klugen, die Dinge zu lassen, bevor diese uns verlassen. Man soll sich darauf verstehen, gerade aus dem Ende einen Triumph zu machen; selbst die Sonne zieht sich manchmal, wenn sie hell scheint, hinter eine Wolke zurück, damit man nicht sieht, wie sie sinkt, und lässt es offen, ob sie unterging oder nicht unterging. Man soll den Körper auf Distanz von den Untergängen halten, um nicht aus Enttäuschung einzubrechen; man soll nicht warten, bis die Leute einem den Rücken zukehren, und dem Gefühl nach lebendig, dem Ansehen nach tot begraben. Der Verständige zieht das Rennpferd rechtzeitig zurück und wartet nicht, bis es stürzt und mitten in der Bahn das Lachen auf sich zieht; die Schönheit soll rechtzeitig und schlau den Spiegel brechen und nicht später aus Ungeduld, wenn sie ihr von Täuschung befreites Bild sieht.

111 Freunde haben. Ist das zweite Sein. Jeder Freund ist gut und weise für den Freund. Zwischen ihnen geht alles gut. So viel wird einer wert sein, wie die anderen wollen; und damit sie ihn wollen, muss man den Mund über das Herz gewinnen. Nichts hat eine solche Zauberwirkung wie Gefälligkeit, und das beste Mittel, um Freundschaften zu gewinnen, ist, sie zu erschaffen. Es hängt das meiste und das Beste, das wir haben, von den anderen ab. Man muss entweder mit Freunden oder mit Feinden leben. Jeden Tag soll man eine Freundschaft auf den Weg bringen, wenn nicht zum engen Umgang, so doch zum Umgang in Zuneigung, einige bleiben dann als Vertraute, nachdem sie aus einer Auswahl als die Richtigen hervorgegangen sind.

112 Echtes Wohlwollen gewinnen. Denn selbst die erste und höchste Ursache bezieht es in ihre wichtigsten Angelegenheiten ein und benutzt es. Durch Neigung gelangt man zu Achtung. Manche verlassen sich so sehr auf den Wert, dass sie die Bemühung geringschätzen; doch wer aufmerksam ist, weiß sehr wohl, dass man allein aufgrund der Verdienste und ohne die Unterstützung der Gefälligkeit einen großen Umweg geht. Alles erleichtert und ergänzt das Wohlwollen; nicht immer stellt es sich vor, dass die Fähigkeiten da sind, sondern setzt sie voraus, wie den Mut, die Charakterfestigkeit, das Wissen und sogar die Umsicht; nie sieht es etwas Hässliches, weil es das nicht sehen möchte. Gewöhnlich entsteht es aus der materiellen Entsprechung im Gemüt, der Nation, der Verwandtschaft, dem Vaterland und dem Amt; erhabener ist die formale in Fähigkeiten, Verpflichtungen, Ansehen, Verdiensten. Es zu gewinnen ist die ganze Schwierigkeit, bewahren lässt es sich leicht; man kann es erarbeiten und verstehen, Nutzen aus ihm zu ziehen.

113 Im günstigen Glück Vorkehrungen für das ungünstige treffen. Es ist eine gute Entscheidung, im Sommer den Vorrat für den Winter anzulegen, und zwar mit mehr Bequemlichkeit; die Gefallen sind dann billig, es gibt einen Überfluss an Freundschaften. Gut ist es, Dinge für die schlechte Zeit aufzuheben, wenn alles teuer ist und fehlt. Es soll einen Rückhalt an Freunden und dankbar Gesinnten geben, eines Tages wird er zu schätzen wissen, was er jetzt nicht achtet. Die Niedertracht hat nie Freunde: im günstigen Glück, weil sie die nicht kennt; im ungünstigen kennen die sie nicht.

114 Nie wetteifern. Jedes Streben gegen einen Widerstand schadet dem Ansehen; um den Glanz zu schwächen, neigt die Konkurrenz gleich zur Verunglimpfung. Gering ist die Zahl derer, die einen redlichen Krieg führen. Der Wetteifer entdeckt Mängel wieder, welche die Höflichkeit vergaß; viele lebten in Ansehen, solange keiner mit ihnen wetteiferte. Die Hitze der Gegnerschaft belebt oder erweckt gestorbene Schande zu neuem Leben, sie gräbt Stänkereien der Vergangenheit und Vorvergangenheit aus. Mit lauten Verunglimpfungen setzt die Konkurrenz ein und nimmt sich nicht nur, was sie darf, zur Hilfe, sondern was sie kann; und obwohl die Beleidigungen als Waffen oft, ja meist nicht erfolgreich sind, macht sie aus ihnen niedrige Befriedigungen ihrer Rache und schüttelt diese so heftig, dass sie den Staub des Vergessens von den Kränkungen fallen lässt. Immer war das Wohlwollen friedlich und das Ansehen wohlwollend.

115 Sich auf die Charakterfehler der Bekannten einstellen wie auf die hässlichen Gesichter: das ist angebracht, wo Abhängigkeit verbindet. Es gibt raue Gemüter, mit denen und ohne die man nicht leben kann; sich daran wie an etwas Hässliches gewöhnen ist also geschickt, damit sie nicht in einer schrecklichen Situation von neuem beeindrucken; beim ersten Mal entsetzen sie, aber nach und nach geht ihnen jener erste Schrecken verloren; und die Überlegung kommt dem Missfallen zuvor oder erträgt es.

116 Immer mit Leuten umgehen, die Verpflichtungen haben. Er kann sich für sie und sie für sich einsetzen. Eben ihre Verpflichtung ist die größte Garantie im Verkehr mit ihnen, selbst in unklaren Momenten, denn sie handeln wie der, der sie sind; und besser mit rechtschaffenen Leuten streiten, als über schlechte triumphieren. Es gibt keinen guten Umgang mit der Zerrüttung, weil sie sich nicht zur Standhaftigkeit verpflichtet fühlt; deshalb gibt es unter Zerrütteten weder wahre Freundschaft, noch ist ihre Zuwendung echt, auch wenn sie so aussieht, weil sie nicht auf Ehre beruht. Menschen ohne sie soll er immer zurückweisen, denn wer sie nicht schätzt, schätzt die Tugend nicht; und die Ehre ist der Thron der Standhaftigkeit.

117 Nie von sich reden. Man muss sich dann entweder loben, was Eitelkeit, oder man muss sich tadeln, was Kleinmut ist; und Mangel an Klugheit bei dem, der spricht, wird zur Qual für die, welche zuhören. Wenn man dies im vertrauten Umgang vermeiden muss, dann umso mehr auf hoher Ebene, wo die Rede öffentlich ist, und als Dummheit alles gilt, was so aussieht. Dasselbe Abweichen von Klugheit liegt im Sprechen über die, welche anwesend sind, wegen der Gefahr, auf eine von zwei Klippen zu stoßen: auf die der Schmeichelei oder des Tadels.

118 Den Ruf erwerben, höflich zu sein, das reicht, um ihn beliebt zu machen. Die Höflichkeit ist der Hauptteil der Bildung, eine Art Zauber, und so vereint sie die Gunst aller, wie die Unhöflichkeit übergreifende Verachtung und Ärgernis. Wenn diese aus Arroganz entspringt, ist sie abstoßend, wenn aus Gewöhnlichkeit verachtenswert. Die Höflichkeit muss immer eher mehr als weniger, aber nie gleich verteilt sein, denn dann verkäme sie zur Ungerechtigkeit; gegenüber Feinden gilt sie als Schuldigkeit, mit der man seinen Wert sichtbar macht; sie kostet wenig und ist viel wert; jeder, der verehrt, wird geehrt. Das aufmerksame Verhalten und die Ehre haben diesen Vorteil, dass sie bleiben: jenes bei dem, der es zeigt, diese bei dem, der sie walten lässt.

119 **Sich nicht unbeliebt machen.** Man soll Abneigung nicht hervorrufen, denn sie stellt sich schon ungewollt ein. Viele gibt es, die unwillkürlich Abscheu empfinden, ohne zu wissen, wie und warum. Die Missgunst kommt der Verbindlichkeit zuvor; aus Jähzorn verursacht sie Schaden wirksamer und schneller denn aus Begierde Nutzen. Manche streben, sich mit allen zu überwerfen, weil sie nach ihrem Gemüt immer Ärger erregen oder Ärger empfinden; und wenn sich der Hass eines Menschen bemächtigt, dann ist er, wie das schlechte Ansehen, schwer zu löschen. Urteilskräftige Leute werden gefürchtet, Leute von übler Zunge verabscheut, vor den Eitlen ekelt man sich, die Hämischen verachtet man, und die Sonderlinge lässt man links liegen. Man zeige Wertschätzung, um geschätzt zu werden; und wer Zuwendungen will, lebt zugewandt.

120 Im Leben stehen. Selbst das Wissen muss dem Gebrauch entsprechen, und wo es nicht gebraucht wird, muss man als Unwissender zurechtkommen können. In den Zeiten ändern sich das Denken und der Geschmack: man soll nicht altmodisch denken, und man soll einen modernen Geschmack haben. Der Geschmack der Mehrheit hat in allen Zusammenhängen etwas zu sagen; ihm muss man zunächst folgen und dann zum Herausragen bringen; der Kluge soll sich im Schmuck der Seele wie des Körpers an das Gegenwärtige anpassen, selbst wo ihm das Vergangene besser scheint. Nur für die Güte des Verhaltens gilt diese Lebensregel nicht, dort muss man immer der Tugend folgen. Wahr reden, sein Wort halten, das ist unbekannt geworden und scheint zu anderen Zeiten zu gehören, und die guten Männer scheinen den guten Zeiten zu entsprechen, sosehr sie auch immer noch geliebt werden, was bedeutet, dass sie, wenn es noch welche von ihnen gibt, weder auf der Höhe der Zeit sind noch nachgeahmt werden. Was für ein Unglück für unser Jahrhundert, dass die Tugend als fremd und die Bosheit als gängig gilt! Der Umsichtige lebe, wenn schon nicht so, wie er möchte, so gut er kann; er soll mehr auf das achten, was ihm das Glück zugestand, als auf das, was es ihm verweigert hat.

121 Nicht eine Angelegenheit aus der Nicht-Angelegenheit machen. Wie manche aus allem eine Geschichte machen, so andere aus allem eine wichtige Angelegenheit: immer sprechen sie im Ton der Wichtigkeit, alles nehmen sie ernst und führen es auf eine Auseinandersetzung oder ein Geheimnis zurück. Wenige Anlässe des Ärgers soll man als beabsichtigt verstehen, denn sonst verrennt man sich ohne Grund. Sich zu Herzen nehmen, was man hinter sich lassen soll, heißt die Prioritäten verwechseln. Viele Dinge, die etwas waren, stellten sich als nichts heraus, wenn man von ihnen ablässt; und andere, die nichts waren, wurden zu viel, weil man sie beachtet hat. Am Anfang kann man alles leicht beenden, aber später nicht; oft bringt die Arznei die Krankheit hervor, und das Sein-Lassen ist nicht die schlechteste Lebensregel.

122 **Herrschaftlichkeit im Reden und im Tun.** Beeindruckt überall sehr und gewinnt vorweg die Achtung. Sie hat auf alles einen Einfluss: auf die Unterhaltung, auf die öffentliche Rede, sogar auf den Gang, und noch auf den Blick, auf das Wollen. Es ist ein großer Sieg, die Herzen einzunehmen: er entsteht weder aus dummer Waghalsigkeit noch aus ärgerlichem Verhalten; sehr wohl aus einer angenehmen Autorität, die aus einem überlegenen Gemüt mit Unterstützung der Verdienste entstanden ist.

123 **Mensch ohne Geltungsdrang.** Je mehr Fähigkeiten einer hat, desto weniger Geltungsdrang, denn der pflegt ein verächtlicher Makel für sie alle zu sein. Er ist ebenso ärgerlich für die anderen wie mühselig für den, der ihn aufrecht hält, weil er als Märtyrer der Vorsicht lebt und sich mit Genauigkeit quält. Durch ihn verlieren selbst herausragende Eigenschaften ihren Verdienst, weil man glaubt, dass sie eher aus der künstlichen Gewaltsamkeit entsprungen sind denn aus der freien Natur, und alles Natürliche war immer

mehr willkommen als das Künstliche. Die Geltungssüchtigen gelten als fremd in dem, was sie vorgeben. Je besser man etwas macht, desto mehr muss man die Bemühung überspielen, damit sichtbar wird, wie sich die Vollkommenheit aus der Natur ergibt; aber man soll auch nicht geltungssüchtig werden, weil man es so sehr vermeidet, dass nicht geltungssüchtig sein zu einer Geltungssucht wird. Nie darf der Umsichtige so aussehen, als wisse er um seine Verdienste, denn gerade die Gleichgültigkeit weckt die Aufmerksamkeit bei den anderen. Doppelt herausragend ist, wer alle Vollkommenheiten in sich hat und keine in seiner Wertschätzung; und auf umgekehrtem Weg kommt er dem Ziel des Beifalls nahe.

124 **Es dahin bringen, dass man begehrt wird.** Wenige brachten es zu solcher Gunst unter den Leuten; und wenn bei klugen Leuten, ist es ein Glück. Gewöhnlich kommt denen, die am Ende stehen, Lauheit zu. Es gibt Umstände, um sich diesen Preis der Zuneigung zu verdienen: im Amt und in seinen Fähigkeiten herausragen gehört gewiss dazu; die Freundlichkeit wirkt. Herausragen wird zur Unentbehrlichkeit, wenn deutlich ist, wie das Amt einen brauchte und nicht er das Amt; manche bringen den Posten Ehre ein, anderen sie. Es ist kein Vorteil, der einem guttut, einem Schlechten nachzufolgen, weil das nicht heißt, dass man um seiner selbst willen begehrt, sondern dass ein anderer verabscheut wird.

125 Kein Sündenregister sein. Ein Zeichen, den eigenen Ruf zerstört zu haben, ist es, anderen Schande zu wünschen. Manche möchten mit den Flecken der anderen die eigenen verbergen, wenn nicht gar waschen, oder sie trösten sich so, was der Trost der Dummen ist. Sie riechen aus dem Mund, wie die öffentliche Kloake. Wer in diesen Dingen am meisten aufwühlt, beschmutzt sich am meisten. Nur wenige haben nicht irgendeinen grundlegenden Defekt, direkt oder vermittelt. Die Fehler wenig bekannter Leute werden nicht bekannt. Wer taktvoll sein will, soll es vermeiden, ein Schandenregister zu sein, denn das heißt eine verabscheute Gestalt sein und ohne Seele, obwohl noch am Leben.

126 Dumm ist nicht, wer die Dummheit begeht, sondern wer sie, einmal begangen, nicht zu verbergen weiß. Die Neigungen muss man unter dem Siegel halten – um wie viel mehr die Mängel. Alle Menschen irren, aber mit diesem Unterschied: dass die Scharfsinnigen die begangenen Mängel überspielen, und die Dummen sie ankündigen, noch bevor sie sie begehen. Das Ansehen liegt mehr in der Vorsicht als in dem, was man getan hat, wenn einer nicht keusch ist, soll er vorsichtig sein. Die Versehen der großen Männer werden mehr beobachtet, so wie die Finsternisse der großen Lichtquellen. Es muss eine mögliche Ausnahme innerhalb der Freundschaft sein, dass man ihr die Fehler nicht anvertraut; nicht einmal, wenn dies möglich wäre, dem Bild, das man von sich selbst hat. Aber man kann sich hier jene andere Regel des Lebens zunutze machen, die das Vergessen-Können ist.

127 **Die Ungezwungenheit in allem.** Ist Leben der Fähigkeiten, Atem der Rede, Seele des Tuns, Glanz dessen, was schon glänzt. Die anderen Vollkommenheiten sind ein Schmuck der Natur, aber die Ungezwungenheit ist jener für die Vollkommenheit selbst: sogar für das Denken rühmt man sie. Vor allem ist sie ein Geschenk, dem Lernen schuldet sie kaum, und auch der Selbstbeherrschung ist sie überlegen; sie ist mehr als Leichtigkeit und gerät zur Kühnheit; sie setzt Unbefangenheit voraus und fügt Vollkommenheit hinzu. Ohne sie ist alle Schönheit tot und alle Anmut unbeholfen. Sie geht über den Mut, die Umsicht, die Vorsicht, selbst über die Majestät hinaus; sie ist eine geschickte Abkürzung im Geschäft und ein eleganter Ausweg aus jeglicher Verlegenheit.

128 **Hoher Sinn.** Gehört zu den grundlegenden Erfordernissen, um ein Held zu sein, weil er von jeder Art der Größe entflammt wird: er erhöht den Geschmack, weitet das Herz, lässt das Denken aufsteigen, veredelt den Charakter und schafft die höchste Würde. Wo immer er sich findet, macht er auf sich aufmerksam, und selbst wenn er manchmal vom Neid des Schicksals in Abrede gestellt wird, bricht er durch, um sich zu zeigen; er dehnt sich im Willen aus, wenn seinen Möglichkeiten Gewalt angetan wird. Als Quelle erkennen ihn die Großherzigkeit an, die Großzügigkeit und jede Helden-Gabe.

129 Nie sich beklagen. Das Klagen bringt dem Ansehen immer Schaden ein; mehr erweckt es Begierde als tröstliches Mitleid; wem immer es hört, öffnet das Klagen den Weg zu dem, worüber geklagt wird, und die Kunde von der ersten Beleidigung entschuldigt die zweite. Manche machen mit ihren Klagen zukünftige aus vergangenen Beleidigungen, und statt Heilung oder Trost zu sein, fordern sie die Schadenfreude oder sogar die Verachtung heraus. Viel geschickter ist es, die Freundlichkeiten der einen zu loben, damit sie zu Gegenständen der Bemühung für andere werden; und auf Gefallen Abwesender zurückkommen heißt die der Gegenwärtigen befördern, den Verdienst der einen den anderen verkaufen. Und der aufmerksame Mann soll nie Kränkungen oder Mängel sichtbar werden lassen; Momente der Wertschätzung sehr wohl, denn die helfen einem, Freunde zu haben und Feinde in Schach zu halten.

130 Tun und sichtbar werden lassen. Die Dinge gelten nicht nach ihrem Sein, sondern nach ihrem Schein. Wert haben und ihn zu zeigen verstehen ist zweimal Wert haben; was nicht gesehen wird, ist als ob es nicht wäre. Ihre Verehrung erfährt nicht einmal die Vernunft, wenn sie nicht ein entsprechendes Gesicht hat. Viel mehr Leute leben in Täuschung als in Einsicht. Täuschung steht im Vordergrund, und man beurteilt die Dinge von außen; es gibt Dinge, die sehr verschieden von dem sind, was sie sichtbar werden lassen. Das gute Außen ist die beste Empfehlung der inneren Vollkommenheit.

131 **Charakteradel.** Ihre Stattlichkeit haben die Seelen, edlen Geist, durch dessen ritterliche Taten das Herz schön wird. Nicht für alle ist das möglich, weil es Großmut voraussetzt. Seine erste Angelegenheit ist es, gut über den Feind zu reden – und sich noch besser gegenüber ihm zu verhalten: am meisten strahlt er in den Händen der Rache; er lässt sie sich nicht entgehen, sondern macht sie besser, indem er sie, je siegreicher desto stärker, in unerwartete Großzügigkeit verwandelt. Er ist auch gesellschaftlich wirksam und darüber hinaus der Glanz der Staatsvernunft. Nie prahlt er über Siege, weil er nie prahlt, und wenn sie verdientermaßen gelingen, verbirgt sie doch sein Edelmut.

132 **Das erneute Überlegen nutzen.** In Revision gehen ist Sicherheit, und umso mehr, wo nicht offensichtlich ist, dass man sein Ziel erreicht; sich Zeit nehmen, um entweder Zugeständnisse zu machen oder sich zu verbessern: neue Gründe bieten sich, um das Urteil zu bestätigen und zu bekräftigen. Wenn es ums Geben geht, so wird die im Sinn der Klugheit gemachte Gabe mehr geschätzt als die angenehme Schnelligkeit: immer wurde das Begehrte am meisten geschätzt. Wenn man verweigern muss, bleibt Raum für die Art und Weise und um das *Nein* reifen zu lassen, so dass es besser schmeckt; und meistens spürt man bei kaltem Blut, wenn erst einmal jene erste Hitze des Begehrens vergangen ist, die Enttäuschung der Weigerung nicht mehr. Auf den spät eingehen, der eilig bittet: denn das ist eine List, um die Aufmerksamkeit zu umgehen.

133 **Eher mit allen ein Narr als allein klug sein,** sagen politisch tätige Menschen. Denn wenn alle es sind, wird er gegen keinen verlieren; und wenn die Klugheit einsam ist, wird sie für Narrheit gehalten: so wichtig wird es sein, dem Strom zu folgen. Es ist manchmal das größte Wissen, nicht zu wissen, oder so zu tun, als wisse man nicht; man muss mit anderen leben, und die Unwissenden sind in der Mehrzahl; um allein zu leben, muss man entweder viel von Gott oder alles von einem Tier haben. Aber ich würde den Aphorismus ummodeln und sagen: eher klug mit den meisten sein als verrückt allein. Manche wollen in den Hirngespinsten einzigartig sein.

134 **Die Erfordernisse zum Leben doppelt haben.** Ist doppelt leben. Man soll weder von einer Sache allein abhängen noch sich auf eine Sache allein verengen, nicht einmal auf eine einzigartige: alles muss verdoppelt werden, und am meisten die Gründe für den Nutzen, die Gunst und den Genuss. Übergreifend ist die Wechselhaftigkeit des Mondes, Grenze der Dauer, und das gilt umso mehr für Dinge, die vom menschlichen Willen abhängen, der brüchig ist. Gegen die Gebrechlichkeit soll sich der Vorrat bewähren, und es sei eine große Regel der Lebenskunst, die Umstände des Guten und des Bequemen zu verdoppeln. Wie die Natur die wichtigsten und am meisten bedrohten Glieder verdoppelte, so die Kunst die Bedingungen der Abhängigkeit.

135 **Nicht den Geist des Widersprechens haben,** denn so überlädt man sich mit Dummheit und mit Ärger; gegen ihn muss man die Klugheit heraufbeschwören. Es kann intelligent sein, alles schwierig zu machen, aber Hartnäckigkeit wird für nichts anderes als dumm gelten. Diese Leute machen die angenehme Unterhaltung zu einem kleinen Krieg und sind damit mehr Feinde ihrer Vertrauten als derer, mit denen sie nicht umgehen. Am meisten spürt man im leckersten Bissen die Gräte, die durch ihn hindurchgeht, und so ist es mit dem Widersprechen für die angenehmen Momente; es sind schädliche Dumme, mehr Raubtiere als nur Tiere.

136 **Sich gut auf Themen einstellen;** den Geschäften gleich den Puls fühlen. Viele entfernen sich entweder auf den Ästen nutzlosen Überlegens oder den Blättern einer müden Redseligkeit, ohne auf die Substanz der Angelegenheit zu stoßen; sie umkreisen einen Punkt hundert Mal, werden müde und ermüden, und kommen nie im Zentrum des Wichtigen an. Das geht aus verwirrten Verstehensbemühungen hervor, denen es nicht gelingt, Klarheit zu gewinnen. Sie vergeuden die Zeit und die Geduld mit etwas, das sie lassen sollten, und später fehlt sie für das, was sie liegenließen.

137 **Der Weise soll sich selbst genug sein.** Er war alles Seine für sich, und indem er sich selbst mitnahm, nahm er alles mit. Wenn ein universeller Freund genug ist, um für Rom und den ganzen Rest des Universums zu stehen, dann sei

man dieser Freund für sich selbst – und wird alleine leben können. Wer sollte einem fehlen können, wenn es weder eine größere Vorstellung noch ein größeres Gefallen als sich selbst gibt? Er wird allein von sich abhängen, höchstes Glück ist es, der höchsten Ganzheit zu gleichen. Wer so das Leben allein verbringen kann, hat nichts vom Tier, sondern viel vom Weisen und alles von Gott.

138 **Kunst, die Dinge sein zu lassen.** Umso mehr, je höher die Wellen des offenen oder des vertrauten Meers schlagen. Es gibt Strudel im menschlichen Verkehr, Willensstürme: dann ist es klug, sich in den sicheren Hafen des Gehen-Lassens zurückzuziehen. Oft werden die Übel durch die Heilmittel schlimmer. Dort die Natur und hier die Moral walten lassen. Ebenso viel muss der weise Arzt wissen, um ein Rezept oder kein Rezept zu schreiben, und manchmal besteht die größere Kunst darin, keine Heilmittel anzuwenden. Ein Weg, die gemeinen Strudel zu beruhigen, muss es sein, die Hand zurückzuziehen und sie sich beruhigen zu lassen: jetzt der Zeit nachgeben wird später Siegen sein. Mit wenig Unruhe wird eine Quelle trüb, und sie wird nicht wieder hell, wenn man sich darum bemüht, sondern wenn man sie lässt. Es gibt kein besseres Heilmittel gegen Unordnung, als ihr den Lauf lassen, so verschwindet sie durch sich selbst.

139 **Den Unglückstag erkennen:** denn es gibt solche. Nichts wird gutgehen; und das Spiel mag sich verändern, aber die Pechsträhne nicht: auf zwei Würfe soll man sie erkennen und sich zurückziehen, indem man bemerkt, ob es ein gu-

ter Tag ist oder keiner. Sogar für den Verstand gibt es den Moment, niemand wusste zu jeder Stunde; es beruht auf Glück, richtig zu denken, wie einen Brief gut zu schreiben. Alle Vollkommenheiten hängen vom richtigen Moment ab, und auch die Schönheit ist nicht immer angesagt; nicht ihrem Ruf gerecht wird die Umsicht, indem sie nicht weit genug oder zu weit dringt; und alles muss, um gutzugehen, seinen Tag haben. So wie für manche alles schlechtgeht, geht für andere alles gut und findet sich mit weniger Anstrengung: der Geist ist gut aufgelegt, das Gemüt bei Laune und alles steht unter einem guten Stern; dann passt es, ihn zu nutzen und nicht das kleinste Teilchen zu vergeuden. Doch der urteilsfähige Mann soll sich nicht aufgrund eines Zufalls, den er sah, unwiderruflich für schlecht oder umgekehrt gut entscheiden, denn jenes konnte Missgeschick und dieses Glück sein.

140 **In jeder Sache gleich auf das Gute stoßen.** Ist das Glück des guten Geschmacks. Gleich zur Süße geht die Biene in der Wabe und die Natter zur Bitterkeit im Gift; so auch die Geschmäcker, einige zum Besten und andere zum Schlechtesten. Es gibt nichts, das nicht etwas Gutes hätte, und vor allem, wenn es ein Buch ist, wegen des Gedachten. So unglücklich ist manches Gemüt, dass sie unter tausend Vollkommenheiten nur auf den einen Fehler stoßen werden, den es gibt, und den tadeln sie und freuen sich darüber als Sammler des Schmutzes im Willen und im Verstand, häufen Einwände, Fehler an, was mehr eine Strafe für ihre schlechte Wahl ist als ein Gebrauch ihres Feingefühls. Sie verbringen ein schlechtes Leben, denn immer weiden sie

sich an Bitterkeiten und nähren sich an Unvollkommenheiten. Glücklicher ist der Geschmack von anderen, die unter tausend Fehlern gleich auf die einzige Vollkommenheit stoßen, die ihnen als Glückstreffer zufiel.

141 **Nicht sich zuhören.** Wenig hilft es, sich selbst zu gefallen, wenn die anderen nicht zufrieden sind; und gewöhnlich straft die allgemeine Missachtung die eigene Befriedigung: allen schuldet, wer sich selbst genügt. Sprechen wollen und sich hören geht nicht gut; und wenn zu sich allein sprechen Verrücktheit ist, dann wird sie verdoppelt werden beim Sich-Zuhören vor anderen. Eine Schwäche hoher Herren ist das Sprechen mit dem Bordun »von Ich sag mal: ...« oder jenem »Weißt Du?«, das den Zuhörern auf die Nerven geht; nach jedem Satz horchen sie auf Billigung oder Schmeichelei und ermüden die Klugheit. Auch die Aufgeblasenen sprechen mit Echo, und da ihr Gespräch auf den Stöckeln des Dünkels geht, fordert es für jedes Wort das dumme »Stimmt's?«.

142 **Nie sich aus Eigensinn auf die schlechtere Seite schlagen:** weil der Gegner zuvorkam und die bessere wählte. Man beginnt schon besiegt, und so wird es notwendig sein, sich mit Schande geschlagen zu geben: niemals gelingt Rache gut mit schlechten Waffen. Es war des Gegners Schlauheit, zuerst das Bessere zu wählen, und eigene Dummheit, sich ihm spät mit dem Schlechteren entgegenzusetzen. Diese Starrköpfe des Handelns sind deshalb unbeweglicher als die des Wortes, weil mit dem Tun mehr Risiko als mit

der Rede einhergeht: Gewöhnlichkeit der Eigensinnigen, nicht auf die Wahrheit zu achten, um zu widersprechen, noch auf den Nutzen, um zu streiten. Der Aufmerksame ist immer auf der Seite der Vernunft, nicht der Leidenschaft, entweder gleich vorwegnehmend oder sich nachher eines Besseren besinnend; wenn der Gegner dumm ist, wird er im selben Zusammenhang die Richtung ändern und sich auf die entgegengesetzte Seite schlagen, womit er seine Position verschlechtern wird. Das Richtige ergreifen ist das einzige Mittel, um ihn vom Besseren abzubringen, denn seine Dummheit wird es liegenlassen, und sein Eigensinn wird sein Sturz werden.

143 **Nicht paradox werden, um dem Gewöhnlichen zu entgehen.** Die beiden Extreme schaden dem Ansehen. Jedes Verhalten, das den Ernst zurücknimmt, ist ein Zweig der Dummheit. Das Paradoxe ist ein gewisser, am Anfang immer Beifall findender Trug, weil es als neu und aufregend beeindruckt; aber später, wenn er zu seinem Schaden schwindet, sieht es sehr schmählich aus. Es ist eine Art Schwindel und in der Politik ein Verderben der Staaten. Die auf dem Weg der Tugend nicht vermögen oder es nicht wagen, Helden zu werden, verlassen sich aufs Paradox, rufen bei den Dummen Bewunderung hervor und lassen viele Kluge wahr sprechen; es zeigt sich Unausgewogenheit im Urteil, und deshalb ist es das genaue Gegenteil von Bedachtsamkeit; und wenn es sich ab und an nicht auf Falsches gründet, so doch wenigstens auf Ungewisses, mit großem Risiko in wichtigen Angelegenheiten.

144 Mit fremden Interessen auftreten, um mit eigenen abzuziehen. Das ist eine Strategie des Gelingens; selbst in Angelegenheiten des Himmels machen die christlichen Lehrer diese heilige Schlauheit verbindlich. Sie ist eine wichtige Verstellung, weil der vorgegebene Nutzen als Köder dient, um einen Willen zu binden: der andere glaubt, dass der seine vorangeht, und doch ist der nur da, um den Weg für das ihm fremde Streben zu öffnen. Man soll nie unüberlegt auftreten, zumal auf gefährlichem Grund; auch mit Personen, deren erstes Wort das *Nein* zu sein pflegt, lohnt es sich, den Schuss zu überspielen, damit die Schwierigkeit des Zugestehens nicht deutlich wird, vor allem wenn man die Abneigung ahnt. Dieser Rat gehört zu denen hinsichtlich des zweiten Versuchs, sie alle sind höchst raffiniert.

145 Nicht den verletzten Finger sehen lassen: denn alles wird darauf zielen. Nicht über ihn klagen, denn immer schlägt die Boshaftigkeit zu, wo es der Schwäche weh tut. Sich aufregen wird nicht helfen, außer um die Freude an der Unterhaltung anzuregen. Es sucht die böse Absicht das Gebrechen, an dem sie Schmerz erzeugen kann; sie wirft mit Andeutungen um sich, um Achillesfersen zu entdecken; sie wird es auf tausend Weisen probieren, zu der wunden Stelle zu kommen. Nie darf der Aufmerksame zeigen, dass er getroffen ist, noch seine persönliche oder ererbte Krankheit zeigen, denn selbst das Schicksal gefällt sich manchmal darin, dort am meisten zu verletzen, wo der größte Schmerz aufkommen muss. Immer schmerzt es da, wo einer wund ist; deshalb darf man weder zeigen, was schmerzt, noch was belebt: das eine, damit es aufhört, das andere, damit es bleibt.

146 Nach innen schauen. Gewöhnlich findet man, dass die Dinge ganz anders sind, als sie aussahen; und das Unwissen, das nicht über die Rinde hinauskam, deckt Täuschung auf, wenn es ins Innere eindringt. Frau Lüge geht immer in allem voraus: sie zieht die Dummen mit fortgesetzter Plattheit nach sich. Frau Wahrheit kommt am Arm der Zeit hinkend immer zuletzt und spät: die Klugen heben für sie die andere Hälfte der Fähigkeit auf, welche die Mutter von allem weise verdoppelt hat. Die Täuschung ist sehr oberflächlich, und die stoßen auf sie, die es sind. Die Einsicht lebt zurückgezogen in ihrem Inneren, um mehr von denen geschätzt zu werden, die um sie wissen und ihr Geheimnis kennen.

147 Nicht unzugänglich sein. Keinen noch so Vollkommenen gibt es, der nicht irgendwann einen Hinweis bräuchte; unheilbar dumm ist, wer nicht hört; der Fehlerfreiste muss dem freundschaftlichen Rat Raum geben, und die Überlegenheit muss die Lernfähigkeit nicht ausschließen. Es gibt Menschen, die aus Unzugänglichkeit unheilbar sind, sie stürzen, weil keiner wagt, zu kommen, um sie anzuhalten. Der Vollkommenste muss der Freundschaft eine Tür offen lassen, und das wird die der Hilfe sein; für einen Freund muss Platz sein, damit er ohne Bedenken einen Rat gibt und sogar tadelt; die Zufriedenheit und hohe Meinung von Treue und Vernunft muss ihn in diese Autorität versetzt haben. Nicht allen soll man die Achtung oder sogar das Vertrauen gönnen; aber er muss in der inneren Stube der Zurückgezogenheit einen treuen Spiegel eines Vertrauten haben, dem man die richtige Einsicht durch Aufdeckung des Trugs mit Wertschätzung schuldet und dankt.

148 Die Kunst der Unterhaltung haben, womit einer zeigt, dass er als Person handelt. In keiner menschlichen Übung ist die Aufmerksamkeit mehr gefordert, weil sie die im Leben gängigste ist: hier geht es um Verlieren oder Gewinnen; wenn schon Konzentration notwendig ist, um einen Brief zu schreiben, der eine erdachte und schriftliche Unterhaltung ist, wie viel mehr in der gängigen, wo die Umsicht schnell auf die Probe gestellt wird! Die Fachmänner fühlen dem Geist der Sprache den Puls, und im Blick auf sie sagte der Weise: »Sprich, wenn du willst, dass ich dich kennenlerne.« Manche halten es für die Kunst der Unterhaltung, ohne sie auszukommen, sie soll lose sein, wie die Kleidung; das versteht sich unter engen Freunden, wo aber Respekt im Spiel ist, muss sie gewichtiger sein, und das Gewicht der Person anzeigen. Um richtigzuliegen, muss man sich dem Gemüt und dem Verstand derer anpassen, die mitreden: man soll nicht den Beckmesser der Wörter geben, denn sonst gilt man als Grammatiker; ebenso wenig den Rechnungsprüfer der Sätze, denn dann werden alle vor dem Umgang fliehen und den Austausch verhindern. Die Sensibilität ist beim Sprechen wichtiger als die Beredsamkeit.

149 Schlimmes anderen aufhalsen können. Schilde gegen Böswilligkeit haben, eine große Strategie derer, die regieren. Sie entsteht nicht, wie die Bosheit denkt, aus Unfähigkeit, sondern aus überlegenem Bestreben, jemanden zu haben, auf den die Kritik für Momente des Misslingens und die Strafe für üble Nachrede zurückfällt. Nicht alles kann gutgehen, noch lassen sich alle zufriedenstellen: es muss also zum Preis des eigenen Ehrgeizes einen Sündenbock, Abfallplatz des Misslingens geben.

150 **Seine Sachen zu verkaufen wissen.** Ihr innerer Wert reicht nicht aus, denn nicht alle beißen ins Wesen oder schauen nach innen. Die meisten finden sich dort ein, wo viele zusammenkommen; sie gehen, wohin sie andere gehen sehen. Ein großer Teil der Kunst liegt darin, Wertschätzung schaffen zu können: manchmal, indem man Dinge rühmt, denn die Lobrede fordert Begierde heraus; andere Male, indem man ihnen einen guten Namen gibt, denn das ist gut, um sie zu verklären, wobei immer die Absicht zu überspielen ist. Ausschließlich Kennern etwas anzubieten, wirkt immer, weil sich alle dafür halten, und wo nicht, da wird ihnen die Zurücksetzung Sporen geben. Nie darf man seine Dinge als leicht zugänglich oder im allgemeinen Gebrauch befindlich vorstellen, denn damit werden sie eher gewöhnlich als zugänglich; alle sind auf das Einzigartige scharf als das Wünschenswerteste für den Geschmack wie für die Vernunft.

151 **Vorwegnehmend denken:** heute für morgen – und noch für viele weitere Tage. Die größte Vorsorge ist es, Stunden dafür zu haben; diejenigen, die vorausdenken, kennen keine Zufälle, diejenigen, die aufpassen, kommen nicht ins Gedränge. Man soll mit der Reflexion nicht warten, bis man versinkt, und es muss im Voraus geschehen; mit der Reife wiederholter Überlegung soll man auf der Hut vor dem gefährlichsten Punkt sein. Eine stumme Sibylle ist

das Kopfkissen, und über den Punkten schlafen ist besser, als unter ihnen aufzuwachen. Manche handeln und denken später, das ist eher eine Suche nach Ausreden denn nach Konsequenzen; andere weder vorher noch nachher. Das ganze Leben muss Denken sein, um den rechten Weg zu finden: das wiederholte Überlegen und die Vorsicht befähigen das Ermessen, vorwegnehmend zu leben.

152 **Sich nie mit Leuten umgeben, die einen in den Schatten stellen könnten,** ob aus Überlegenheit oder Unterlegenheit. Was als vollkommen herausragt, ragt auch im Ansehen heraus. Der andere wird immer die Haupt- und er selbst die Nebenrolle spielen, und wenn er etwas Ruhm erlangt, wird das immer nur sein, was von dem des andern übrig bleibt. Es scheint der Mond, solange er allein unter den Sternen ist; aber mit dem Aufgang der Sonne zeigt er sich nicht mehr, er verschwindet. Nie soll sich einer an den halten, der zur Sonnenfinsternis für ihn wird, sondern an den, der ihn erhöht. Auf diese Weise konnte die kluge Fabula des Martial schön aussehen und leuchtete zwischen der Hässlichkeit und Schlampigkeit ihrer Zofen. Auch was neben uns ist, darf keine Gefahr sein, und die anderen gewährte Ehre kein Schade für das eigene Ansehen; um sich zu bilden, soll man die Außergewöhnlichkeiten begleiten; als gemachter Mann unter denen der Mitte sein.

153 **Er soll es vermeiden, einzutreten, um große Lücken zu füllen.** Und wenn darauf bestanden wird, dann soll man sicher sein, über das Vorige hinauszukommen. Man muss

den Wert verdoppeln, um dem der Vergangenheit gleichzukommen. So wie es eine List ist, wenn der Nachfolger einen zum Gegenstand der Sehnsucht macht, so ist es raffiniert, wenn der, der aufhört, ihn nicht in den Schatten stellt. Eine große Lücke zu füllen ist schwierig, weil das Vergangene immer besser schien; und selbst Gleichheit wird nicht reichen, weil sie immer eine Sache des Erstbesitzes ist. Es ist also notwendig, Fähigkeiten hinzuzufügen, um einen anderen aus dem Besitz der höheren Wertschätzung herauszudrängen.

154 **Weder leicht etwas glauben, noch leicht mögen.** Wie lange einer braucht, um etwas zu glauben, das zeigt seine Reife; das Lügen ist sehr gewöhnlich, das Glauben soll außergewöhnlich sein; wer sich leicht bewegen ließ, findet sich später beschämt. Aber man soll den Zweifel am Glauben des anderen nicht zu verstehen geben, denn das gilt als störende Unhöflichkeit, weil man dann den, der Zeugnis ablegt, als täuschend oder getäuscht behandelt. Und dies ist nicht einmal die größte Unannehmlichkeit, weil das Nicht-Glauben ein Anzeichen fürs Lügen ist; denn der Lügner hat zwei Nachteile: dass er nicht glaubt und dass man ihm nicht glaubt. Sich mit dem Urteil zurückhalten ist aufseiten dessen, der hört, immer weise, und das Zutrauen zu seiner Quelle soll geltend machen, wer sagt: »Ein Mangel an Vorsicht ist auch die Leichtigkeit des Mögens«; denn wenn mit den Worten gelogen wird, dann auch mit den Taten, und schädlicher ist diese Täuschung durch das Handeln.

155 Die Kunst, mit Leidenschaften umzugehen. Wenn es möglich ist, soll die vorsichtige Reflexion dem gemeinen Impuls zuvorkommen; das wird dem Vorsichtigen nicht schwerfallen. Wenn einen Leidenschaft überkommt, dann muss der erste Schritt sein, dass man dies bemerkt, und das bedeutet, von Beginn das Gefühl beherrschen, indem man einschätzt, wie weit es notwendig ist und wo ein Mehr Ärgernis wird; mit dieser höheren Überlegung soll einer dem Zorn begegnen und aus ihm herausfahren. Er soll zur rechten Zeit anzuhalten verstehen, denn das Schwerste am Rennen liegt im Anhalten. Ein großer Beweis von Urteilskraft, im Sturm der Verrücktheit klug zu bleiben; jedes Zuviel an Leidenschaft schmälert die Vernünftigkeit, doch mit dieser beherrschenden Aufmerksamkeit wird es die Vernunft weder überrennen noch Grenzen der Vernunft überschreiten. Um eine Leidenschaft einzuschränken, ist es nötig, immer auf den Zügel zu achten, und so wird man der erste Kluge auf dem Pferderücken, vielleicht sogar der letzte.

156 Freunde auswählen: sie müssen aus Prüfung der Umsicht und dem Erweis des Glücks hervorgehen; Absolventen nicht nur der Neigung, sondern des Verstands. Und obwohl dies die wichtigste Entscheidung fürs Leben ist, lässt man dabei am wenigsten Sorgfalt walten: für manche ist sie das Werk der Aufdringlichkeit, für die meisten des Zufalls. Man wird von den Freunden, die man hat, definiert, nie stimmte der Weise mit den Unwissenden überein; aber Gefallen an jemandem finden spricht nicht für eine enge Beziehung, die kann eher aus der angenehmen Wirkung seiner Anmut hervorgehen als aus dem Vertrauen auf seine Fähigkeit. Es gibt Freundschaften, die wie eine Ehe, und andere, die wie Ehebruch sind: diese zum Genuss und jene zum fruchtbaren Gelingen. Wenige ergeben sich aus der Person und viele aus Glück. Mehr nutzt ein gutes Verständnis eines Freunds als der gute Wille vieler anderer: es soll also eine Sache der Wahl und nicht des glücklichen Zufalls sein. Ein Weiser vermag unangenehme Erfahrungen zu vermeiden, und ein dummer Freund überhäuft ihn damit. Und nicht seinen Freunden viel Glück wünschen, wenn er sie nicht verlieren will.

157 **Sich nicht in den Personen täuschen,** denn das ist die schlimmste und sich am leichtesten einstellende Täuschung. Besser ist es, im Preis als in der Ware getäuscht zu werden; und nichts muss man so notwendig von innen sehen. Es gibt einen Unterschied zwischen dem Verstehen der Dinge und dem Erkennen der Personen; und es ist große Philosophie, den Gemütern der Menschen nahezukommen und ihre Stimmungslagen zu unterscheiden. Ebenso nötig ist es, die Individuen wie die Bücher studiert zu haben.

158 **Die Freunde zu nutzen verstehen.** Darin liegt eine eigene Kunst der Umsicht: manche sind gut aus der Ferne und andere aus der Nähe; und der, der nicht gut ist für die Unterhaltung, ist es für den Briefwechsel; es tilgt die Entfernung einige Fehler, die in der Gegenwart unerträglich waren. Nicht nur soll man Gefallen aus ihnen schlagen, son-

dern auch Nutzen, weil ein Freund die drei Eigenschaften des Guten haben muss, andere sagen die des Seins: Ganzheit, Güte und Wahrheit; denn der Freund ist alles. Wenige können gute Freunde sein, und die Unfähigkeit, sie auszuwählen, macht ihre Zahl kleiner; sie erhalten können ist mehr, als sie zu Freunden machen. Man soll sie so aussuchen, dass sie bleiben können, und obwohl sie am Anfang neu sind, muss es eine Bedingung der Zufriedenheit sein, dass sie alte Freunde werden können. In jedem Fall sind die besten die mit viel Witz, auch wenn es einen Scheffel kostet, dies herauszufinden. Keine Wüste ist so schlimm, wie ohne Freunde zu leben; die Freundschaft vermehrt die guten und verteilt die schlechten Dinge; sie ist die einzige Medizin gegen das Unglück und ein Aufatmen der Seele.

159 **Dumme aushalten können.** Die Weisen waren immer ungnädig, denn wer Wissen vermehrt, vermehrt Ungeduld; wer viel weiß, ist schwer zufriedenzustellen. Nach Epiktet ist die größte Lebensregel das Aushalten-Können, und darauf führt er die Hälfte der Weisheit zurück. Wenn alle Arten von Dummheiten ausgehalten werden müssen, braucht es viel Geduld. Manchmal irritieren uns die am meisten, von denen wir abhängen, was für die Übung, sich zu beherrschen, wichtig ist. Aus dem Dulden geht der unschätzbare Friede hervor, der das Glück auf Erden ist; und wem der Sinn nicht nach Aushalten steht, soll sich zum Zurückziehen entschließen, wenn er sich denn selbst aushalten kann.

160 Aufmerksam beim Reden sein: mit den Konkurrenten aus Vorsicht, mit den anderen aus Höflichkeit. Es ist immer Zeit, um ein Wort auf den Weg zu bringen, aber nicht, um es zurückzuholen. Man soll wie in einem Testament sprechen, je weniger Worte, desto weniger Streit. Bei Unwichtigem übe man sich an dem, was wichtig sein könnte. Das Geheimnisvolle hat einen Schein von Göttlichkeit. Leichtfertig sprechen bringt einen an den Rand der Niederlage oder des Überredet-Werdens.

161 Die Lieblingsfehler kennen. Auch der vollkommenste Mensch entgeht ihnen nicht ganz und heiratet sie oder hat ein Verhältnis mit ihnen. Sie kommen bei großen Geistern vor, je größer er ist, desto größer sind sie – oder umso deutlicher zeigen sie sich. Nicht weil sie ihrem Besitzer nicht bekannt wären, sondern weil er sie liebt. Zwei Übel zugleich: eine Leidenschaft haben – und für Laster. Sie sind Muttermale der Vollkommenheit, stören die anderen so sehr, wie sie denen passen, die sie haben; da ist es mutig, sich zu besiegen und so die anderen Vorzüge zu beglücken. Alle stoßen darauf, und wenn sie das Gute feiern sollten, das man bewundert, halten sie bei dem an, das man bemäkelt, lassen das Gute hässlich aussehen und einen Schatten auf die anderen Fähigkeiten werfen.

162 Über Eifersucht und Missgunst triumphieren verstehen. Verachten ist wenig, wenn auch ein Impuls der Vorsicht; mehr ist die Großzügigkeit. Kein Lob ist genug für ein gutes Wort über den, der schlecht von einem spricht;

keine Rache heldenmütiger als die durch Verdienste und Fähigkeiten, denn sie besiegen und foltern den Neid. Jeder Moment des Glücks ist ein Einschnüren der Missgunst, und eine Hölle für die Eifersucht ist der Ruhm dessen, auf den man eifersüchtig ist; diese Strafe wird als die größte angesehen: Gift aus dem Glück machen. Der Neider stirbt nicht nur einmal, sondern sooft er dem Beifall dessen ausgesetzt ist, den er beneidet, wobei der Ruhm des einen so langlebig ist wie die Bestrafung des anderen; der eine ist unsterblich in seinem Ruhm und der andere in seinem Schmerz; die Posaune des Ruhms, welche zur Unsterblichkeit des einen erklingt, kündigt den Tod durch Erhängen dem anderen an, der so sehr an seinem Neid hing.

163 **Nie soll sich einer aus Mitleid mit dem Unglücklichen in das Unheil des vom Glück Begünstigten verstricken.** Unglück ist für manche, was Glück für andere zu sein pflegt, denn es ginge einem nicht gut, wenn es nicht vielen anderen schlechtginge. Eine Eigenschaft der Unglücklichen liegt darin, der Leute Neigung zu erlangen, weil diese die Ungunst des Glücks mit ihrer unnützen Gunst ausgleichen will; und manchmal sah man, wie der, welcher im Wohlstand von allen verabscheut, in einer widrigen Situation von allem bemitleidet wurde: die Rache an dem Erhöhten kehrte sich in Mitgefühl mit dem Gefallenen um. Doch der Scharfsinnige soll genau darauf sehen, wie das Schicksal die Karten mischt. Es gibt manche, die keine anderen begleiten als die, denen es schlechtgeht, und sich heute dem im Unglück zuwenden, vor dem sie gestern in seinem Glück flohen: hier spricht bisweilen der Adel des Gemüts, aber nicht der Scharfsinn.

164 Manche Dinge loslassen: um ihre Wirkung zu prüfen, sehen, wie auf sie reagiert wird, vor allem auf die, deren Gelingen und Gefallen man misstraut. So wird ihr guter Ausgang gewiss, und es bleibt Raum, entweder sich einzulassen oder sich zurückzuziehen. Man findet auf diese Weise die Absichten heraus, und der Aufmerksame weiß, wo er steht: wichtigste Vorkehr beim Bitten, Lieben und Regieren.

165 Redlich Krieg führen. Der Kluge kann gezwungen werden, ihn zu führen, aber nicht, ihn schlecht zu führen: jeder muss nach seinem Wesen handeln, nicht nach dem Zwang, der ihm auferlegt wird. Edelmut in einer Auseinandersetzung verdient Beifall; so soll man kämpfen, dass man nicht nur nach der Macht, sondern nach der Art siegt. Hässlich siegen ist kein Sieg, sondern Unterwerfung. Immer war die Großzügigkeit die Überlegenheit. Der redliche Mann nimmt nie verbotene Waffen zur Hilfe; und das sind die der zu Ende gegangenen Freundschaft, aus der ein Beginn von Hass geworden ist, dann darf man nicht die Vertrautheit für die Rache zur Hilfe nehmen; alles, was nach Verrat riecht, verdirbt den guten Namen. Bei Persönlichkeiten, denen Achtung gebührt, befremdet jedes Atom von Niedrigkeit mehr; Adel und Niedertracht müssen weit voneinander entfernt sein. Dafür soll sich einer hochschätzen, dass der Edelmut, die Großzügigkeit und die Treue in seiner Brust gesucht werden müssten, wenn sie in der Welt je verlorengingen.

166 Den Mann der Worte von dem der Werke unterscheiden. Das muss genau zutreffen, wie im Fall des Freundes, der Person, oder des Amtes, die sehr verschieden sind. Schlecht ist es, kein schlechtes Werk zu haben, wenn man kein gutes Wort hat; schlechter, kein gutes Werk zu haben, wenn man kein schlechtes Wort hat. Man kann sich weder von Worten ernähren, sie sind Wind, noch von Höflichkeiten leben, sie sind ein höflicher Trug. Die Vögel mit Licht jagen, ist das wahre Blenden; die Selbstgefälligen geben sich mit dem Wind zufrieden; die Worte müssen Pfand der Werke sein, und so müssen sie Wert haben; die Bäume, die keine Frucht geben, sondern Blätter, pflegen kein Mark zu haben: man muss sie kennen, die einen zum Nutzen, die anderen zum Schatten.

167 Sich zu helfen wissen. Keine bessere Begleitung gibt es in großer Bedrängnis als ein gutes Herz; und wenn es schwach würde, dann müsste es durch die Teile ersetzt werden, die ihm nahe sind. Die Mühen werden für den kleiner, der sich zu helfen weiß. Er soll sich nicht dem Schicksal ergeben, denn dann wird es ihm unerträglich sein: manche helfen sich wenig in Lagen der Mühe und machen sie doppelt schlimm, weil sie nicht mit ihnen zurechtkommen; wer sich schon kennt, hilft seiner Schwäche durch Überlegung; und der Umsichtige geht aus allem siegreich hervor, sogar aus dem Kampf mit den Sternen.

168 Nicht zu einem Ungeheuer der Dummheit werden. Das sind alle Selbstgefälligen, Angeber, Starrköpfe, Launischen, auf ihre Meinung Fixierten, Überspannten, Possenreißer, Spaßvögel, Neuigkeitsfanatiker, Paradoxiker, Sektierer und alle Arten von unausgeglichenen Menschen; Ungeheuer der Zumutung, sie alle. Jede Ungeheuerlichkeit des Geistes ist grotesker als die des Körpers, weil sie von der höheren Schönheit abweicht. Doch wer soll solch allgemeine Verstimmung zurechtrücken! Wo die Vernunft fehlt, bleibt kein Platz für Beherrschung; und was ein überlegter Sinn für Spott sein müsste, wird zum unberechtigten Prahlen über eingebildeten Beifall.

169 Mehr darauf achten, nicht einmal daneben, als hundert Mal richtig zu liegen. Niemand schaut auf die strahlende Sonne und alle auf die verfinsterte. Nicht was ihm gelingt, wird die gemeine Ansicht in Rechnung stellen, sondern was scheitert. Mehr sind durch üble Nachrede die Schlechten bekannt als durch Beifall die Guten; viele waren bekannt, bevor sie sich vergingen, und alles Gelingen zusammen reicht nicht aus, um einen einzigen kleinen Mangel zu überspielen; und jeder Mensch soll sich klarmachen, dass alle seine schlechten, aber keine gute Tat von der Böswilligkeit berücksichtigt werden.

170 In allen Dingen die Rücklage nutzen. Das heißt die Bedeutung sichern. Man soll weder jedes Mal all seine Mittel einsetzen, noch all seine Kräfte aktivieren; selbst im Wissen muss es einen Vorrat geben, das ist eine Verdoppelung der Vollkommenheiten; stets muss es etwas geben, auf das man zurückkommen kann, wenn die Gefahr eines schlechten Ausgangs droht. Mehr wirkt der Entsatz als der Angriff, weil er als Wert und Ansehen gilt. Das Verfahren der Klugheit setzte immer auf Sicherheit; und auch in diesem Sinn ist jenes witzige Paradox wahr: »mehr ist die Hälfte als das Ganze«.

171 **Nicht die Gunst aufbrauchen.** Die großen Freunde sind für die großen Gelegenheiten; man soll großes Zutrauen nicht für kleine Angelegenheiten ins Spiel bringen, das wäre Verschwendung der Zuneigung: den Rettungsanker hebt man für das letzte Risiko auf. Wenn man das Große im Kleinen vergeudet, was wird für später bleiben? Nichts ist mehr wert als die Gönner, und nichts ist heute kostbarer als die Gunst. Sie baut auf und baut ab in der Welt, sogar Geist gibt und nimmt sie; was die Natur und das Ansehen den Weisen schenkte, um das beneidet sie das Glück. Mehr ist es, Personen bewahren und halten zu können als den Besitz.

172 **Sich nicht verschulden bei dem, der nichts zu verlieren hat.** Es ist ein Streit unter Ungleichen. Der andere tritt sorglos auf, weil er sogar die Scham verloren hat; er schloss mit allem ab, hat nichts zu verlieren und wirft sich so in jede Zumutung. Nie darf sich der unschätzbare Ruf einem so grausamen Risiko aussetzen; Jahre kostete sein Erwerb, und er geht in einem winzigen Moment verloren: ein Unfall friert all den hellen Schweiß ein. Dass er viel zu verlie-

ren hat, lässt den Mann von Wert einhalten; indem er auf sein Ansehen blickt, blickt er auf das Gegenüber; und da er sich umsichtig einlässt, verfährt er verhalten genug, um der Vorsicht Zeit zu geben, sich zeitig zurückzuziehen und seine Verdienste zu schützen. Nicht einmal mit dem Sieg wird man das gewinnen, was man verlor, als man sich dem Verlieren aussetzte.

173 **Nicht aus Glas sein im Umgang.** Und weniger in der Freundschaft. Manche zerbrechen sehr leicht, zeigen geringe Festigkeit; sie laden sich selbst mit Beleidigtsein und die anderen mit Ärger auf; sie zeigen, dass ihre Verfassung zarter als die der Augen ist, denn sie lässt es nicht zu, berührt zu werden, weder im Spaß noch im Ernst: jedes Fäserchen beleidigt sie, es bedarf keiner Fakten. Wer mit ihnen umgeht, muss viel Fingerspitzengefühl haben und immer daran denken, wie brüchig sie sind; er hält an seiner Freundlichkeit fest, weil schon die leichteste Unfreundlichkeit sie aus dem Gleichgewicht bringt. Dies sind gemeinhin ganz auf sich konzentrierte Leute, Sklaven ihres Wohlbefindens, wegen ihm werden sie mit allem anecken; Götzendiener ihres bisschens Ehre. Der Liebhaber ist ein halber Diamant aus Dauer und aus Festigkeit.

174 **Nicht in Eile leben.** Die Dinge aufteilen heißt sie genießen können. Viele haben noch Leben übrig, und das Glück geht ihnen aus; sie vergeuden die Gelegenheiten, zufrieden zu sein, genießen sie nicht und würden später zurückkommen wollen, wenn sie merken, dass sie weit voraus sind;

Postillione des Lebens, die den allgemeinen Verlauf der Zeit mit der Hast ihres Gemüts beschleunigen; sie würden gerne in einer Woche verschlingen, was sie kaum im ganzen Leben verdauen werden; sie sind den Freuden des Lebens voraus, sie verzehren die Jahre, die kommen, und da sie mit so viel Eile fortschreiten, sind sie schnell mit allem fertig. Sogar beim Wissen-Wollen muss es ein Maß geben, damit man die Dinge, die man weiß, nicht schlecht weiß. Es sind die Tage häufiger als die Glücksmomente; im Genießen langsam, im Handeln schnell. Gut wenn die Großtaten getan, schlecht wenn die Momente der Zufriedenheit beendet sind.

175 **Mensch von Gehalt.** Und wer es ist, gibt sich nicht mit denen zufrieden, die es nicht sind. Ein Unglück ist der hohe Status, der sich nicht in Gehalt begründet. Nicht alle, die so aussehen, sind Menschen; es gibt Betrüger, die vom Schein geschwängert Schwindelfiguren gebären; und es gibt andere, ihnen ähnliche, die sie unterstützen – und lieber haben, was ein Betrug verspricht, weil es viel, als das, was eine Wahrheit bestätigt, weil es wenig ist; am Ende geht es schlecht aus mit ihren Hirngespinsten, weil sie kein Fundament von Beständigkeit haben. Nur die Wahrheit kann wahren Ruhm geben, und der Gehalt ist dabei nützlich. Ein Schwindel braucht viele andere, und so entsteht ein ganzes Gebäude aus Schein; und weil es sich auf Luft begründet, muss es notwendig wieder zur Erde kommen: eine Verwirrung wird nie alt; zu sehen, wie viel sie verspricht, reicht, um sie verdächtig zu machen, so wie das, was zu viel beweist, unmöglich ist.

176 Wissen oder dem zuhören, der weiß. Ohne Verstand lässt sich nicht leben, ob er eigen oder geborgt ist; aber es gibt viele, denen es entgeht, dass sie nichts wissen, und andere, die denken, dass sie wissen, obwohl sie nichts wissen. Krankheiten der Dummheit sind unheilbar: denn da die Unwissenden ihren Zustand nicht kennen, suchen sie auch nicht, was ihnen fehlt; manche wären weise, wenn sie nicht glaubten, dass sie es sind. Daher leben, obwohl sie selten sind, die Orakel der Klugheit müßig, weil niemand sie zu Rate zieht. Ratsuchen schmälert weder Größe, noch spricht es für einen Mangel an Fähigkeit; eher bestätigt das Ratsuchen beides. Man überlege mit Vernunft, damit einem das Unglück nicht überlegen ist.

177 Auf Vertraulichkeiten im Umgang verzichten. Man soll sie weder nutzen noch zulassen. Wer sich vertraulich macht, verliert gleich den überlegenen Status, den ihm seine Redlichkeit erwarb, und danach sein Ansehen. Die Gestirne umgeben sich nicht mit unsersgleichen und bewahren so ihren Glanz. Das Göttliche verlangt Würde; alles Menschliche befördert Geringschätzung. Je mehr von den menschlichen Dingen man besitzt, desto weniger beachtet man sie, weil sich in der Offenheit des Austauschs jene Unvollkommenheiten eröffnen, welche in der Zurückgezogenheit verborgen blieben. Sich vertraulich machen ist mit niemandem vorteilhaft: weder mit den Überlegenen, weil es gefährlich, noch mit den Unterlegenen, weil es unpassend ist; am wenigsten mit dem Gesindel, das sich oft aus Dummheit etwas herausnimmt und den Gefallen, den man ihm tut, für eine Verpflichtung hält. Die Leichtigkeit ist ein Zweig des Gewöhnlichen.

178 **Dem Herzen glauben, und umso mehr, wenn es sich bewährt hat.** Nie soll man es überhören, denn es pflegt das vorauszusagen, was am wichtigsten ist. Ein Hausorakel. Viele sind an dem zugrunde gegangen, was sie befürchteten; doch was half ihnen das Fürchten, wenn sie keine Lösung fanden? Manche sind von der Natur mit dem Vorteil eines treuen Herzens beschenkt, das sie immer warnt und auf Unglück verweist, damit sie ihm vorbeugen. Es spricht nicht von Klugheit, sich den Übeln auszusetzen, indem man ihnen entgegengeht, aber sehr wohl, ihnen entgegenzugehen, um sie in einem Treffen zu besiegen.

179 **Die Verschlossenheit ist das Siegel der Fähigkeit.** Eine Brust ohne Geheimnis ist ein offener Brief. Wo es Tiefe gibt, dort liegen die tiefen Geheimnisse, denn da gibt es große Räume und Ausbuchtungen, wo Dinge von Bedeutung versinken. Das geht aus einer großen Selbstkontrolle hervor, und sich darin besiegen ist das wahre Triumphieren. Wem immer man sich enthüllt, dem zahlt man Tribut. Aus der inneren Mäßigung besteht die Kraft der Umsicht. Die Bedrohungen der Verschlossenheit sind der fremde Versuch, einem etwas zu entlocken, das Widerreden, um zu provozieren, das Sticheln, um den aufmerksam Verschlossenen aufbrausen zu lassen. Die Dinge, die getan werden sollen, müssen nicht gesagt werden; und diejenigen, die gesagt werden sollen, müssen nicht getan werden.

180 Sich nie nach dem richten, was der Feind zu tun hätte. Der Dumme wird nie das tun, was der Kluge für richtig hält, weil er nicht herausfindet, was passt; auch nicht, wenn er seine Sinne beisammenhat, weil er dann die durchdringende und vorausblickende Absicht widerlegen wollen wird. Man muss die Gegenstände von beiden Seiten durchdenken und nach der einen und der anderen Perspektive wenden, um sie auf zwei Ergebnisse auszurichten. Die Urteile sind verschieden: die Unvoreingenommenheit soll weniger auf das aufmerken, was sein wird, als auf das, was sein kann.

181 Ohne zu lügen, nicht alle Wahrheiten sagen. Es gibt nichts, das mehr Fingerspitzengefühl fordert als die Wahrheit, sie ist ein Aderlass des Herzens: es verlangt ebenso viel, sie sagen wie sie verschweigen zu können. Mit einer einzigen Lüge geht der Verdienst der Makellosigkeit verloren; wer getäuscht wird, gilt als betrogen, und wer täuscht als Betrüger, was schlimmer ist. Nicht alle Wahrheiten können gesagt werden: manche, weil sie für mich, andere weil sie für den anderen wichtig sind.

182 Ein Korn von Kühnheit gegenüber allen ist wichtig und klug. Man muss den Gedanken an die anderen mäßigen, um nicht so hoch von ihnen zu denken, dass man sie fürchtet; nie soll die Vorstellungskraft das Herz besiegen. Manche scheinen groß, bis man Umgang mit ihnen hat; doch der Austausch führte eher zu Ernüchterung als zu Wertschätzung. Keiner kommt über die engen Grenzen des Menschen hinaus; alle haben ihr eigenes *wenn nicht*, die einen in der Intelligenz, andere im Gemüt. Die Würde gibt den Eindruck eines besonderen Rangs, selten geht der Eindruck der Person mit ihm einher, denn er pflegt die Überlegenheit des Amtes in die Unterlegenheit der Verdienste umzukehren. Die Vorstellungskraft eilt immer voraus und malt die Dinge mehr aus, als es ihnen entspricht; sie denkt nicht nur das, was es gibt, sondern das, was es geben könnte; durch Erfahrungen ernüchtert soll die Vernunft sie korrigieren. Doch weder darf die Dummheit kühn noch die Tugend furchtsam sein. Und wenn sich die Zuversicht schon für die Schlichtheit bewährte, wie viel mehr dann für den Wert und das Wissen!

183 **Sich nicht auf etwas versteifen.** Jeder Dumme ist auf seine Meinung festgelegt, jeder auf seine Meinung Festgelegte ist dumm; und je falscher sein Urteil, desto größer seine Zähigkeit. Selbst in einer augenfälligen Situation ist das Nachgeben eine freundliche Geste, man verkennt nicht, wer recht hatte, und sieht die Großzügigkeit: mehr verliert man durch Halsstarrigkeit, als man mit einem Sieg gewinnen kann; nicht die Wahrheit verteidigt sie, sondern die Grobheit. Es gibt Holzköpfe, schwierig zu überzeugen, letztlich unheilbar; wenn die Laune sich zur Versteifung gesellt, verheiraten sich beide unauflöslich mit der Dummheit. Die Beharrlichkeit gehört zum Willen, nicht zum Urteil; obwohl es Ausnahmen gibt, wenn man zu verlieren und zweimal besiegt zu werden nicht zulassen will: einmal im Urteil, zum anderen im Vollzug.

184 **Nicht zeremoniell sein:** selbst bei einem König wurde der hohe Ernst in dieser Hinsicht als eigentümlich festgehalten. Wer hier kleinlich ist, ruft Ärger hervor. Und es gibt von diesem besonderen Verhalten besessene Nationen. Das Kleid der Dummheit wird aus diesen kleinen Flecken genäht, Götzendiener ihrer Ehre, und sie zeigen, dass die auf wenig begründet ist, denn sie befürchten, dass ihr alles abträglich sein könnte. Es ist gut, auf Ehrerbietung zu achten, aber man soll nicht als Meister ihrer Einhaltung gelten. Sicher wahr ist, dass ein Mensch ohne Zeremonien herausragender Tugenden bedarf. Weder betonen noch geringschätzen soll man die Höflichkeit. Als groß erweist sich nicht, wer auf Kleinigkeiten achtet.

185 **Nie sein Ansehen der Probe eines einzigen Mals aussetzen:** denn, wenn das nicht gutgeht, ist der Schade unumkehrbar. Einmal und vor allem beim ersten Mal scheitern, hängt sehr vom Zufall ab; man ist nicht immer richtig aufgelegt, deshalb sprach man von »einen guten Tag haben«. Man soll also ein zweites an das erste Mal binden, für den Fall des Misslingens; und für den Fall des Gelingens wird der erste den zweiten ausgleichen. Immer muss es einen Rückgriff auf Verbesserung geben, einen Anspruch auf mehr; die Dinge hängen von Zufälligkeiten ab, und zwar von vielen, und so ist das Glück des guten Ausgangs selten.

186 **Die Fehler erkennen, in so hohem Ansehen sie auch stehen mögen.** Die Makellosigkeit darf gegenüber dem Laster nicht blind sein, auch wenn es sich in Brokat kleidet;

manchmal krönt es sich mit Gold, aber deswegen soll es nicht verbergen können, wie falsch es ist; es bleibt ein Sklave seiner Niedertracht, auch wenn man das mit dem Adel der Gestalt überspielt; die Laster können glänzen, aber sie sind keine Glanzlichter. Manche sehen, wie jener Held jenen Fehler hatte, aber sie sehen nicht, dass er nicht deswegen ein Held war. So wirksam ist das Beispiel des Höhergestellten, dass es selbst Hässlichkeiten anziehend macht; sogar auf die des Gesichts wirkte manchmal schon die Schmeichelei, ohne einzugestehen, dass Größe sie verbirgt, niederer Rang sie abscheulicher macht.

187 Was Gunst einbringt, selber tun; alles, was Hass auslöst, durch Dritte. So gewinnt man einerseits Zuneigung und weist andererseits Übelwollen ab. Für einen großen Mann ist es angenehmer, Gutes zu tun, als Gutes zu empfangen, dies ist das Glück seines Edelmuts. Selten nur tut man einem anderen etwas Unangenehmes an, ohne es zurückzubekommen, entweder in der Form von Mitleid oder als eigenes Leid. Die höheren Instanzen wirken nie ohne Belohnung oder Entzug; das Gute soll unmittelbare und das Schlechte Konsequenzen über Umwege haben. Man muss in Rechnung stellen, wo die Schläge der Unzufriedenheit treffen, die der Hass und die üble Nachrede sind. Die gemeine Wut pflegt wie ein Hund zu sein, der sich, ohne den Grund für seinen Schmerz zu kennen, an dem Werkzeug auslässt, das ihn zufügt; und obwohl es nicht die Hauptschuld trägt, erleidet es unmittelbar die Strafe.

188 Zu loben haben. Das spricht für den Geschmack, weil es zeigt, dass er am sehr Guten ausgebildet ist und dass man ihm deshalb die Einschätzung des Gegenwärtigen überlassen muss. Wer die Vollkommenheit einmal zu erkennen verstand, wird sie später zu schätzen verstehen; er gibt der Unterhaltung und der Nachahmung Inhalt, indem er lobenswerte Kenntnisse hervorhebt: eine geschickte Weise, den gegenwärtigen Vortrefflichkeiten Höflichkeit widerfahren zu lassen. Andere hingegen haben immer zu tadeln, sie schmeicheln dem Gegenwärtigen durch die Verachtung des Abwesenden; das gelingt gut bei oberflächlichen Leuten, welche die List nicht bemerken, von den einen sehr schlecht mit den anderen zu reden; manche machen sich zum Ziel im Umgang, das Mittelmaß von heute mehr als das Außerordentliche von gestern zu schätzen. Wer aufmerksam ist, soll all diese Schliche kennen, und so kann ihn weder das Übertreiben des Einen erschrecken, noch das Schmeicheln des anderen eingebildet machen; und er muss wissen, dass sie sich auf der einen genauso wie auf der anderen Seite benehmen; sie vertauschen die Richtung und passen sich immer dem Ort an, an dem sie sich finden.

189 Sich den Mangel der anderen zunutze machen: denn, wenn er zur Begierde wird, dann ist er das wirksamste Folterwerkzeug. Er sei nichts, sagten die Philosophen, und er sei alles, die Politiker: diese kannten ihn besser. Manche machen aus der Begierde der anderen eine Stufe, um ihre Ziele zu erreichen. Sie nutzen die Gelegenheit und wecken mit der Schwierigkeit des Erlangens den Appetit; sie versprechen sich mehr vom Streben der Leidenschaft als von der Lauheit des Besitzes; und in dem Maß, wie der Widerstand wächst, wird die Begierde leidenschaftlich. Eine wichtige Strategie beim Verwirklichen von Absichten: die Abhängigkeiten aufrecht halten.

190 **Den Trost in allem finden.** Selbst für Unnütze ist das ihre eigene Unsterblichkeit. Es gibt keinen Kummer ohne Annehmlichkeit: die Dummen haben sie im Glauben an ihr Glück, und man sprach auch vom »Glück der hässlichen Frau«. Um viel zu leben, hilft es, wenig wert zu sein; der brüchige Krug ist der, welcher nie ganz bricht, er erregt Ärger mit seiner Dauer. Es scheint, dass das Glück die wichtigsten Personen beneidet, denn es gleicht die Unbrauchbarkeit der einen mit ihrer langen und die Wichtigkeit der anderen mit ihrer kurzen Lebenszeit aus; wer immer wichtig sein könnte, wird bald enden, und wer unnütz ist, der bleibt ewig, entweder weil es so aussieht oder weil es wirklich so ist. Für den Unglücklichen sieht es so aus, als ob sich das Glück und der Tod verschwören, ihn zu vergessen.

191 **Sich nicht mit der großen Höflichkeit begnügen,** denn sie ist eine Art Betrug. Manche brauchen zum Zaubern nicht die Kräuter Thessaliens, denn sie begeistern die Dummen, ich meine die Selbstgefälligen, schon mit der Luft, die weht, wenn sie den Hut lüften. Sie erklären die Ehre zum Wert und zahlen mit dem Hauch einiger guter Wörter. Wer alles verspricht, verspricht nichts, und das Versprechen ist die Falle der Dummen. Die wahre Höflichkeit ist Pflicht, die vorgegebene Betrug, und dies gilt noch

mehr für die überzogene: sie ist nicht Anstand, sondern Abhängigkeit. Sie verbeugen sich nicht vor der Person, sondern vor dem Glück; und die Schmeichelei nicht vor den Fähigkeiten, die sie erkennt, sondern vor den Vorteilen, auf die sie hofft.

192 **Wer sehr friedfertig ist, der lebt lang.** Um zu leben, leben lassen. Die Friedfertigen leben nicht nur, sie herrschen. Man muss hören und sehen, aber schweigen. Der Tag ohne Streit bringt die Nacht mit tiefem Schlaf. Lange leben und gerne leben ist zweimal leben – und eine Frucht des Friedens. Alles hat der, dem man nichts von dem schenkt, was ihm nicht wichtig ist. Es gibt nichts Sinnloseres, als alles für sinnvoll zu halten. Gleich dumm ist es, wenn durchs Herz dringt, was einen nichts angeht, wie wenn nicht durch die Zähne nach innen kommt, was einem wichtig ist.

193 **Vorsicht gegenüber dem, der mit fremdem Anliegen auf- und mit eigenem Vorteil abtritt.** Es gibt keinen besseren Schutz gegen List als Aufmerksamkeit. Gegenüber dem Verständigen braucht es einen, der gut versteht. Manche machen aus dem eigenen ein fremdes Anliegen; und ohne den Schlüssel zu den Absichten findet man sich bei jedem Schritt damit beschäftigt, den fremden Nutzen – zum Schaden der Hand – aus dem Feuer zu holen.

194 Sich selbst und seine Angelegenheiten in kluger Weise auffassen. Zumal am Beginn des Lebens. Es haben alle eine hohe Auffassung von sich selbst, und am meisten diejenigen, die den geringsten Anlass haben; jeder erträumt sein Glück und stellt sich vor, ein Wunder zu sein; zu Übertreibungen steigert sich die Hoffnung, und nachher erfüllt die Erfahrung nichts davon; als Qual für die eitle Vorstellung wirkt die Ernüchterung durch die wahre Wirklichkeit. Die Weisheit muss solche Irrtümer korrigieren; und obwohl sie das Beste wünschen kann, muss sie immer das Schlimmste erwarten, damit sie mit Gleichmut hinnimmt, was immer sich ereigne. Es ist geschickt, höher zu zielen, damit der Schuss trifft, aber nicht so hoch, dass er danebengeht. Diese Neueinstellung des Selbstbilds ist notwendig, wenn man mit Aufgaben beginnt, denn die Mutmaßung ohne Erfahrung pflegt übertrieben zu sein. Es gibt keine wirksamere Medizin gegen alle Dummheiten als das Hirn; jeder soll die Dimension seines Handelns und seines Standes kennen, dann kann er die Auffassung an die Wirklichkeit anpassen.

195 Zu schätzen wissen. Keinen gibt es, der nicht in etwas der Meister des anderen sein könnte; noch gibt es jemanden, der nicht den überragt, der herausragt. Jedem etwas abgewinnen können ist nützliches Wissen. Der Weise schätzt alle, weil er das Gute in jedem erkennt und weiß, wie viel es kostet, die Dinge richtig zu tun; der Dumme verachtet alle, aus Unkenntnis des Guten und aus Neigung zum Schlechteren.

196 Seinen Stern kennen. Keiner so wertlos, dass er ihn nicht hätte, und wenn er ohne Glück ist, dann weil er ihn nicht kennt. Manche gehören zum Umgang der Fürsten und Mächtigen, ohne zu wissen wie und warum, außer dass ihnen eben ihr Glück zur Gunst verhalf: dann bleibt dem Fleiß nur, es zu unterstützen; andere finden sich im Wohlwollen der Weisen; es kam vor, dass einer bessere Aufnahme in der einen als in der anderen Nation fand und in dieser Stadt beliebter war als in jener; man erfährt auch mehr Glück in der einen Beschäftigung und dem einen Stand als in den anderen, und all das selbst bei Gleichheit, ja Identität der Verdienste. Das Schicksal mischt die Karten, wie und wann es will: jeder muss seine Hand kennen wie auch seine Göttin, denn daraus ergibt sich Verlieren oder Gewinnen; einer muss verstehen, seine Karten zu spielen und ihren Wert zu erhöhen; er soll sie nicht austauschen, das hieße den Nordstern verfehlen, auf den einen der kleine Bär verweist.

197 Nie sich mit Dummen belasten. Es ist selbst einer, wer sie nicht erkennt, und noch mehr der, welcher sie, obwohl sie ihm bekannt sind, nicht loswird. Sie sind gefährlich für den oberflächlichen Umgang und schädlich für die Vertraulichkeit; und selbst wenn ihr eigener Argwohn und die Sorge um andere sie eine Zeit lang zurückhält, begehen oder sagen sie am Ende doch die Dummheit; und wenn erst nach Verzögerung, dann nur, um sie noch stattlicher werden zu lassen. Schlecht kann die Achtung eines anderen unterstützen, wer selbst keine Selbstachtung hat. Sie sind äußerst unglücklich, das ist das Geschwür der Dummheit, und sie kleben aneinander. Nur eines an ihnen ist weniger schlimm, und zwar, dass sie den Weisen durchaus zur Kenntnisnahme und Warnung dienen, während ihnen selbst das mit den Weisen gar nicht so geht.

198 **Sich zu verpflanzen wissen.** Es gibt Nationen, die sich, um zu gelten, verändern müssen, zumal an den bedeutenden Stellen. Die Vaterländer sind stiefmütterlich gegenüber den wirklich Herausragenden: in ihnen herrscht der Neid wie auf seinem Nährboden, und sie erinnern sich mehr an die Unvollkommenheiten, mit denen einer begann, als an die Größe, die er erreichte. Eine Nadel konnte Wertschätzung erlangen, indem sie von einer zur anderen Welt ging, und den Diamanten ließ ein Stück Glas geringgeschätzt werden, weil man es über den Ozean brachte. Alles Fremde wird geschätzt, sowohl weil es von fernher kam, als auch weil man es fertig und in seiner Vollkommenheit erhält. Leute haben wir gesehen, welche die Schande ihrer Ecke waren und heute die Ehre der Welt sind, von den Eigenen und den Fremden geschätzt: von den einen, weil sie sie von weit weg, von den anderen, weil sie in die Weite sehen. Nie wird die Statue auf dem Altar wirklich verehren, wer sie als Stamm im Garten kannte.

199 **Verstehen, sich mit Klugheit einen Platz einzuräumen,** nicht mit Aufdringlichkeit. Der wahre Weg zur Wertschätzung ist einer der Verdienste, und wenn der Fleiß auf Wert beruht, ist er eine Abkürzung dorthin. Beständigkeit allein reicht nicht, Beflissenheit allein hat keine Würde, die Dinge

kommen so kotverschmutzt an, dass sie ein Ekel für das Ansehen sind. Es geht um eine Mitte zwischen verdienen und sich einführen wissen.

200 **Etwas zu wünschen haben**: um nicht im Glück glücklos zu sein. Es atmet der Körper, und es sehnt sich der Geist. Wenn alles Besitz wäre, dann würde alles Enttäuschung und Unzufriedenheit sein; selbst beim Verstehen muss immer etwas zu wissen bleiben, das die Neugierde ködert; die Hoffnung belebt, Übersättigungen an Glück sind tödlich. Beim Belohnen ist es geschickt, nie zu befriedigen; wenn es nichts zu wünschen gibt, ist alles zum Fürchten: unglückliches Glück; wo der Wunsch endet, beginnt die Angst.

201 **Bis in die Knochen dumm sind alle, die so aussehen, und die Hälfte derer, die nicht so aussehen.** Die Dummheit erhob sich mit der Welt, und wenn es etwas an Weisheit gibt, so ist sie gegenüber der des Himmels Unbedarftheit; doch der größte Dümmling ist der, welcher sich nicht für einen hält und alle anderen als solche beschreibt. Um weise zu sein, genügt es nicht, so zu erscheinen, weniger noch, sich selbst so zu erscheinen; es weiß derjenige, der denkt, dass er nicht weiß; und derjenige sieht nicht, der nicht sieht, dass die anderen sehen. Obwohl die Welt voller Toren ist, gibt es keinen, der sich für einen solchen hält oder den Verdacht hat.

202 Reden und Taten machen einen vollendeten Mann aus. Man soll sagen, was sehr gut, und tun, was ehrenvoll ist: dies eine ist Vollkommenheit des Kopfes, das andere des Herzens, und beide entstehen aus der Überlegenheit des Geistes. Die Worte sind Schatten der Taten: jene sind die Frauen und diese die Männer. Wichtiger ist es, gerühmt als rühmend zu sein; leicht ist das Reden und schwer das Handeln. Die Taten sind der Stoff des Lebens und die Sentenzen der Schmuck; Größe in den Taten dauert, in den Worten geht sie vorüber. Die Handlungen sind die Frucht der Aufmerksamkeiten: die einen weise, die anderen erfolgreich.

203 Die Größen seines Jahrhunderts kennen. Es sind nicht viele. Ein Phönix in einer ganzen Welt; ein Gran Capitán, ein vollkommenerer Redner, ein Weiser, ein herausragender König – unter vielen. Das Mittlere ist üblich nach Zahl und nach Wertschätzung; das Große ist stets selten, weil es Ergänzung hin zur Vollkommenheit fordert, und je erhabener die Klasse ist, desto schwieriger die Spitze zu erreichen. Viele haben von Cäsar und Alexander den Beinamen »Großer« genommen, aber in einem Akt der Leere, denn ohne die Taten ist das Wort nicht mehr als ein kleiner Hauch: wenige Senecas gab es, und der Ruhm feierte nur einen Apelles.

204 Man sollte das Leichte angehen, als ob es schwierig, und das Schwierige, als ob es leicht wäre: das Erste, damit man nicht aus Zuversicht die Sorgfalt vernachlässigt; das Zweite, damit die Mutlosigkeit nicht überwältigend wird.

Es braucht nicht mehr, damit etwas nicht getan wird, als dass man es als getan ansieht; und umgekehrt trägt die Sorgfalt von der Höhe des Unmöglichen ab. Über die großen Verpflichtungen soll man nicht nachdenken: es genügt, sich ihnen auszusetzen, damit die bemerkte Schwierigkeit nicht die Hemmung auslöst.

205 **Mit der Verachtung umgehen können.** Es ist eine List, die Dinge zu verachten, um sie zu erlangen; gewöhnlich finden sie sich nicht, wenn man sie sucht, und später fallen sie einem einfach in die Hand. Da alles Diesseitige ein Schatten des Ewigen ist, teilt es mit dem Schatten jene Eigenschaft: es flieht die, welche ihm folgen, und verfolgt die, welche vor ihm fliehen. Die Verachtung ist auch die im Umgang wirksamste Rache; einzige Maxime der Weisen: sich nie mit der Feder verteidigen, denn sie hinterlässt eine Spur und trägt am Ende mehr zum Ruhm der Widersacher bei als zur Bestrafung ihrer Frechheit. Schläue der Unwürdigen, sich großen Männern entgegenzusetzen, um indirekt gerühmt zu werden, wenn sie es mit Recht nicht verdienen; viele würden wir nicht kennen, wenn herausragende Gegner sich nicht mit ihnen abgegeben hätten; keine Rache gibt es, die dem Vergessen gleichkommt, man begräbt die Dummen im Staub ihres Nichts; frech prahlen sie, Ewigkeit zu erlangen, indem sie die Wunder der Welt und der Jahrhunderte in Flammen setzen. Die Kunst, üble Nachrede zu korrigieren, liegt darin, sich nicht mit ihr abzugeben: sie bekämpfen verursacht Schaden; und wer sie ernst nimmt, wird nicht ernst genommen. Gegenüber den Widersachern Gefälligkeit, denn selbst jener Schatten des Makels nimmt

der größten Vollkommenheit Glanz, wenn er sie nicht ganz verdunkelt.

206 **Man muss wissen, dass es Pöbel überall gibt.** Selbst in Korinth, selbst in der auserlesensten Familie; hinter den Türen seines Hauses erfährt das ein jeder. Doch es gibt Pöbel und Doppel-Pöbel, der schlimmer ist: gemeinhin hat er dieselben Eigenschaften des gewöhnlichen, wie die Splitter des gebrochenen Spiegels, und ist noch schädlicher; er redet dümmlich und kritisiert unangemessen; großer Schüler der Unwissenheit, Pate der Dummheit, Verbündeter des Geredes. Man soll auf das, was er sagt, nicht achten und noch weniger auf das, was er denkt; es ist wichtig, ihn zu kennen, um sich von ihm als Gruppe oder als Gegenstand zu befreien; jede Dummheit ist Pöbelhaftigkeit, und der Pöbel besteht aus Dummen.

207 **Die Mäßigung walten lassen.** Man muss einem Fall mehr Aufmerksamkeit geben, wenn er ein Zufall ist. Die Energien der Leidenschaften lassen die Klugheit rutschen, und darin liegt die Gefahr, sich zu verlieren. In einem Moment der Wut oder des Gefallens bewegt man sich mehr als in vielen Stunden von Gleichmut; in einer kurzen Weile bewegt sich manchmal etwas, um später ein Leben lang zu beschämen. Fremde Arglist legt diese Versuchungen der Vorsicht an, um den Grund oder die Seele zu entdecken; sie macht sich solche Daumenschrauben der Geheimnisse zunutze, welche das größte Vermögen auf die Probe stellen. Gegenlist soll die Mäßigung sein und vor allem in plötzli-

chen Fällen; es bedarf intensiver Reflexion, damit nie eine Leidenschaft aus dem Mund geht, und großer Klugheit, um im Sattel zu bleiben; wer die Gefahr erfasst, geht mit Umsicht vor. So leicht das Wort dem erscheint, der es hinwirft, so schwer erscheint es dem, der es aufnimmt und abwiegt.

208 **Nicht an der Dummenkrankheit sterben.** Gewöhnlich sterben die Weisen aus Mangel an Klugheit; die Dummen hingegen im Überfluss von gutem Rat: an der eigenen Dummheit sterben heißt an zu viel Denken sterben. Manche sterben, weil sie denken, und andere leben, weil sie nicht denken; und so sind manche dumm, weil sie nicht am Denken sterben, und andere sind es, weil sie daran sterben. Dumm ist, wer an zu viel Verstand stirbt; also sterben manche am Verstehen, und andere leben, weil sie keinen Verstand haben; aber obwohl viele als Dumme sterben, sterben wenig Dumme.

209 **Sich von gewöhnlichen Dummheiten freihalten**: ist ganz besondere Klugheit. Sie haben eine große Wirkung, weil sie üblich sind; und manchen, die sich der individuellen Unwissenheit nicht ergaben, gelang es nicht, der allgemeinen zu entkommen. Gewöhnlich ist, dass sich keiner mit seinem Los zufriedengibt, selbst wenn es das Beste, noch unzufrieden mit seinem Verstand, selbst wenn er der schlechteste ist. Alle begehren aus Unzufriedenheit mit dem eigenen das fremde Glück; ebenso loben die Leute von heute die Dinge von gestern, und die Leute von hier die von da, und alles Entfernte wird mehr geschätzt. Wer über

alles lacht, ist ebenso dumm wie der, der sich von allem anstecken lässt.

210 **Mit der Wahrheit umgehen können.** Sie ist gefährlich, aber der Ehrenmann kann nicht unterlassen, sie zu sagen: daher ist Geschicklichkeit angesagt. Die gewandten Ärzte des Geistes erfanden die Möglichkeit, sie zu versüßen, was zur Quintessenz des Bitteren wird, wenn sie in Ernüchterung umschlägt. Die gute Möglichkeit macht sich hier ihre Geschicklichkeit zunutze: mit ein und derselben Wahrheit schmeichelt sie dem einen und wirft sie den anderen zu Boden. Man muss für Zeitgenossen wie für Menschen einer vergangenen Zeit reden. Für den Verständigen reicht ein Hinweis; und wo nichts ausreicht, da tritt der Fall des Verstummens ein. Die Fürsten darf man nicht mit bitteren Stoffen heilen; deshalb liegt die Kunst darin, die Ernüchterungen zu vergolden.

211 **Im Himmel ist alles Freude, in der Hölle ist alles Kummer.** In der Welt als Mitte das eine und das andere; wir sind zwischen zwei Extremen, und so hat man an beiden teil; die Glücksumstände sind wechselhaft: weder muss alles Glück sein, noch alles Widrigkeit. Diese Welt ist eine Null: allein ist sie nichts wert; viel, wenn man sie mit dem Himmel verbindet. Der Gleichmut gegenüber ihrer Unbeständigkeit ist Klugheit; auch Neuheit ist nicht die Sache von Weisen. Unser Leben verwickelt sich wie im Theaterstück: am Ende kommt die Auflösung. Aufgepasst also, dass das Ende gut wird!

212 **Sich immer die letzten Finten der Kunst aufheben.** Das tun die großen Meister, die ihre Raffinesse selbst dann nutzen, wenn sie sie lehren: immer muss man überlegen bleiben und immer Meister. Kunstvoll muss man verfahren, wenn man die Kunst weitergibt; nie darf sich die Quelle der Lehre wie auch die des Gebens erschöpfen; so erhält man das eigene Ansehen und die Abhängigkeit der anderen. Um zu gefallen und beim Lehren ist jene große Lektion zu beachten, dass man immer die Bewunderung ködern und die Vollkommenheit weiterführen soll. Sich in allen Dingen etwas aufheben war eine große Regel des Lebens, des Siegens und vor allem in den höchsten Ämtern.

213 **Zu widersprechen verstehen.** Ist eine große Strategie des Sondierens, nicht um sich selbst, sondern um andere unter Druck zu setzen; es ist das einzige Folterinstrument, welches die Gefühle hervorspringen lässt. Die Lauheit in der Überzeugung ist ein Brechmittel für die Geheimnisse, ein Schlüssel zur verschlossensten Brust; mit großem Geschick vollzieht man das doppelte Sondieren des Willens und des Urteils. Ein kühles Verachten des geheimnisvollen Worts des anderen erjagt die tiefsten Geheimnisse, macht sie zu weichen Bissen im Mund und bringt sie auf die Zunge und in die Netze der kunstvollen Täuschung. Die Zurückhaltung bei Aufmerksamkeit lässt den anderen seine Scheu vernachlässigen und deckt das fremde Fühlen auf, das unter anderen Umständen ein verschlossenes Herz war. Ein vorgegebener Zweifel ist der außergewöhnlichste Dietrich der Neugierde, um zu wissen, was immer sie wollte; und selbst beim Lernen ist es eine Strategie des Schülers,

dem Lehrer zu widersprechen, der sich dann mehr um den Inhalt und seine Basis bemüht; so wird das gemäßigte Bestreiten zum Anlass einer gelungenen Lehre.

214 **Nicht aus einem dummen Fehler zwei machen.** Es ist ganz gewöhnlich, vier weitere zu begehen, um einen auszubessern. Eine Ungehörigkeit durch eine größere gutmachen gehört in die Familie der Lüge oder die Lüge in die der Dummheit, denn um eine aufrechtzuerhalten, braucht man viele. Schon immer war das Schlimmste an einem schlechten Rechtsanspruch, ihn zu vertreten; schlimmer als das Schlimme selbst ist, es nicht überspielen können. Es ist die Miete der Unvollkommenheiten, viele weitere als Zinsen hervorzubringen. In einem Moment der Unaufmerksamkeit kann der weiseste Mann fallen, aber in zwei nicht; und das nur aus dem Lauf, nicht aus dem Sitzen.

215 **Auf den aufpassen, der mit einer zweiten Absicht kommt.** Es ist eine List der Unterhändler, den Willen in Sicherheit zu wiegen, um ihn anzugreifen, dann wird er überwunden, weil er überzeugt wurde. Sie verhüllen die Absicht, um sie zu verwirklichen, und man stellt sie an die zweite Stelle, damit sie im Geschehen an die erste rückt: man sichert sich den Schuss, auf den niemand vorbereitet ist. Doch die Aufmerksamkeit darf nicht schlafen, wenn die Absicht derart wach ist; und wenn diese zur Verhüllung an die zweite Stelle tritt, dann jene, um zu erkennen, an die erste. Die Vorsicht muss die Strategie bemerken, mit der sie kommt, und die Anzeichen aufnehmen, die sie hervor-

bringt, um die Verwirklichung ihres Strebens aufzuhalten. Sie schlägt eines vor und strebt nach einem anderen, und beide kehren sich mit Geschick um, um das Weiße in der Zielscheibe seiner Absicht zu treffen. Man muss deshalb wissen, was man ihr zugesteht, und manchmal wird es richtig sein, zu verstehen zu geben, dass man verstanden hat.

216 **Deutlich sein.** Das gibt dem Denken nicht nur Durchblick, sondern Frische. Manche empfangen leicht und gebären schwer, denn ohne Klarheit treten die Kinder der Seele, die Gedanken und Beschlüsse, nicht ans Licht. Manche haben die Eigenschaft jener Gefäße, die viel auffassen und wenig mitteilen; andere wiederum sagen noch mehr als sie denken. Was der Entschluss für den Willen ist die Erklärung für den Verstand: zwei herausragende Vorzüge. Die klaren Geister bekommen Beifall, die verworrenen wurden manchmal bewundert weil nicht verstanden; und manchmal braucht es Dunkelheit, um nicht gewöhnlich zu sein, aber wie sollen die anderen Gedanken aus dem machen, was sie hören, wenn diejenigen, die reden, damit keinen Gedanken verbinden?

217 **Auf immer soll man weder lieben noch verabscheuen.** Den Freunden heute vertrauen wie Feinden, und zwar den schlimmsten, von morgen; und da dies in der Wirklichkeit vorkommt, muss es auch im Vorausdenken vorkommen. Man soll den Überläufern der Freundschaft nicht Waffen geben, denn mit ihnen führen sie dann den größten Krieg.

Im Gegenteil den Feinden gegenüber stets zur Versöhnung offene Tür, und zwar die der Großzügigkeit: das ist die sicherste. Eine frühere Rache wurde manchmal schon zur Qual, und Anlass zum Kummer gibt die Zufriedenheit über böses Handeln, das man einem angetan hat.

218 **Nie aus Eigensinn handeln, sondern aus Aufmerksamkeit.** Jeder Eigensinn ist ein Eiterherd, großer Sohn der Leidenschaft, welche nie etwas richtig geleitet hat. Manche gibt es, die aus allem einen kleinen Krieg machen; Straßenräuber des Umgangs, die von allem, was sie ausführen, wollen, dass es ein Sieg wird, und nicht friedlich zu verfahren verstehen. Zum Befehlen und Herrschen sind solche Leute schädlich, weil sie aus der Regierung eine Partei und die zu Feinden machen, die sie zu ihren Kindern machen müssten; sie wollen über alles mittels einer Finte verfügen und es als Frucht ihrer Strategie erlangen; doch wenn die anderen ihren paradoxalen Sinn erkennen, dann lehnen sie sich gegen sie auf, bemühen sich, ihre Hirngespinste aufzustören, und so gelingt ihnen nichts; sie gehen mit riesigen Lasten an Ärger davon, und alle machen das Missfallen noch größer. Diese Leute haben ein beschädigtes Urteil und manchmal ein verletztes Herz. Mit solchen Monstern reagiert man, indem man zu den Antipoden flieht, denn man wird mit deren Barbarei eher zurechtkommen als mit der Brutalität von jenen.

219 Nicht für einen Mann der Verstellung gehalten werden, obwohl man ohne sie nicht mehr leben kann. Eher für bedacht denn listig. Für alle ist die Geradheit im Umgang angenehm, aber nicht alle halten sich selbst daran. Die Ehrlichkeit soll nicht in das Extrem der Einfältigkeit umschlagen, und die Scharfsinnigkeit nicht in Arglist. Man soll eher als Weiser verehrt denn als Durchdenker gefürchtet werden. Die Aufrichtigen werden geliebt, aber getäuscht. Die größte Verstellung muss sein, zu verdecken, was für Täuschung gehalten wird. Es blühte im goldenen Zeitalter die Geradlinigkeit, in diesem eisernen die Arglist. Das Ansehen eines Mannes, der weiß, was er tun soll, ist Ehre und begründet Vertrauen, doch das dessen, der sich verstellt, ist Spitzfindigkeit und erzeugt Misstrauen.

220 Wenn einer sich nicht mit der Haut des Löwen kleiden kann, dann kleide er sich mit der der Füchsin. Der Zeit nachzugeben verstehen ist über sie hinausgehen: wer am Ende seine Absicht verwirklicht, verliert nie Ansehen. Statt Kraft Geschicklichkeit, auf einem Weg oder einem anderen: entweder auf dem geraden der Stärke oder auf der Abkürzung der Verstellung. Mehr Dinge hat die Geschicklichkeit bewirkt als die Kraft, und die Weisen haben die Starken öfter besiegt als umgekehrt. Wenn man etwas nicht erlangen kann, stellt sich die Verachtung ein.

221 Nicht überreagieren, weder dabei, sich selbst, noch dabei, andere einzuspannen. Das verletzt eigene und fremde Würde, immer aus Dummheit; man begegnet solchen Leuten sehr leicht und bricht im Unglück mit ihnen ab; Tage mit hundert Anlässen zum Ärger sind ihnen nicht genug; der Sinn steht ihnen nach Einwänden, und so widersprechen sie allen und allem; sie haben den Verstand verkehrt herum angezogen, und so missbilligen sie alles. Doch am meisten fordern die Klugheit diejenigen heraus, die nichts gut machen und von allem schlecht sprechen; es gibt viele Ungeheuer im weiten Land der Zumutung.

222 **Mann mit Zurückhaltung, Beweis der Umsicht.** Ein wildes Tier ist die Zunge, hat sie sich einmal gelöst, ist es sehr schwierig, sie wieder anzuketten. Sie ist der Puls der Seele, an dem die Weisen erkennen, wie sie beschaffen ist: hier fühlen die Aufmerksamen den Puls der Bewegung des Herzens. Schlimm ist, wenn sich der, der es am meisten sollte, am wenigsten zurückhält. Der Weise kommt ohne Ärger und Verwicklungen aus und zeigt, wie sehr er Herr über sich ist; er geht mit Umsicht vor. Ein Janus an Ausgewogenheit, ein Argus an Scharfblick. Besser hätte Momos die Augen an den Händen vermissen sollen als das kleine Fenster in der Brust.

223 **Nicht besonders ausgefallen sein,** weder um zu beeindrucken noch aus Nachlässigkeit. Manche haben bemerkenswerte Ausgefallenheit mit verrückten Gebärden, die eher Defekte als Distinktionen sind; und wie einige wegen einer einzigartigen Hässlichkeit in ihrem Gesicht sehr bekannt sind, so diese wegen irgendeiner Anstößigkeit in ihrem Verhalten. Mit Ausgefallen-Sein macht man bloß auf

sich aufmerksam, und erregt durch unpassende Besonderheit bei manchen das Lachen, bei anderen den Ärger.

224 **Die Dinge zu nehmen wissen,** nie gegen den Strich, auch wenn sie einem so unterkommen. Alle haben eine Vorder- und Rückseite. Das Beste und Günstigste schadet, wenn man es an der Schneide anfasst; im Gegensatz wird das Widerstrebendste zur Verteidigung, wenn am Griff. Viele Dinge wurden zum Schaden, die zur Zufriedenheit gereicht hätten, wäre ihre günstige Seite in Rechnung gestellt worden. In allem gibt es Günstiges und Ungünstiges: Geschicklichkeit ist auf das Angenehme zu stoßen verstehen. Ein und dieselbe Sache zeigt sehr verschiedene Farbtöne, wenn man sie in je verschiedenem Licht anschaut; man soll sie unter dem des Glücks anschauen. Die Zügel für das Gute und das Schlechte darf man nicht vertauschen; daraus ergibt sich, dass manche in allem Zufriedenheit und andere in allem Bedauern finden. Großer Schutz gegen die Wechselfälle des Schicksals und große Lebensregel für jede Zeit und jedes Amt.

225 **Seinen Hauptfehler kennen.** Niemand lebt ohne ihn, Gegengewicht zur entscheidenden Begabung; und wenn ihn die Neigung begünstigt, dann gewinnt er tyrannische Macht. Man muss beginnen, ihn zu bekriegen, indem man die gegen ihn gerichtete Sorge sehen lässt; und der erste Schritt soll die Offenheit sein, denn indem er bekannt wird, wird er besiegt werden, und umso mehr, wenn er für den Betroffenen ebenso zu einem Gedanken wird wie für

die, die ihn bemerken. Um Herr über sich zu sein, ist es nötig, sich gut kennenzulernen. Wenn dieser Anführer der Unvollkommenheiten unterworfen ist, werden alle enden.

226 **Darauf achten, Verbindlichkeit herzustellen.** Die meisten reden und handeln nicht als der, der sie sind, sondern nach ihren Verbindlichkeiten. Um das Schlechte glaubhaft zu machen, ist jeder mehr als gut genug, weil das Schlechte sehr leicht geglaubt wird, so unglaublich es auch manchmal ist. Das meiste und das Beste, das wir haben, hängt von fremder Anerkennung ab. Manche geben sich damit zufrieden, dass sie die Vernunft auf ihrer Seite haben; aber das ist nicht genug, es ist nötig, sie mit Sorgfalt zu unterstützen. Manchmal kostet es wenig, Verbindlichkeit herzustellen, und ist viel wert; mit Worten werden Taten erkauft. Kein Möbelstück in diesem großen Haus des Universums ist so gewöhnlich, dass man es nicht einmal im Jahr braucht; und so wenig es wert ist, so nötig wird es sein. Jeder spricht von einem Gegenstand nach seinem Gefühl.

227 **Nicht nach dem ersten Eindruck gehen.** Manche verheiraten sich mit der ersten Nachricht, so dass die weiteren nur Konkubinen sind, und da sich die Lüge immer nach vorne drängt, bleibt nachher kein Platz für die Wahrheit. Weder darf sich unser Wille von dem ersten Gegenstand noch unser Verstand von dem ersten Satz ausfüllen lassen, denn das ist Mangel an Tiefe. Manche haben die Eigenschaft des neuen Gefäßes, welches der erste Geruch einer schlechten oder guten Flüssigkeit einnimmt. Wenn dieser

Mangel an Tiefe bekannt wird, ist er schädlich, denn er gibt dem boshaften Eifer Raum. Die von böser Absicht Getriebenen machen sich daran, die Gutgläubigkeit mit ihrer Farbe zu überziehen. Es muss immer Platz für eine neue Sicht bleiben: Alexander soll das andere Ohr für die andere Seite offenhalten, es muss Raum für die zweite und dritte Nachricht bleiben. Leicht beeindruckt sein verweist auf Unfähigkeit und ist nah dem Hang zur Leidenschaft.

228 **Keine Läster-Stimme haben.** Noch viel weniger dafür bekannt sein, denn dann hat man den Ruf des Rufverderbers. Man soll nicht auf fremde Kosten geistreich sein, denn das ist eher verhasst als schwierig; alle rächen sich an so einem, alle sprechen schlecht von ihm; und da er allein ist und sie viele sind, wird er rascher überwältigt denn sie überzeugt. Das Schlechte soll nie zufriedenstellen, ja nicht einmal Thema werden. Wer anderen übel nachredet, wird für immer verabscheut; und wenn sich auch manchmal große Persönlichkeiten mit ihm unterhalten, so wird es mehr wegen dem Gefallen an seiner Spöttelei sein als wegen der Wertschätzung seiner Klugheit. Und wer schlecht redet, der hört immer noch Schlechteres.

229 **Sein Leben umsichtig einteilen verstehen,** nicht so wie die Gelegenheiten kommen, sondern aus Voraussicht und Auswahl. Ohne Erholungen ist es mühsam, wie eine lange Tagesreise ohne Herbergen. Glücklich macht es die gelehrte Abwechslung. Den ersten Aufenthalt des schönen Lebens soll man der Unterhaltung mit den Toten widmen: wir

werden geboren, um zu erkennen und uns selbst zu erkennen, und die Bücher machen uns wirklich zu Personen. Die zweite Tagesreise soll man mit den Lebenden verbringen: alles Gute der Welt sehen und aufnehmen; nicht alle Dinge findet man in einem und demselben Land; unser aller Vater hat die Gaben verteilt, und manchmal bereicherte er ein hässliches Land am meisten. Die dritte Tagesreise soll ganz für einen selbst sein: letztes Glück, das Philosophieren.

230 **Die Augen rechtzeitig öffnen.** Weder öffneten alle, die sehen, ihre Augen, noch sehen alle, die schauen. Spät begreifen, führt nicht zur Lösung, sondern zum Kummer; manche beginnen zu sehen, wenn es nichts zu sehen gibt; sie verspielten ihre Häuser und Dinge, statt sich selbst zu erschaffen. Es ist schwierig, demjenigen Vernunft zu geben, der keinen Willen hat, und noch mehr, demjenigen Willen zu geben, der keine Vernunft hat; mit ihnen spielen wie mit Blinden unter dem Lachen derjenigen, welche sie umgeben; und weil sie taub zum Hören sind, öffnen sie nicht die Augen zum Sehen. Es mangelt freilich nicht an denen, welche diesen Schlaf der Sinne unterhalten: ihr Sein besteht darin, dass sie nicht sind. Unglücklich das Pferd, dessen Herr keine Augen hat: es wird kaum Gewicht zulegen.

231 **Nie die Dinge halb fertig sehen lassen:** man genießt sie in ihrer Vollkommenheit. Alle Anfänge sind ohne Form, und später bleibt die Vorstellung jener Formlosigkeit; die Erinnerung, etwas unvollkommen gesehen zu haben, stellt

sich dem Erfassen der vollendeten Form entgegen. Einen großen Gegenstand mit einem Schlag genießen verhindert die Wahrnehmung der Teile, ist aber in sich selbst dem Gefallen angemessen. Bevor er ganz ist, ist er nichts; und am Beginn des Seins steckt man noch sehr in seinem Nichts. Das Kochen des köstlichsten Essens zu sehen, weckt eher Ekel als Appetit; deshalb soll jeder große Meister verhindern, dass man seine Dinge im embryonalen Zustand sieht; er lerne von der Natur, sie nicht vorzuzeigen, bis sie erscheinen können.

232 **Etwas von einem Kaufmann haben.** Nicht alles soll Nachdenken sein, es muss auch Handeln geben. Die sehr Weisen kann man leicht betrügen, weil sie zwar das Außergewöhnliche, aber nicht das Gewöhnliche des Lebens kennen, das notwendiger ist. Die Betrachtung der erhabenen Dinge gibt ihnen keinen Raum für die greifbaren; und da sie das Erste nicht kennen, das sie wissen sollten und das allen haargenau vertraut ist, werden sie entweder bewundert oder vom oberflächlichen Pöbel für unwissend gehalten. Deshalb soll sich der weise Mann bemühen, etwas von einem Kaufmann zu haben, genug, um nicht getäuscht oder sogar ausgelacht zu werden; er soll ein Mensch des alltäglichen Tuns sein, das zwar nicht das Höchste, aber für das Leben Notwendigste ist. Was nutzt das Wissen, wenn es nicht praktisch ist? Und leben zu wissen, ist heute das wahre Wissen.

233 Den Punkt des Geschmacks nicht verfehlen: so macht man aus einer Freude Kummer. Manche erregen Ärger mit dem, was als Verbindlichkeit gemeint ist, weil sie die Gemüter nicht verstehen. Es gibt Werke, die für die einen Schmeichelei und für die anderen Beleidigung sind; wer dienstbar zu sein glaubte, fiel zur Last. Manchmal kostete es mehr, zu verstören, als es gekostet hätte, Freude zu erregen; Dankbarkeit und Geschenke verlieren die, welche den Leitstern zum Wohlgefallen aus dem Blick verlieren. Wenn man das fremde Gemüt nicht kennt, kann man es nicht befriedigen; daher kommt es, dass manche ein Lob zu sprechen gedachten und einen Tadel aussprachen, worin eine verdiente Strafe lag; andere gedenken, mit ihrer Beredsamkeit zu unterhalten, und quälen die Seele mit ihrem Gerede.

234 Nie Ansehen anvertrauen ohne Pfand der fremden Ehre. Der Vorteil muss im Schweigen liegen, der Schaden in der Offenheit. Wo es um die Ehre geht, muss die Beziehung immer gemeinsam sein, und zwar dergestalt, dass einen das eigene Ansehen immer verpflichtet, sich um das des anderen zu sorgen. Nie soll man einfach vertrauen; doch wenn es der Fall ist, dann mit solcher Kunst, dass die Klugheit der Vorsicht weichen kann. Das Risiko sei der gemeinsame und wechselseitige Grund, damit nicht zu einem Zeugen wird, wer sich als Teilnehmer versteht.

235 Zu bitten verstehen. Nichts Schwierigeres gibt es für die einen und nichts Leichteres für die anderen. Es gibt solche, die nicht abzulehnen vermögen; bei denen braucht man keinen Dietrich; andere gibt es, bei denen das *Nein* zu jeder Stunde das erste Wort ist: bei denen bedarf es der Anstrengung; und bei allen des richtigen Moments: ein Einhaken bei fröhlicher Stimmung, wenn entweder der Körper oder der Geist gerade Nahrung fanden, falls nicht die Aufmerksamkeit im Denken dessen, der zuhört, dem Geschick dessen, der es versucht, zuvorkommt. Die Tage des Genusses sind die der Gunst, welche von innen nach außen dringt; man soll nicht herantreten, wenn man einen anderen abgelehnt werden sieht, dann ist die Angst vor dem *Nein* verloren. Nach Traurigkeit gibt es keinen guten Beginn. Vorweg verpflichten ist ein Austausch, wo man es nicht mit gemeinem Geist zu tun hat.

236 Früh zur Verbindlichkeit machen, was später Belohnung wäre. Das ist eine Fähigkeit großer Politiker. Gunsterweise eher als Verdienste, das zeigt auf Spezialisten der Verbindlichkeit. Der so vorweggenommene Gunsterweis hat zwei herausragende Eigenschaften: dass er durch frühes Geben den, der empfängt, mehr verpflichtet. Wie eine und dieselbe Gabe später zu einer Schuldigkeit wird, so ist sie früh ein Verpflichten. Eine feine Weise, Verbindlichkeiten umzuformen: diejenige, welche dem Höhergestellten als Lohn zukam, fällt dem zu, der eine Verpflichtung hat, sie zu erfüllen. Dies versteht sich unter Spezialisten der Verbindlichkeit, während es für gemeine Männer eher ein Zügel als ein Ansporn wäre, die Auszahlung der Ehre vorwegzunehmen.

237 Nie Geheimnisse mit Höhergestellten teilen. Er wird glauben, Birnen zu zerteilen, und wird Steine zerteilen. Viele gingen als Vertraute zugrunde; diese sind wie die Brotkruste, welche am Ende dieselbe Gefahr läuft. Sie mitteilen ist keine Gunst des Fürsten, sondern entspringt seiner Brust. Viele zerbrechen den Spiegel, weil er sie an die Hässlichkeit erinnert; er mag nicht den sehen, der ihn sehen konnte, noch ist der gern gesehen, der etwas Schlechtes sah. Keinen soll man sehr verpflichtet halten und am wenigsten den Mächtigen; eher durch vollzogene Taten zu seinem Nutzen als durch Gefallen, die er empfing. Vor allem sind Vertraulichkeiten aus Freundschaft gefährlich; wer seine Geheimnisse einem anderen mitteilte, machte sich zu seinem Sklaven; für Fürsten ist das ein Zwang, der nicht andauern kann; sie wünschen die verlorene Freiheit wieder einzulösen, und dafür stoßen sie mit allem an, selbst mit der Vernunft. Die Geheimnisse also weder hören noch sagen.

238 Wissen, welches Teil einem fehlt. Viele wären echte Personen, wenn ihnen nicht ein Etwas fehlte, ohne das sie nie zur Höhe des vollkommenen Seins gelangen. Bei manchen bemerkt man, dass sie viel sein könnten, wenn sie etwas wirklich sehr Kleines ausbesserten: es fehlt ihnen der Ernst, was große Fähigkeiten auflöst; anderen die Freundlichkeit des Wesens, ein Mangel, den die Menschen des täglichen Umgangs bald bemerken, vor allem bei Personen im Amt. Bei manchen wünscht man sich Tatkraft, bei anderen Zurückhaltung. All diese Mängel ließen sich mit Leichtigkeit ausbessern, wenn sie bemerkt würden, denn die Sorgfalt kann aus der Gewohnheit zweite Natur machen.

239 **Nicht allzu scharf sein:** wichtiger ist Umsicht. Mehr wissen als angemessen lässt stumpf werden, weil die feinen Dinge gewöhnlich abbrechen; sicherer ist die ausgemachte Wahrheit. Gut ist es, Verstand zu haben, aber nicht Schulwissen. Das viele Nachdenken ist ein Ast der Streitfrage; besser ist ein sachbezogenes Urteil, das nicht mehr nachdenkt, als wichtig ist.

240 **Die Dummheit zu nutzen verstehen.** Der größte Weise spielt gelegentlich dieses Stück, und es gibt Gelegenheiten, wo das größte Wissen darin besteht, Nicht-Wissen zu zeigen: man soll nicht unwissend sein, aber doch vorgeben, dass man unwissend ist. Unter den Dummen ist es unwichtig, weise, und unter den Narren, klug zu sein: man muss mit jedem in seiner Sprache sprechen. Dumm ist nicht, wer Dummheit vorgibt, sondern wer an ihr leidet; an der einfachen, nicht der doppelbödigen, denn da beginnt schon die Kunst. Die einzige Möglichkeit, beliebt zu sein, sich mit der Haut des einfachsten der Tiere zu kleiden.

241 **Spötteleien, sie hinnehmen, aber keine machen.** Das Erste ist eine Art großzügigen Verhaltens, das Letztere kann Probleme bringen. Wer bei einer Feier nicht richtig aufgelegt ist, wirkt sehr plump und lässt mehr zu Tage treten. Schmackhaft ist die Spöttelei, sie hinnehmen können beweist Größe. Wer sich reizen lässt, gibt Anlass, ihn wieder zu reizen. Im besten Fall soll man sie geschehen lassen, und am sichersten ist es, nicht auf sie einzugehen; die größten Wahrheiten entstanden immer aus Spötteleien. Nichts

verlangt mehr Aufmerksamkeit und Geschicklichkeit: bevor man anfängt, soll klar sein, bis zu welchem Punkt des Hinnehmens das Gemüt des Betroffenen gehen kann.

242 **Das Erreichte weiterführen.** Einige verausgaben sich beim Beginnen und bringen nichts zu Ende; sie erfinden, aber verfolgen nicht: Unbeständigkeit des Gemüts. Nie erringen sie Lob, weil sie nichts verfolgen; alles hält mit dem Anhalten an. Bei anderen kommt dies aus der Ungeduld des Geistes, Makel der Spanier, so wie die Geduld ein Vorteil der Belgier ist; diese bringen die Dinge zu Ende, jene lassen sie unabgeschlossen; bis zum Sieg über die Schwierigkeit schwitzen sie und begnügen sich dann mit dem Siegen; sie verstehen es nicht, den Sieg zur Vollendung zu führen; sie beweisen, dass sie können, doch sie wollen nicht; aber es ist immer ein Scheitern aus Unmöglichkeit oder Leichtfertigkeit. Wenn das Werk gut ist – warum beendet man es nicht? Und wenn es schlecht ist – warum fing man damit an? Der Kluge soll also das Wild töten, sich nicht damit zufriedengeben, es aufgespürt zu haben.

243 **Nicht ganz wie eine Taube sein.** Die Schläue der Schlange und die Unschuld der Taube sollen einander ablösen. Nichts ist leichter, als einen redlichen Menschen zu täuschen; es glaubt viel, wer nie lügt, und es vertraut viel, wer nie täuscht; getäuscht zu werden geschieht nicht nur dem Dummen, sondern manchmal auch dem Redlichen. Zwei Arten von Personen kommen oft dem Schaden zuvor: die Erfahrenen, sehr auf eigene Kosten, und die Arglis-

tigen, sehr auf die Kosten der anderen. Es soll sich ebenso viel Sinn für Missgunst zeigen wie List fürs Fallenstellen; und nicht soll der eine so redlich sein wollen, dass er dem anderen nur die Gelegenheit gibt, unredlich zu sein. Er soll eine Mischung aus Taube und Schlange sein; nicht Ungeheuer, sondern Wunder.

244 **Zu verpflichten verstehen.** Manche verwandeln den eigenen in einen fremden Gefallen; und es sieht so aus, oder sie geben zu verstehen, dass sie Gunst walten lassen, wenn sie sie empfangen. Es gibt Leute, die es fertigbringen, Ehre zu erweisen, wenn sie sie fordern, und den eigenen Vorteil in Ehre für den anderen zu verwandeln; dergestalt lenken sie die Dinge, dass es so aussieht, als ob sie den anderen einen Dienst erweisen, wenn die ihnen etwas geben, und sie kehren mit außergewöhnlichem Verhalten die Ordnung des Verpflichtetseins um; zumindest stellen sie in Zweifel, wer wem einen Gefallen tut. Sie kaufen um den Preis von Lobreden das Beste und aus dem Gefallen, das sie einer Sache zeigen, machen sie Ehre und Schmeichelei; sie setzen die Höflichkeit zum Nutzen ein, indem sie zu einer Schuld der anderen machen, was ihre eigene Dankbarkeit sein müsste; dergestalt drehen sie die Verpflichtung aus dem Passiv ins Aktiv um und sind dabei bessere Politiker als Grammatiker. Großer Scharfsinn, aber besser wäre es, ihn zu verstehen und die Narrheit wieder umzukehren, um jedem seine Ehre zurückzugeben und ihn seinen Nutzen ziehen zu lassen.

245 Manchmal in einzigartiger und außergewöhnlicher Weise denken spricht für überlegenes Vermögen. Nicht den muss man schätzen, der sich einem nie entgegenstellt, denn das ist kein Zeichen der Liebe, die er für einen hat, sondern der Liebe, die er für sich selbst hat; er soll sich nicht von der Schmeichelei täuschen lassen und sie belohnen, sondern sie verurteilen. Auch soll er es für ein Verdienst halten, von manchen verleumdet zu werden, umso mehr, wenn es die sind, die von allen Guten schlecht reden; es soll ihn stören, wenn seine Dinge allen gefallen, weil das ein Zeichen ist, dass sie nicht gut sind, denn das Vollkommene ist für wenige.

246 Nie dem Rechenschaft geben, der sie nicht gefordert hat. Und selbst wo sie gefordert wird, ist es eine Art von Vergehen, wenn sie zu weit geht. Sich entschuldigen, bevor ein Anlass besteht, heißt sich anklagen, und sich bei Gesundheit schröpfen heißt dem Übel oder der Bosheit zublinzeln; die vorweggenommene Entschuldigung weckt den Argwohn, der schlief. Ebenso wenig darf der Kluge zeigen, dass er von der fremden Vermutung weiß, denn das ist ein Schritt, um Beleidigung zu suchen; daher muss er sie mit der Standhaftigkeit seines Verhaltens zu überspielen versuchen.

247 Etwas mehr wissen und etwas weniger leben. Andere denken umgekehrt. Mehr ist die gute Muße wert als das Geschäft. Nichts Eigenes haben wir außer der Zeit, in der derjenige lebt, der keinen Raum hat. Ein gleich großes Unglück ist es, sein wertvolles Leben mit vorhersehbaren wie mit einem Unmaß von erhabenen Aufgaben zu verbringen; man soll sich weder mit Beschäftigungen noch mit Neid überladen: das heißt das Leben übereilt abwickeln und den Geist ersticken. Einige beziehen dies auch auf das Wissen, aber man lebt nicht, wenn man nicht weiß.

248 **Der Letzte soll nicht gewinnen.** Es gibt Leute, die immer das Letzte wissen, was höchst unangenehm ist. Ihr Fühlen und Wollen ist aus Wachs: das Letzte besiegelt alle anderen Dinge und wischt sie aus. Die werden nie gewonnen, weil sie mit immer neuer Leichtigkeit verlorengehen; jeder tönt sie mit seiner Farbe. Sie sind keine Vertrauenspersonen, Kinder ihr ganzes Leben; und so fließen sie in der Verschiedenheit der Urteile und Stimmungen, immer mit hinkendem Willen und Urteil, nach einer und der anderen Seite sich neigend.

249 **Nicht dort zu leben beginnen, wo man aufhören muss.** Manche nehmen das Ausruhen am Anfang und lassen die Mühe für das Ende. Zuerst muss das Wesentliche sein und danach, wenn noch Platz ist, das Beiläufige. Andere wollen vor dem Kämpfen triumphieren. Manche beginnen beim Wissen mit dem, was am wenigsten wichtig ist, und lassen das Lernen dessen, was verdienstvoll und nützlich ist, für die Zeit, wenn das Leben für sie endet. Der andere hat noch nicht begonnen, ein Vermögen zu machen, da schwindelt ihm schon vor Stolz der Kopf. Eine Methode ist notwendig, um zu wissen und leben zu können.

250 **Wann muss man umgekehrt denken?** Wenn die anderen mit Verschlagenheit zu uns reden. Bei manchen muss alles entgegengesetzt gehen: das *Ja* ist *Nein*, und das *Nein* ist *Ja*. Schlecht von einer Sache reden fasst man als ihre Wertschätzung auf, in dem Sinn, dass der, der sie für sich will, sie für die anderen herabsetzt. Nicht alles Loben ist gut über etwas sprechen, denn manche loben auch die Schlechten, um nicht die Guten zu loben; und für wen keiner schlecht ist, für den wird keiner gut sein.

251 **Man muss die menschlichen Mittel anwenden, als ob es keine göttlichen gäbe, und die göttlichen, als ob es keine menschlichen gäbe.** Große Meisterregel; man muss keinen Kommentar anfügen.

252 **Weder ganz für sich, noch ganz für andere:** beides ist ordinäre Tyrannei. Aus dem Sich-für-sich-selbst-Wollen folgt, dass man alle Dinge für sich will. Solche Leute können nicht im Geringsten nachgeben, noch einen Punkt von ihrem Wohlbefinden aufgeben; sie haben kaum Wirkung auf andere, vertrauen ihrem Glück, und gewöhnlich bricht ihnen diese Stütze weg. Manchmal ist es richtig, den anderen anzugehören, damit einem die anderen angehören; und wer ein öffentliches Amt hat, muss öffentlicher Sklave sein, oder »verzichte auf die Würde mit der Bürde«, wie die Alte des Hadrian sagen wird. Im Gegensatz dazu gibt es Leute, die ganz den anderen gehören, denn die Dummheit neigt immer zum Unmaß und hier zum Unglück; bei diesem Überschuss der anderen haben sie weder Tag noch Stunde

für sich, so dass man einen von ihnen »den allen Gehörenden« nannte; selbst in Bezug auf den Verstand wissen sie für alle und sind für sich unwissend. Der Aufmerksame soll verstehen, dass niemand ihn selbst sucht, sondern seinen Vorteil in ihm oder durch ihn.

253 **Sich nicht im Ausdruck allzu sehr zurücknehmen.** Die meisten schätzen nicht, was sie verstehen, und was sie nicht begreifen, verehren sie. Damit die Dinge geschätzt werden, müssen sie Mühe kosten; etwas wird gefeiert, wenn es nicht zu verstehen ist. Einer muss sich aus Gründen des Ansehens immer weiser und klüger zeigen, als es der, mit dem er umgeht, fordert, allerdings eher im rechten Verhältnis als übertrieben; und wenn unter den Vernünftigen der Geist in jeder Hinsicht gilt, ist bei den meisten ein Aufputz nötig: man muss ihnen keinen Platz zum Tadel geben und sie mit dem Verstehen beschäftigt halten. Viele loben das, bezüglich dessen sie, wenn sie gefragt würden, nicht wüssten warum: alles Verborgene verehren sie als Geheimnis und feiern es, weil sie hören, wie es gefeiert wird.

254 **Das Übel nicht unterschätzen, weil es klein ist,** denn es kommt nie allein: sie kommen aneinandergekettet, so wie die Glücksfälle. Das Glück und das Unglück gehen für gewöhnlich dahin, wo es mehr von ihnen gibt; und es ist so, dass alle den vom Glück Verlassenen fliehen und sich an den vom Glück Begünstigten anschmiegen; selbst die Tauben in ihrer Einfalt finden sich bei dem weißesten Fest ein.

Alles wird dem abgehen, der vom Glück verlassen ist: er sich selbst, die Gedanken und die Rede. Man darf das Unglück nicht wecken, wenn es schläft; wenig ist ein Ausgleiten, aber es folgt jener verhängnisvolle freie Fall, ohne zu wissen, wo er anhalten wird, denn so wie nichts Gutes sich ganz erfüllte, so auch kein Übel ganz und gar. Für den, der vom Himmel kommt, reicht die Geduld nie aus, für den vom Boden die Vorsicht.

255 **Das Gute zu tun verstehen:** in kleiner Dosis und viele Male. Nie darf die Verpflichtung über die Möglichkeit hinausgehen; wer viel gibt, gibt nicht, sondern verkauft. Man darf den Dank nicht erzwingen, denn wenn der andere sich überfordert sieht, wird die Beziehung zerbrechen. Bei vielen braucht es nicht mehr, um sie zu verlieren, als sie übermäßig zu verpflichten; um nicht zu zahlen, ziehen sie sich zurück und werden aus Schuldnern zu Feinden. Das Götterbild würde nie den Bildhauer vor sich sehen wollen, der es schuf, und ebenso wenig der Schuldner seinen Wohltäter vor Augen. Großes Geschick im Geben, dass es wenig Mühe macht und sehr begehrt wird, um noch mehr geschätzt zu werden.

256 **Immer auf der Hut sein:** vor Unhöflichen, Starrköpfen, Aufschneidern und allerhand Trotteln. Man trifft auf viele, und klug ist es, sich nicht mit ihnen zu treffen. Im Spiegel seiner Aufmerksamkeit soll er sich täglich mit Vorsätzen bewaffnen, und so wird er die Anwürfe des Nichtnutzes besiegen; er soll nachdenken, und so wird er nicht sein An-

sehen den gemeinen Zufällen ausliefern: ein Mann, der klug auf der Hut ist, wird nicht von der Frechheit angegriffen werden. Schwierig ist der Weg im menschlichen Umgang, weil er voll Klippen für das Ansehen ist; sicher ist es, vom normalen Weg abzuweichen, wenn man die Schlauheit des Odysseus zu Rate nimmt. Hier bewährt sich das gespielte Scheitern. Er richte sich vor allem an der Großzügigkeit aus, das ist die einzige Abkürzung, um den Verwicklungen zu entgehen.

257 **Es nie zum Bruch kommen lassen:** denn immer geht das Ansehen daraus beschädigt hervor. Jeder eignet sich zum Feind, nicht gleichermaßen zum Freund. Wenige können Gutes tun, Schlechtes fast alle. Der Adler hat an dem Tag kein sicheres Nest in der Brust von Jupiter, wo er mit einem Käfer bricht. Mit der Klaue des erklärten Feindes schüren diejenigen, die sich verstellen, das Feuer, denn sie warteten auf die Gelegenheit. Aus den verletzten Freunden werden die schlimmsten Feinde, mit fremden Fehlern wollen sie vor ihrem Publikum den eigenen bedecken. Unter denen, die zuschauen, spricht ein jeder, wie er denkt, und denkt, wie er möchte, sie verurteilen alle, entweder weil am Anfang die Voraussicht oder weil am Ende das Warten fehlt; und immer die Klugheit. Wenn der Umweg unvermeidlich ist, soll er entschuldbar sein, eher aus Lauheit der Gunst denn in Gewalt der Wut; und hier passt gut jene Sache eines schönen Rückzugs.

258 Einen suchen, der ihm die Unglücksfälle tragen hilft. Man wird nie allein sein, vor allem in den gefährlichen Situationen, was bedeuten würde, den ganzen Hass darüber auf sich zu laden; manche denken, dass sie sich in einer sehr hohen Stellung erheben, und erheben sich mit der ganzen üblen Nachrede. Für diesen Fall wird er einen haben, der ihn entschuldigt oder ihm hilft, das Übel zu tragen; gegen zwei trauen sich weder das Glück noch der Pöbel so einfach; und deswegen irrt sich auch der scharfsinnige Arzt nicht darin, wenn er sich schon in der Behandlung geirrt hat, einen zu suchen, der ihm, als ob es eine Beratung sei, hilft, den Sarg zu tragen; so teilt sich das Tragen und das Trauern auf; wenn man allein ist, verdoppelt sich das Unglück und wird unerträglich.

259 Den Beleidigungen zuvorkommen und aus ihnen Gunsterweise machen. Mehr Scharfsinn ist es, sie zu vermeiden, als sie zu rächen. Es ist großes Geschick, aus einem, der Konkurrent sein müsste, einen Vertrauten zu machen; die in Schutz seines Ansehens zu verwandeln, die es zu beschießen drohten. Viel ist es wert, andere verpflichten zu wissen: die Zeit für Beschwerden nimmt weg, wer sie mit Danksagung ausfüllte; und es heißt zu leben verstehen, wenn man in Freuden verwandelt, was Leiden sein sollten. Man soll aus der Böswilligkeit Vertraulichkeit machen.

260 Keinem ganz gehören und keinen ganz besitzen. Weder das Blut noch die Freundschaft noch die dringendste Verbindlichkeit reichen dafür aus, denn es ist ein großer

Unterschied, ob man das Gefühl oder den Willen abtritt. Die größte Einheit lässt Ausnahmen zu; und dadurch werden nicht die Gesetze der Vortrefflichkeit verletzt. Immer behält sich der Freund ein Geheimnis vor, und selbst der Sohn verbirgt sich in etwas vor dem Vater; manche Dinge, die man den einen mitteilt, verhehlt man vor anderen und umgekehrt, was dazu führt, dass man alles offenlegt und alles zurückhält, je nach dem, mit wem man es zu tun hat.

261 **Nicht mit der Torheit weitermachen.** Manche machen aus einem Fehlschlag eine Verpflichtung; und weil sie sich zu Beginn geirrt haben, scheint es ihnen eine Stärke, damit weiterzumachen; im Inneren klagen sie ihren Irrtum an und nach außen entschuldigen sie ihn, was bedeutet, dass sie, wenn sie unüberlegt aussahen, als sie mit der Dummheit begannen, als dumm gelten, da sie sie weiter verfolgen. Weder das nicht durchdachte Versprechen noch der falsche Entschluss führen zu Verbindlichkeit. Auf diese Weise halten manche an ihrem ersten Schnitzer fest und setzen ihre Beschränktheit fort: sie wollen beharrlich unpassend sein.

262 **Vergessen können:** ist mehr Glück als Kunst. Die vergessenswertesten Dinge sind die, welche am meisten erinnert werden. Das Gedächtnis ist nicht nur so gemein, dass es versagt, wenn man es am meisten brauchte, sondern so dumm, dass es sich aufdrängt, wenn es nicht passt: in dem, was Leiden hervorrufen muss, ist es überschwänglich, und in dem, was Genuss hervorrufen sollte, nachlässig. Manchmal besteht das Heilmittel gegen das Übel darin, es zu ver-

gessen, und man vergisst das Heilmittel. Es ist also angebracht, das Gedächtnis an bequeme Gewohnheiten anzupassen, denn es reicht aus, um Glück oder Hölle zu schaffen. Hier sind die Zufriedenen ausgeschlossen, denn im Zustand ihrer Unschuld genießen sie ihr einfaches Glück.

263 **Viele Gegenstände des Gefallens braucht man nicht als Eigentum besitzen.** Man genießt sie mehr, wenn sie fremd als wenn sie eigen sind; der erste Tag ist das Gute für ihren Herrn, die weiteren für die anderen. Man genießt die fremden Dinge mit doppelter Freude, das ist ohne das Risiko, sie zu beschädigen, und mit dem Gefallen der Neuheit. Entbehrung ist der beste Geschmack; selbst das Wasser des anderen tut so, als ob es Nektar sei. Die Dinge haben vermindert nicht nur die Freude, es vermehrt den Verdruss, ob man sie nun ausleiht oder nicht ausleiht; es dient nur dazu, sie für andere bereitzuhalten, und die Feinde, die man sich dabei macht, sind mehr als die Dankbaren.

264 **Er soll keine Tage der Nachlässigkeit haben.** Das Schicksal spielt gern Streiche und bringt alle Zufälle zusammen, um zu überrumpeln. Immer müssen sich der Verstand, die Klugheit und die Tapferkeit bewähren; selbst die Schönheit, weil der Tag, an dem sie sich auf sich verlässt, der sein wird, an dem sie Ansehen verliert. Wenn die Aufmerksamkeit am notwendigsten war, bleibt sie immer aus; Nicht-Denken, das ist das Bein, das uns der Untergang stellt. Eine Strategie des fremden Blicks pflegt es auch zu sein, dass er die Vollkommenheiten, wenn sie nachlässig

sind, zur strengen Prüfung ihres Wertes zieht. Ihre Prunktage kennt man schon, und die List lässt sie vorbeiziehen; aber den Tag, den man am wenigsten erwartete, den wählt sie aus zur Bewährung des Werts.

265 **Die Abhängigen einzusetzen verstehen.** Eine Herausforderung in ihrem Moment machte viele zu Personen, so wie Ertrinken Schwimmer hervorbringt; dergestalt entdecken viele den Mut und auch das Wissen, das in ihrer Enge begraben bliebe, wenn sich die Gelegenheit nicht geboten hätte. Impulse für das Ansehen sind die Bedrängnisse; und wenn der Edle in eine Unsicherheit der Ehre versetzt wird, handelt er für tausend. Diese Lehre vom Einsetzen kannte, wie auch alle anderen Lehren, ganz besonders die katholische Königin Isabel; und dieser politischen Gunst verdankte der Gran Capitán seinen Ruf und viele andere ihren ewigen Ruhm: sie schuf große Männer mit diesem Feingefühl.

266 **Nicht schlecht vor lauter Güte sein.** Dies ist der, welcher nie zornig wird; die Unempfindlichen haben wenig Person-Sein; es kommt nicht immer aus Apathie, sondern aus Unfähigkeit. Empfindlichkeit beim richtigen Anlass ist ein persönlicher Akt. Die Vögel machen sich schnell über die Gestalt der Vogelscheuche lustig. Das Saure mit dem Süßen abwechseln lassen beweist guten Geschmack; bloße Süße ist für Kinder und Dumme. Ein großes Übel ist es, sich in lauter Güte zu verlieren, in diesem Sinn von Unempfindlichkeit.

267 Worte von Seide mit sanftem Ton. Die Pfeile durchdringen den Körper, aber die bösen Worte die Seele. Ein guter Teig lässt den Mund gut riechen. Große Lebenskunst, die Luft zu verkaufen wissen; das meiste zahlt man mit Worten, und sie reichen aus, um etwas Unmögliches durchzusetzen; in der Luft handelt man mit Luft, und der Atem der Höheren inspiriert sehr. Man muss den Mund immer voll Zucker haben, um die Worte kandieren zu können, dann schmecken sie selbst den Feinden. Das ist das einzige Mittel, um liebenswert zu sein: friedfertig sein.

268 Der Kluge soll am Anfang das, was der Dumme am Ende, tun. Dasselbe tut der eine und der andere; sie unterscheiden sich nur in der Zeit: jener im richtigen Moment, und dieser nicht in ihm. Wer sich die Vernunft am Anfang verkehrt herum angezogen hat, setzt dies bei allem weiteren fort: er trägt zwischen den Füßen, was er sich auf den Kopf setzen soll; er macht aus der Rechten die Linke und ist so in seinem ganzen Verhalten ein Linkshänder. Es gibt nur eine gute Weise, die Form zu finden. Gezwungen tun, was sie freiwillig tun könnten; der Umsichtige aber merkt gleich, was man spät oder früh tun soll, und führt es gerne und zu seiner Ehre aus.

269 Er soll sich sein Neu-Sein zunutze machen: denn solange er neu ist, wird er geschätzt werden. Das Neue gefällt als Abwechslung allgemein: es erfrischt sich der Geschmack, und man schätzt eine nagelneue Mittelmäßigkeit mehr als eine gewohnte Extremleistung. Das Herausragende nutzt sich ab und wird langsam alt; und er soll merken, dass jene Glorie des Neuen von kurzer Dauer ist: im Lauf von vier Tagen verlieren sie die Achtung dafür. Er soll also verstehen, jene frühen Momente der Hochschätzung zu nutzen und dem flüchtigen Gefallen alles, was er möchte, abzugewinnen; denn wenn die Hitze des vorigen Moments vorbeigeht, erkühlt die Leidenschaft, und man muss das Gefallen des Neuen gegen den Überdruss am Gewohnten eintauschen; und man soll glauben, dass alles auch seine Zeit gehabt hat und dass die vorbeiging.

270 **Nicht bloß verurteilen, was vielen gefällt.** Es gibt etwas Gutes daran, denn es befriedigt so viele; und selbst wenn man es nicht erklären kann, man genießt es. Was nur einer vertritt, ist immer verhasst, und wenn es falsch ist, lächerlich; es wird eher dem schlechten Ruf seines Urteils schaden als dem Gegenstand; er muss dann mit seiner Auffassung allein bleiben. Wenn er nicht auf das Gute zu stoßen vermag, soll er seine Begrenztheit verbergen und nicht pauschal verurteilen, denn der schlechte Geschmack entsteht gewöhnlich aus dem Unwissen. Was alle sagen, ist entweder der Fall oder drängt, er zu sein.

271 **Wer wenig weiß, soll sich in jeglichem Beruf immer an das Gewisseste halten:** denn, wenn sie ihn auch nicht für fein gebildet halten, werden sie ihn für gründlich halten. Wer weiß, kann sich einlassen und nach seiner Vorstellung handeln; aber wenig wissen und ein Risiko eingehen heißt sich freiwillig dem Abgrund nähern. Er soll sich immer an

das halten, was zu Hand ist, das Bewährte kann nicht falsch sein. Bei geringem Wissen die Hauptstraße; und in jedem Fall, bei Wissen oder Unwissen, ist die Sicherheit klüger als die Vereinzelung.

272 **Die Dinge zum Höflichkeitspreis verkaufen:** so verpflichtet man am meisten. Nie wird das Fordern dessen, der etwas will, dem Geben des großzügigen Schuldners entsprechen; die Höflichkeit schenkt nicht, sondern spannt ein; und herrliche Geschenke schaffen die größte Verpflichtung. Nichts kostet einem Ehrenmann mehr als das, was man ihm schenkt: es heißt, dies zu zwei Preisen verkaufen: zu dem des Werts und dem der Höflichkeit. Wahr ist, dass für den Geizhals die Großzügigkeit Kauderwelsch ist, denn er versteht nicht die Bedingungen der guten Bedingung.

273 **Verständnis der Gemüter, mit denen man umgeht:** um die Absichten zu erkennen. Wenn die Ursache erkannt ist, kennt man die Wirkung: zunächst aus sich selbst und dann in ihrem Motiv. Der Melancholiker kündigt immer Unglücksfälle an und der Verleumder Schuld: alles Schlimmste kommt ihnen in den Sinn, und da sie nicht das wirkliche gegenwärtige Gute wahrnehmen, sagen sie das mögliche Schlechte voraus. Der Leidenschaftliche mit einer anderen Sprache als die Dinge sind: in ihm spricht die Leidenschaft, nicht die Vernunft. Und so jeder nach seiner Bewegung und seiner Laune; und alle weit von der Wahrheit entfernt. Er soll ein Gesicht entziffern können und die Seele aus den Zeichen ausbuchstabieren, er soll den, der immer lacht, als

flach und den, der nie lacht, als falsch erkennen; er hüte sich vor dem Frager, weil er entweder geschwätzig oder aufmerksam ist; er soll wenig Gutes von den schlecht Aussehenden erwarten, denn die pflegen sich an der Natur zu rächen, und wie jene sie wenig geehrt hat, ehren auch sie sie wenig. So groß wie die Schönheit pflegt die Dummheit zu sein.

274 **Anziehungskraft haben:** die ein höflicher Zauber im Umgang ist. Der freundliche Haken soll mehr dazu dienen, Zuneigung als Vorteile anzuziehen, oder einfach alles; Verdienste reichen nicht aus, wenn sie sich nicht das Gefallen zunutze machen, das einem Beifall gibt, es ist das wirksamste Werkzeug der Herrschaft. Man kann das Glück haben, andere zu interessieren, soll aber doch die Kunst zur Hilfe nehmen, denn wo es schon eine natürliche Voraussetzung gibt, schafft das Kunstfertige eine bessere Lage. Daraus entsteht die echte Zuneigung, ja, so erringt man universale Gunst.

275 **Mitmachen, aber nicht anstößig werden.** Er muss nicht immer die Hauptperson sein und widerwärtig; das ist ein Zweig der Höflichkeit. Man muss Zugeständnisse der Würde machen, um allgemeine Zuneigung zu gewinnen; manchmal muss man dasselbe wie alle aushalten, ohne anstößig zu werden, denn wer öffentlich für dumm gehalten wird, der wird nicht insgeheim für klug gehalten werden. Mehr verliert man an einem launischen Tag, als man mit der ganzen Ernsthaftigkeit gewann. Man muss nämlich nicht

immer die Ausnahme sein: der Einzige sein heißt die anderen verurteilen; noch schlimmer ist es, Geziertheit an den Tag zu legen: die soll man dem Geschlecht überlassen, zu dem sie gehört; selbst die Durchgeistigten sind lächerlich. Das Beste für einen Mann ist, wie einer zu erscheinen; die Frau kann mit Vollkommenheit das Männliche spielen, und nicht umgekehrt.

276 **Das Gemüt natürlich und mit Kunst zu erneuern wissen.** Man sagt, dass sich alle sieben Jahre der Charakter ändert: das soll so sein, damit man besser wird und den Geschmack veredelt. Nach den ersten sieben tritt die Vernunft auf; danach soll bei jeder Stufe eine neue Vollkommenheit auftreten. Er beobachte diese natürliche Abwechslung, um sie zu unterstützen und auch von anderen Verbesserungen zu erfahren. Auf diese Weise haben viele entweder mit dem Stand oder mit dem Amt ihr Verhalten verändert; und manchmal bemerkt man nicht, bis man es sieht, das Ausmaß der Veränderung. Mit zwanzig Jahren wird er ein Pfau sein; mit dreißig ein Löwe; mit vierzig ein Kamel, mit fünfzig eine Schlange, mit sechzig ein Hund, mit siebzig eine Äffin; und mit achtzig nichts.

277 **Sich zu zeigen verstehen.** Das ist die Beleuchtung der Fähigkeiten. Es gibt eine Gelegenheit für jede von ihnen; die muss man nutzen, denn nicht jeder Tag wird ein Tag des Triumphs sein. Es gibt stattliche Leute, bei denen schon wenig hell strahlt und viel Bewunderung erregt; wenn das Talent, sich zu zeigen, eine Verbindung mit herausragender

Größe eingeht, dann wird daraus ein Wunder. Es gibt Nationen mit einem Hang, sich zu zeigen, und die spanische ist darin überlegen. Erst das Licht war die Erleuchtung alles Geschaffenen. Das Zeigen füllt aus, es ergänzt und gibt allem ein zweites Sein, vor allem, wenn es sich auf die Wirklichkeit verlassen kann. Der Himmel, der die Vollkommenheit gibt, kommt vor dem Zeigen, denn voneinander unabhängig wären beide unnatürlich. Es bedarf der Kunst beim Zeigen: selbst das ganz Ausgezeichnete hängt von Umständen ab und hat nicht immer seinen Moment; das Zeigen misslang, wenn es zur Unzeit kam. Keine Form der Hervorhebung darf wie Verstellung wirken, und wenn dieser Fehler auftritt, muss sie scheitern, weil er an Eitelkeit grenzt und man diese verachten muss. Das Zeigen muss sehr zurückhaltend sein, um nicht vulgär zu wirken, und unter den Klugen schadet sein Übermaß durchaus dem Ruf. Es besteht manchmal mehr in einer stummen Beredsamkeit, in einem scheinbar nachlässigen Zeigen der Vollkommenheit: denn das weise Verhehlen ist das wirksamste Zurschaustellen, weil gerade dieses Entziehen die Neugier aufs Lebendigste anregt. Ein großes Geschick ist nicht die ganze Vollkommenheit auf einmal enthüllen, sondern sie so malen, als folge man fortschreitend einem Kompass immer weiter: eine Erhöhung soll immer Einsatz für eine nächste größere werden und der Applaus für die erste eine neue Erwartung der weiteren.

278 **Es vermeiden, auffällig zu sein:** denn, wenn sie auffällig werden, verwandeln sich selbst die Vorzüge in Fehler. Das kommt von der Einzigartigkeit, die immer getadelt

wurde; der Einzigartige bleibt allein. Selbst das Schöne schadet, wenn es herausragt, dem Ansehen; indem es Aufmerksamkeit auf sich zieht, wirkt es wie eine Beleidigung, und das gilt umso mehr für Fälle von Einzigartigkeit ohne Berechtigung. Aber manche wollen gerade für ihre Laster bekannt werden, suchen Neuigkeit in Verworfenheit, um so ruhmlosen Ruhm zu erreichen. Selbst im Verständnis kann das Übermaß zu Geistreichigkeit verkommen.

279 **Nicht gegen die Widerrede reden.** Es ist notwendig zu unterscheiden, ob sie aus List oder Gemeinheit hervorgeht. Sie ist nicht immer Eigensinn, manchmal ist sie Strategie. Achtung also, dass man sich weder in der einen Möglichkeit verwickelt, noch in der anderen verunglückt. Es gibt keine besser eingesetzte Vorsicht als die gegen Spione, und gegen den Dietrich der Seelen gibt es keine bessere Gegenlist, als den Schlüssel der Heimlichkeit innen stecken zu lassen.

280 **Redlich sein.** Der rechte Umgang ist am Ende, Verpflichtungen gelten nicht mehr, es gibt wenig gute Wechselbeziehungen: für den besten Dienst die schlechteste Belohnung, das ist jetzt der allgemeine Brauch. Es gibt ganze Nationen, die zur Schlechtigkeit neigen: von manchen erwartet man immer den Verrat, von anderen die Unbeständigkeit und von anderen den Betrug. Das schlechte Benehmen der anderen soll nicht zur Nachahmung dienen, sondern zur Vorsicht. Die Gefahr ist, im Angesicht des verderblichen Umgangs die Redlichkeit aufzugeben; aber

der redliche Mann vergisst über dem, was die anderen sind, nie, was er selbst ist.

281 **Gunst der Verständigen.** Mehr schätzt man das leise *Ja* eines außergewöhnlichen Mannes als den ganzen allgemeinen Beifall, weil Rülpser keine Nahrung sind. Die Weisen sprechen mit Verständnis, und so verursacht ihr Lob eine nie endende Genugtuung. Der verständige Antigonus begrenzte den ganzen Schauplatz seines Ruhms auf Zenon allein und Plato nannte Aristoteles seine ganze Schule. Manchen geht es nur darum, sich den Magen zu füllen, wenn auch mit gemeinem Müll. Selbst die Fürsten bedürfen derer, die schreiben; und sie sollen ihre Federn mehr fürchten als hässliche Frauen die Pinsel.

282 **Von der Abwesenheit profitieren:** entweder zum Zweck der Achtung oder der Wertschätzung. Wenn die Präsenz den Ruhm vermindert, so vermehrt ihn die Abwesenheit. Wer abwesend war, wurde für einen Löwen gehalten, wer anwesend, für eine lächerliche Geburt der Berge. Die Gaben verlieren an Glanz, wenn sie sich reiben, weil man eher die Rinde des Äußeren als den großen Gehalt des Geistes sieht. Die Vorstellungskraft geht weiter als das Sehen; und die Täuschung, die gewöhnlich durch das Ohr eintritt, hat durch die Augen ihren Ausgang. Wer sich in der Mitte der Meinung hält, hält sein Ansehen; denn auch der Phönix nutzt die Zurückgezogenheit für seine Würde und das Begehren für das Ansehen.

283 Erfindungsgeist mit Klugheit. Er zeigt ein Übermaß von Geist an, aber was wird er ohne ein Korn von Wahnsinn sein? Das Erfinden ist Sache derer, die Geist haben; die gute Wahl die der Klugen. Es ist auch eine Gabe, und zwar eine seltenere, weil es vielen gelang, gut zu wählen; gut zu erfinden wenigen, nämlich den Ersten nach Wert und Zeit. Die Neuheit schmeichelt, und wenn sie glücklich ist, dann hebt sie das Gute an. In den Dingen des Urteils ist sie als Paradox gefährlich; in denen des Geistes lobenswert; und wenn sie treffend ist, dann verdient die eine wie die andere Beifall.

284 Er soll nicht aufdringlich sein, und so wird er nicht zurückgesetzt werden. Er muss sich selbst schätzen, wenn er möchte, dass man ihn schätzt; er soll mit sich selbst eher karg als freigiebig sein; er sei begehrt, wenn er ankommt, und er wird gut empfangen werden; er soll nie kommen, ohne gerufen, und nie gehen, ohne gesandt zu sein. Wer aus sich heraus etwas unternimmt, wird all den Hass auf sich laden, wenn es schlecht geht; und wenn es gut ausgeht, bekommt er keinen Dank. Es ist der Aufdringliche eine Halde der Verachtung, und genauso, wie er sich mit Unverschämtheit aufdrängt, wird er inmitten von Verachtung fortgeschickt.

285 Nicht an fremdem Unglück zugrunde gehen. Er soll den erkennen, der im Sumpf steckt, und darauf vorbereitet sein, dass er ihn zum Trost über das wechselseitige Übel rufen wird. Sie suchen jemanden, der ihnen hilft, das Unglück zu tragen; und die ihm den Rücken zeigten, als es ihnen gutging, reichen ihm jetzt die Hand. Man braucht große Behutsamkeit, um denen, die am Ertrinken sind, ohne eigene Gefahr Hilfe zu leisten.

286 **Sich nicht für alles und von allen verpflichten lassen:** denn das hieße Sklave sein und von allen. Einige wurden mit mehr Glück als andere geboren: jene, um Gutes zu tun, und diese, um es zu empfangen. Kostbarer ist die Freiheit als das Geschenk, denn man verliert es. Er soll sich mehr daran freuen, dass viele von ihm abhängig sind, als daran, von keinem abhängig zu sein. Das Herrschen hat keine andere Annehmlichkeit als die Macht, Gutes zu tun. Vor allem soll er die Verpflichtung, auf die er sich einlässt, nicht für Gunst halten; und meistens wird die List des anderen sie so eingerichtet haben, dass sie ihm zuvorkommt.

287 **Nie in Leidenschaft handeln:** alles geht dann schief. Es soll nicht für sich handeln, wer nicht bei sich ist; und immer verweist die Leidenschaft die Vernunft außer Landes; dann soll ein kluger Dritter übernehmen, und dies kann jeder sein, der leidenschaftslos ist: immer sehen diejenigen mehr, die schauen, als die, die spielen, weil sie nicht leidenschaftlich werden. Sobald er merkt, dass er außer Fassung ist, soll die Klugheit zum Rückzug blasen, damit nicht am Ende sein Blut Flammen fängt und er seine Aufgabe blutend erledigt, denn dann wird er in kurzer Zeit Anlass für viele Tage eigener Beschämung und schlechter Nachrede von anderen geben.

288 Je nach der Gelegenheit leben. Das Herrschen, das Denken, alles soll dem jeweiligen Fall entsprechen. Wollen, wenn es möglich ist, denn der rechte Moment und die Zeit warten auf niemanden. Er soll nicht im Allgemeinen leben, außer wenn dies zugunsten der Tugend geschähe; noch soll er dem Wollen genaue Gesetze auferlegen, denn morgen wird er von dem Wasser trinken müssen, das er heute verachtet. Es gibt Menschen mit derart paradoxalen Anmaßungen, dass sie fordern, alle Umstände des Gelingens sollen sich an ihren Wahn anpassen und nicht umgekehrt. Doch der Weise weiß, dass der Leitstern der Klugheit darin liegt, sich nach der Gelegenheit zu verhalten.

289 Der größte Makel eines Menschen: ist sehen zu lassen, dass er Mensch ist. Sie hören an dem Tag auf, ihn für göttlich zu halten, wo sie ihn als sehr menschlich sehen. Der Leichtsinn ist der größte Gegensatz zum Ansehen; so wie der zurückhaltende Mann für mehr als bloß ein Mensch, wird der Leichtsinnige für weniger als ein Mensch gehalten; es gibt kein Laster, das mehr herabwürdigt, weil der Leichtsinn sich direkt der ernsten Tiefe entgegensetzt. Ein leichtsinniger Mensch kann nicht von Gehalt sein, umso weniger, wenn er betagt ist, wo das Alter zur Klugheit verpflichtet. Und dass so viele Menschen diesen Mangel haben, hebt nicht auf, dass er keinerlei Berechtigung hat.

290 Glücklich, wer Wertschätzung mit Zuneigung vereint. Nicht sehr geliebt werden, um die Achtung zu bewahren: verwegener ist die Liebe als der Hass; Zuneigung und Verehrung lassen sich nicht gut vereinen; und selbst wenn es möglich wäre, soll einer weder sehr gefürchtet noch sehr geliebt werden. Die Liebe führt die Vertraulichkeit ein, und in dem Maß, wie sie auftritt, verschwindet die Wertschätzung. Er soll eher aus Wertschätzung denn aus Gefühlswallung geliebt werden, das ist genau die Liebe, die Personen gebührt.

291 **Zu überprüfen verstehen.** Die Aufmerksamkeit des Vernünftigen soll mit der Zurückhaltung des Vorsichtigen im Wettbewerb stehen: ein großes Urteil braucht man, um den Fremden zu ermessen. Es ist wichtiger, die Gemüter und die Eigenheiten der Personen als die der Kräuter und Steine zu kennen; eine der anspruchsvollsten Unternehmungen des Lebens ist dies: an den Klängen erkennt man die Metalle und an der Rede die Personen. Die Worte zeigen die Standhaftigkeit, aber die Werke viel mehr. Hier bedarf es der außergewöhnlichen Vorsicht, der tiefen Beobachtung, der genauen Wahrnehmung und der treffenden Entscheidung.

292 **Die angeborenen Fähigkeiten sollen über die Verpflichtungen des Amts hinausgehen,** und nicht umgekehrt. So groß die Stellung ist, die Person muss zeigen, dass sie größer ist. Ein Vermögen dehnt sich aus, wenn es ihm offensteht, und zeigt sich mehr in den Ämtern. Leicht werden sie den Engherzigen überwältigen, und am Ende wird er an Verpflichtung und Ruf zerbrechen. Der große Augustus war stolz darauf, als Mensch größer denn als Fürst zu sein.

Hier bewährt sich der hohe Sinn, und es nutzt auch das kluge Vertrauen auf sich selbst.

293 **Von der Reife.** Sie strahlt im Äußeren, aber mehr in den Sitten. Das materielle Gewicht macht das Gold wertvoll und das moralische die Person. Reife ist der Schmuck der Fähigkeiten und verursacht Verehrung. Die Haltung des Menschen ist die Fassade der Seele. Sie ist nicht eine starre Unbedarftheit, wie es der Oberflächliche will, sondern eine sehr ruhige Autorität. Sie spricht in Sentenzen, handelt mit Gelingen. Sie setzt einen ganz fertigen Menschen voraus, denn der hat so viel Person wie Reife; wenn er aufhört, Kind zu sein, beginnt er, Gewicht und Autorität zu haben.

294 **Sich im Meinen mäßigen.** Jeder bildet eine Ansicht, wie sie ihm passt, und hat zu viele Gründe für seine Auffassung. In den meisten Fällen gibt das Urteil der Neigung nach. Es kommt vor, dass sich zwei im Widerspruch begegnen und beide die Vernunft für ihre Seite in Anspruch nehmen; doch die ist treu und war nie imstande, zwei Gesichter zu zeigen. Der Weise soll in einer so schwierigen Situation mit Überlegung fortschreiten, und so wird der Vorbehalt gegen sich selbst die Einschätzung des fremden Vorgehens neu fassen; manchmal soll er sich auf die andere Seite stellen; er soll die Motive des Widerstreiters überprüfen; unter dieser Bedingung wird er ihn weder verurteilen noch sich selbst blind rechtfertigen.

295 Nicht tatendurstig, sondern tatkräftig. Die am wenigsten Grund dafür haben, geben sich gerne tatenvoll; alles machen sie zum Mysterium und lassen einen doch kalt; als Chamäleons des Beifalls geben sie allen eine Menge zu lachen. Immer löste die Eitelkeit Ärgernis aus, hier wird sie ausgelacht: die kleinen Ameisen der Ehre betteln um Heldentaten; er soll weniger angebliche Vorzüge herausstellen; er soll sich mit dem Tun zufriedengeben und anderen das Reden überlassen; er soll Heldentaten schenken, nicht sie verkaufen; noch soll man goldene Federn mieten, damit sie Unflat schreiben zum Ekel der Klugheit; er soll eher streben, heldenhaft zu sein, als es nur zu erscheinen.

296 Ein Mann mit Fähigkeiten, und zwar majestätischen. Die ersten machen die Menschen von erstem Rang aus; eine einzige hat ebensolchen Wert wie eine Vielzahl von mittelmäßigen. Es gefiel derjenige, der wollte, dass all seine Dinge, selbst die üblichen Gegenstände, groß seien: um wie viel mehr muss sich der große Mann bemühen, dass die Fähigkeiten seines Geistes es sind! In Gott ist alles unendlich, alles unermesslich; so muss bei einem Helden alles groß und majestätisch sein, dergestalt, dass all seine Taten und auch seine Reden in eine überirdisch großartige Majestät gekleidet sind.

297 Immer so handeln, als ob man gesehen würde. Derjenige ist ein hochangesehener Mann, der sieht, dass andere ihn sehen oder sehen werden; er weiß, dass die Wände hören und dass die schlechte Tatsache platzt, um herauszukommen. Selbst allein handelt er wie im Angesicht der ganzen Welt, weil er weiß, dass man alles wissen wird; und er sieht jetzt wie Zeugen diejenigen, die es durch die Kunde später sein werden. Wer wünschte, dass alle Welt sehen würde, der war nicht um die besorgt, welche ihn aus den Nachbarhäusern in seinem eigenen bemerken konnten.

298 **Drei Dinge machen einen perfekten Menschen aus** und sind das größte Geschenk der göttlichen Freigiebigkeit: fruchtbarer Geist, tiefes Urteil und ein auffällig heiterer Geschmack. Richtig auffassen ist ein großer, aber richtig denken ein größerer Vorzug: Verständnis des Guten. Der Geist soll nicht im Rückgrat sein, denn da wäre er eher angestrengt als scharf; gut denken ist die Frucht der Rationalität. Mit zwanzig Jahren herrscht der Wille, mit dreißig der Geist, mit vierzig das Urteil. Es gibt Intelligenzen, die Licht ausstrahlen, wie die Augen des Luchses, und in der größten Dunkelheit denken sie am meisten; es gibt solche für spezifische Gelegenheiten, die immer auf das je Besondere stoßen; viel und Gutes bietet sich ihnen: glücklichste Fruchtbarkeit. Aber ein guter Geschmack würzt das ganze Leben.

299 **Hungrig lassen.** Selbst den Nektar soll man nur auf den Lippen lassen. Das Begehren ist Maß der Wertschätzung; selbst beim körperlichen Durst ist es eine List des guten Geschmacks, ihn zu wecken, aber nicht zu löschen; das Gute, wenn wenig, ist doppelt gut. Das zweite Mal ist ein großes Absinken: Momente der Übersättigung im Angenehmen sind gefährlich, denn sie bedingen Geringschät-

zung der unsterblichsten Vortrefflichkeit. Einzige Regel für das Gefallen: den Appetit noch gereizt von jenem Hunger treffen, mit dem er verblieben war. Wenn man sich quälen muss, dann soll es besser die Ungeduld des Begehrens sein als der Überdruss des Genießens: man freut sich doppelt am mühsam erworbenen Glück.

300 **In einem Wort, heilig:** das heißt alles auf einmal sagen. Die Tugend ist Kette aller Vollkommenheiten, Mittelpunkt der Glückseligkeiten; sie macht einen Mann klug, aufmerksam, scharfsinnig, verständig, weise, tapfer, zurückhaltend, redlich, glücklich, bewundernswert, wahrhaft und zu einem Helden in jeder Hinsicht. Drei Zustände, die mit S anfangen, machen glücklich: heilig, gesund, weise. Die Tugend ist die Sonne der kleineren Welt und hat als Hemisphäre das gute Gewissen; so schön ist sie, dass sie die Gunst Gottes und der Menschen gewinnt. Nichts Liebeswürdiges gibt es außer der Tugend, und nichts Verabscheuenswertes außer dem Laster. Die Tugend ist wirklich; alles andere Scherz. Die Fähigkeit und die Größe soll man an der Tugend messen, nicht am Glück, das einer hat; sie allein genügt sich selbst. Im Leben macht sie den Menschen liebeswürdig und im Tod denkwürdig.

Anhang

Baltasar Graciáns Denk-Raum

Über die Faszination einer kühlen Konkretheit

Wie die anderen klassischen Autoren des »Goldenen Zeitalters« in der spanischen Kultur vom späten 16. bis zur Mitte des 17. Jahrhunderts, wie Miguel de Cervantes, Félix Lope de Vega, Pedro Calderón de la Barca oder Luis de Góngora, hat auch der Jesuit, Prediger und Theologe Baltasar Gracián seine Gegenwart und seine Nachwelt als Gestalt von markantem Profil beeindruckt, deren Werk und Lebensumstände einander ebenso geprägt wie erhellt haben. Doch anders als die großen Zeitgenossen und obwohl gerade Graciáns Texte nach Gattung wie Inhalt durchaus homogen erscheinen mögen, hat die mit ihm befasste Gelehrsamkeit stets spezifische Aspekte herausgearbeitet: seinen Ort in der ideengeschichtlichen Tradition etwa, kaum lösbar erscheinende philologische Einzelprobleme oder besonders intensive Momente der Rezeptionsgeschichte. So füllt sich der Umriss seiner Autoren-Gestalt am Ende nicht mit einem individuell farbigen Bild.

Dies gilt mit einer – in ihrer Entstehung und ihrem Ergebnis – monumentalen Ausnahme, dem 1947 zuerst veröffentlichten Buch des deutschen Hispanisten Werner Krauss über *Graciáns Lebenslehre*. Den Band eröffnet eine bemerkenswert lakonisch gehaltene »Vorbemerkung«, die ungekürzt zu zitieren sich aus mehreren Gründen lohnt:

> Diese Arbeit wurde 1943 unter besonderen Verhältnissen geschrieben. Der Verfasser war auf die ihm von wohlgesinnter Seite zur Verfügung gestellten Gra-

cián-Ausgaben angewiesen. Sekundärliteratur war ihm nicht zugänglich. Wenn nach der Befreiung eine grundlegende Änderung nicht vorgenommen wurde, so geschah es in der Meinung, dass eine Darstellung der Lebenslehre Graciáns aus ihren eigenen Voraussetzungen auch ohne eine genauere philologisch-historische Koordinierung ein allgemeineres Interesse verdienen kann.[1]

Mit der scheinbar beiläufigen Formel von den »besonderen Umständen« in der Entstehung des Werks über Baltasar Gracián verweist Krauss auf eine zwanzigmonatige Haft in der Todeszelle des Berliner Gefängnisses Plötzensee zwischen Januar 1943 und September 1944. 1900 geboren, hatte er von 1922 bis 1926 in Madrid studiert, promovierte dann in München bei Karl Vossler mit einer Arbeit über *Alltagsleben und Literatur im spanischen Mittelalter*« um in den dreißiger Jahren als Assistent des herausragenden jüdischen Romanisten Erich Auerbach an der Universität Marburg zu arbeiten. Anfang des Zweiten Weltkriegs wurde Krauss dann zu einer Übersetzerkompanie nach Berlin versetzt, Ende 1942 wegen antinazistischer Propagandaaktivitäten mit seiner sechzehn Jahre jüngeren Geliebten Ursula Götze verhaftet und zum Tod verurteilt.

Während die deutschen Machthaber Götze im August 1943 enthaupten ließen, überlebte Krauss dank der Intervention prominenter Kollegen, die eine Umwandlung der ersten Entscheidung in eine fünfjährige Haftstrafe erreichten. Nach Kriegsende entstand in der Deutschen Demokratischen Republik sein bedeutendes wissenschaftliches

1 Krauss (2003), S. 7.

Werk, vor allem zur französischen Aufklärung als einem kulturellen Erbe von normativer Kraft.

Wie lässt sich der Entschluss von Werner Krauss erklären, im Angesicht des Todes neben einem ebenfalls nach 1945 publizierten satirischen Schlüsselroman mit dem Titel *Die Passionen der halkyonischen Seele* über den Jesuiten Gracián ein Buch zu schreiben,[2] in dessen Zentrum die 1647 veröffentlichte Aphorismensammlung *Oráculo Manual* steht? Schon der zunächst eher wissenschaftlich kompliziert und also existenziell harmlos klingende letzte Satz seiner »Vorbemerkung« weist in die Richtung einer Antwort: Graciáns »Lebenslehre«, unterstellt Krauss, verlasse sich derart vorranging auf die in prekären Lebenslagen rettende Kraft rationaler Prämissen und Argumente, dass die gewonnene existenzielle Orientierung von den spezifischen Umständen ihrer Entstehung unabhängig werde. Dies gelte immer noch, unterstreicht er in der Schlusspassage seines Buchs, für die Mitte des 20. Jahrhunderts:

> Gracián konnte in mancher Hinsicht als ein Vorläufer der modernen Psychologie in Anspruch genommen werden. Aber sein Weltbild verläuft naturgemäß in einer ganz andern, ja entgegengesetzten Richtung als diese. Während die moderne Tiefenpsychologie in den Strömen des Irrationalismus aufgeht, mündet Graciáns Versuch, seelisches Neuland für den Bereich der

2 Unter den Schülern von Krauss kursierte das Gerücht, er habe »in Handschellen« geschrieben. Er selbst ließ ohne weitere Kommentare Fragen zu seinen antinazistischen Aktivitäten, seiner Haft, aber auch seiner Zeit in Spanien während der 1920er Jahre stets unbeantwortet.

menschlichen Selbstherrschaft zu erweitern und zu festigen, in der Linie der geistesaristokratischen, frühaufklärerischen Haltungen. [...] Die unverbrüchliche Gesetzlichkeit des an sich selbst gebundenen Menschen Graciánscher Prägung kann wie ein Hinweis dafür gelten, dass auch auf seelischem Gebiet die wirklich fruchtbaren Entdeckungen nicht aus der bedenkenlosen Verwerfung alles überlieferten Wissens hervorgehen, sondern aus ihrer kühn gesammelten Macht für eine erneuerte Zielsetzung.[3]

Diese Sätze erlauben uns, eine erste These zur Frage nach der potenziellen Faszination eines Textes aus dem 17. Jahrhundert für unsere Gegenwart zu formulieren. Gerade die frühe Neuzeit, scheint Krauss zu unterstellen, ging von der historisch sich eröffnenden Möglichkeit aus, abstrakte »Gesetzlichkeiten« in den Lebensformen des »an sich selbst gebundenen Menschen« zu entdecken, und nutzte dazu statt göttlicher Offenbarung oder statt der Erinnerung an Werte der Menschlichkeit die gesammelte Fülle des überlieferten Wissens in neuer, rationaler Verdichtung. Ganz unabhängig noch von spezifischen Inhalten und Formen, mit denen Graciáns Text seine Nachwelten erreicht, ermutige er zum Wagnis einer individuellen Autonomie (Krauss spricht von »menschlicher Selbstherrschaft«) in Lebensführung und den ihr vorausgehenden Reflexionen. Helmut Lethen hat die distante Abstraktheit jener Denkform als »Kälte« (wohl auch im Sinn von »Kaltblütigkeit«) beschrieben und damit ihre Faszination für Intellektuelle in extremen Positionen

3 Krauss (2003), S. 160 f.

erklärt.[4] Ich fasse seine Deutung als Variante der intellektuellen Kühle im Sinn eines gelebten Stoizismus auf. Der Appell eines solchen Tons im Reflektieren, mit dem Krauss in der Todeszelle von Plötzensee überlebte, mag sich auch für unsere Existenz in der ganz anderen Komplexität des gegenwärtigen Alltags bewähren. Was der besondere Sprachstil, in dem Begriffe und Argumente des *Oráculo manual* aufs Papier kamen, dazu beitragen kann, muss zunächst noch offenbleiben.

*

Jene frühneuzeitlich abstrakte Rationalität von Baltasar Graciáns Denken, die sich kaum an historisch spezifischen Denkmustern späterer Zeiten stieß, erklärt einerseits eine Dimension nicht-spezifischer Dauer in der Rezeption seiner sieben Werke. Außer dem religiösen Erbauungsbuch *El Comulgatorio*, dem einzigen zu Lebzeiten unter seinem eigenen Namen erschienenen Text, haben sie alle über beinahe vier Jahrhunderte immer wieder Leser gefunden. Andererseits ist das als eine Art Anthologie von Graciáns Gedanken präsentierte *Handorakel* schon bald in den emblematischen Vordergrund seines Werks getreten und hat darüber hinaus – aus deutlich verschiedenen Gründen – vor allem während des späten 17. und dann wieder seit dem 19. Jahrhundert intensive Resonanz gefunden.

4 Lethen (1994); vgl. mit Bezug auf Gracián und Krauss in dem Kapitel »Vom Finden und dem Verlust des Handorakels« Lethen (2012) S. 114–125. – Zu Abstraktion und Distanz als Tendenzen des Denkens in Graciáns historischer Umwelt vgl. Pawlita (2019).

Im weiteren europäischen Kontext gehörten Graciáns säkulare Werke zu einer vielgestaltigen Bewegung des Nachdenkens über Strukturen und Möglichkeiten zielgerichtet autonomen, das heißt nicht mehr religiös geformten Handelns. Sie hatte in Baldassare Castigliones *Cortegiano* 1528 und Niccolo Machiavellis *Il Principe* 1532 ihren italienischen Anfang genommen und während des Goldenen Zeitalters in Spanien mit weniger spezifischer Ausrichtung auf Führungsgestalten der Aristokratie und des Hofes eine Fortsetzung gefunden,[5] um dann in den stärker beschreibend reflektierenden »Moralismus« unter Autoren der französischen Klassik wie La Bruyère oder La Rochefoucauld zu münden.

Während Graciáns Leben und über die Jahrzehnte nach seinem Tod im Dezember 1658 mag ein praktisch-politischer Gebrauch der von ihm hinterlassenen Denkspuren dominiert haben. Das *Handorakel* war eines der Bücher, welche der spanische König Philipp IV. regelmäßig zu Rate zog.[6] Vor allem aber fand die freie und Graciáns Text immer wieder paraphrasierende französische Übersetzung von Amelot de la Houssaie unter dem Titel *L'Homme de cour* ab 1684 einflussreiche Leser am Versailler Hof Ludwigs XIV.[7] In eine ähnliche Richtung zielte – allerdings wohl ohne den konkreten Bezugshorizont möglicher Leser – die zwischen

5 Vgl. das exzellente Vorwort von Emilio Blanco zu seiner Ausgabe (1993), S. 17–87, hier bes. S. 28–30.

6 Vgl. Krauss (2003), S. 17.

7 Unter dem Titel »Traduire – De l'Oráculo manual à L'Homme de cour« hat Roger Chartier die Details dieser das Funktionspotenzial von Graciáns Text verändernden Übertragung herausgearbeitet (2014), S. 122–137.

1715 und 1719 veröffentlichte erste deutsche Übersetzung des *Oráculo manual* durch den Leipziger Professor August Friedrich Müller, in der das kompakte Original auf ein Traktat von über fünfzehnhundert Seiten anwuchs.[8]

Da das Zeitalter der Aufklärung die auf individuellen Nutzen ausgerichtete Rationalität der frühen Neuzeit in einer »allgemein menschlichen« Moral, Lethen würde wohl formulieren: »in der Wärme« einer solchen Moral, aufzuheben suchte, deren Diskurs seither normativ für politisches Bewusstsein geworden ist, versah sie Texte wie die von Castiglione, Machiavelli oder Gracián mit einem negativen Vorzeichen.[9]

Gerade dieser kritische Vorbehalt aber diente einer zweiten Phase von Intensität in der Rezeption des *Handorakels* als Kontrast und Motivation. Zu ihr gehören bis heute individuelle Reaktionen, die ein spezifisches Pathos aus dem prononcierten Gegensatz zur sogenannten »bürgerlichen Moral« beziehen – nicht aufgrund eines grundsätzlichen Vorbehalts gegen Moral-Ansprüche, sondern aus Skepsis gegenüber den Möglichkeiten ihrer Verwirklichung im Leben.

Der berühmteste und – nicht allein für die deutsche Kultur – folgenreichste Fall einer solch skeptischen Reaktion auf die Menschheits-Wärme der Aufklärung ist Arthur

8 Vgl. Sebastian Neumeister in seinem Vorwort zu der überarbeiteten Neuausgabe von Schopenhauers Übersetzung (2013), S. XV–XXX, hier S. XXV.

9 Vgl. die subtile Analyse von Graciáns Rezeptionsgeschichte bei Lethen, *Im reißenden Strom der Translationen* (o. J.), welche mit ausführlicher Dokumentation und eindrucksvollen Nuancierungen die wichtigsten Fälle individuell positiver Lektüren beschreibt.

Schopenhauers Gracián-Begeisterung, die ihn – neben prekären Finanzen wohl – dazu bewog, im Winter 1831/32, offenbar nur drei Jahre nachdem er begonnen hatte, die spanische Sprache zu erlernen, das *Oráculo manual* ins Deutsche zu übersetzen.[10]

Seine werbende »Literarische Notiz« für den Verleger Friedrich Fleischer unterschlug wohl noch, wo das besondere, von Skepsis und Pessimismus geprägte Interesse des spanischen Philosophen lag. Das Handorakel lehre

> die Kunst, deren Alle sich befleißigen, und ist daher für Jedermann. Besonders aber ist es geeignet, das Handbuch all derer zu werden, die in der großen Welt leben, ganz vorzüglich aber junger Leute, die ihr Glück darin zu machen bemüht sind, und denen es mit einem Mal und zum voraus die Belehrung giebt, die sie sonst erst durch lange Erfahrung erhalten.[11]

10 Zu den Bedingungen und Konsequenzen dieser Übersetzung im Leben Schopenhauers vgl. Cartwright (2010), S. 418–422. – Im Gegensatz zu Neumeister, der von Schopenhauers »Irrtümern, Missverständnissen und Fehlgriffen« (2003, S. XXIX) schreibt, halte ich die Schopenhauer-Version des *Oráculo manual* für inhaltlich ausgezeichnet, wenn sie auch mit einer (angesichts der Schwierigkeiten des Originals plausiblen) Tendenz zu Paraphrasen und impliziten Interpretationen stellenweise großen Abstand von Graciáns Stil des Denkens und Schreibens nimmt. Mit anderen Worten: Der in Deutschland kanonisch gewordene Text Schopenhauers gibt die Positionen und Meinungen Graciáns prägnant wieder, verstellt aber um den Preis solcher Lesbarkeit den Blick auf den individuellen Stil und die Bewegungen von Graciáns Denken.

11 Zit. nach Neumeister (2003), S. XXVI.

Ungenannt lässt diese Werbeschrift in eigener Sache die »Einsamkeit des denkenden Geistes inmitten einer verständnislosen und feindseligen Umwelt«[12], auf die Schopenhauer bei Gracián offenbar als ein Motiv geistiger Nähe und Affinität gestoßen war, und auch Graciáns Auffassung vom Leben als einer Arena des existenziellen Kampfes (wie sie schon im 13. der dreihundert Aphorismen des *Handorakels* entfaltet wird). So hat es wahrscheinlich nicht allein mit Schopenhauers Honorarforderungen zu tun, dass die Übersetzung erst 1862, zwei Jahre nach seinem Tod, veröffentlicht und in zahlreichen, immer wieder überarbeiteten Neuausgaben[13] zum Medium einer spezifisch deutschen Faszination wurde, deren Voraussetzungen allerdings erst seit dem späteren 19. Jahrhundert zum etablierten kulturellen Klima gehörten. Friedrich Nietzsche vor allem nahm in den *Nachgelassenen Fragmenten* wiederholt auf Gracián Bezug und assoziierte sein Denken mit einem von der Kultur seiner eigenen Umwelt nicht gestillten Bedürfnis nach existenzieller Verbindlichkeit:

> Gracian [sic] zeigt eine Weisheit und Klugheit in der Lebenserfahrung, damit sich jetzt nichts vergleichen lässt. Wir sind wohl die Mikroskopiker des Wirklichen, unsere Romane verstehen zu sehen (Balzac, Dickens), nur zu fordern und zu erklären versteht niemand.[14]

12 So von Koppenfels (2013), S. 169.
13 Vgl. Neumeister (2003), S. XXVII f.
14 Nietzsche (1980), Bd. 7, S. 744, hier aus dem Winter 1873/1874.

Diese Betonung eines rational begründeten »Forderns« und »Erklärens« in Graciáns Denken beeindruckt mich als ein Vorgriff auf seine Anziehungskraft für den zum Tod verurteilten Werner Krauss – und war wohl auch für die Lektüren von Intellektuellen unter der heraufziehenden Drohung des Nationalsozialismus ausschlaggebend. Walter Benjamin widmete seinem Freund Bertolt Brecht ein Exemplar der 1931 vom Insel Verlag publizierten Schopenhauer-Übersetzung mit einem Vers aus der *Dreigroschenoper*, dessen (vielleicht etwas ironisch abgemilderter) Sarkasmus sich eigentlich mit der Selbstsicherheit marxistischer Weltanschauung nicht vereinbaren lässt. Hingegen trifft dieses Brecht-Zitat in der Widmung für Brecht genau die vielleicht wichtigste Denk-Herausforderung von Graciáns Reflexionen:

> Denn für dieses Leben ist der Mensch nicht schlau genug.[15]

Während der Jahre seines Exils zwischen 1933 und 1940 hat Brecht immerhin sechsundzwanzig der Aphorismen aus dem *Oráculo manual* angestrichen oder handschriftlich kommentiert.

Der ebenso exzentrische wie lebhafte Puls der Gracián-Lektüren in Deutschland setzte auch nach Ende des Zweiten Weltkriegs nicht aus, obwohl er sich nun gegen einen guten, national-selbstkritischen Willen durchsetzen musste, die Transparenz- und Wärme-Einheiten des Auf-

15 Vgl. zu dieser Episode der Rezeptionsgeschichte Lethen (2012), S. 115.

klärungsdiskurses nachzuholen oder wenigstens wieder zu stärken. So räumte der persönlich sehr auf Distanz zu Kollegen und Lesern bedachte Philosophiehistoriker Hans Blumenberg in seinem Buch von der *Lesbarkeit der Welt* aus dem Jahr 1981 dem *Handorakel* ein bewunderndes Kapitel ein, das freilich tendenziell Kühle mit einem unparteiischen Beobachterblick verwechselt. Doch möglicherweise hat am Ende die unvermeidliche Sonderstellung solcher Studien – fernab vom wohlmeinenden Mehrheitskonsens – die deutsche Gracián-Rezeption zu einem verminten Feld gemacht, wo jede Bewegung politisch und ideologisch überfrachtete Deutungen auslöst. Kaum vorherzusehen wäre jedenfalls unter solchen Bedingungen ein Überraschungserfolg gewesen, wie er in den Vereinigten Staaten Christopher Maurer mit seiner 1992 publizierten Übersetzung des *Oráculo manual* gelang, die, beschwingt von der Welle der Selbsthilfe-Literatur, eine Auflage von mehr als 100 000 Exemplaren erreichte.[16]

*

Doch wer war jener Autor aus dem fernen 17. Jahrhundert in Spanien, der bis heute professionelle, aber auch nach existenzieller Orientierung suchende Leser gebannt hält und dessen markante Stimme wir gelegentlich in seinen Texten zu hören glauben, so schwer es fällt, aus den Konturen seines Denkens in unserer Vorstellung auch Konturen einer individuellen Gestalt zu gewinnen? Derart wenig Konkretes ist über Graciáns individuelle Existenz überliefert, dass

16 Neumeister (2003), S. XV f.

wir auf Spekulationen entlang von Konvergenzen zwischen seinen Texten und dem Horizont ihrer historischen Welt angewiesen sind.[17] Er begann, beschloss und verbrachte die meisten seiner siebenundfünfzig Lebensjahre zwischen 1601 und 1658 in Aragón, jenem ehemaligen iberischen Königreich, das als östlicher Nachbar von Kastilien damals einerseits unter der Dominanz eines gegenreformatorischen Weltreichs am Beginn seines reißenden Niedergangs stand, andererseits aber diesem Weltreich in einer Öffnung auf Italien wesentlich neuzeitliche Impulse vermittelt hatte. Zusammen mit seiner Frau Isabel von Kastilien hatte der »katholische König« Fernando von Aragón Spanien in eine frühe Moderne geführt und war deshalb von Machiavelli als der einzige lebende Monarch angesehen worden, der seinem provokant rationalen Bild vom politischen Herrscher entsprach.

Innerhalb von Aragón und jenseits der Grenze zu Kastilien führte Gracián ein Leben beständiger Bewegung im Raum, wie es für Jesuiten schon in jener Zeit typisch war. Er durchlief erste Jahre der Ausbildung unter der Obhut eines geistlichen Onkels in der alten Hauptstadt Toledo mit ihrem eifersüchtig-hämischen Blick auf das sich nur langsam konsolidierende neue Zentrum Madrid; nach Aragón zurückgekehrt, trat er dem Orden bei, wurde zum Priester geweiht und verbrachte dann die erste Phase seiner erst spät einsetzenden Autorschaft in der kleinen Stadt Huesca, als Freund des adligen Humanisten Vincencio Juan de Lastanosa, unter dessen Namen in einer Art von Herausge-

17 Auch in biografischer Hinsicht – und genau aus der genannten Perspektive – ist das Buch von Krauss über *Graciáns Lebenslehre* unerreicht (vgl. 2003, S. 11–38).

berrolle das *Handorakel* den ersten Lesern präsentiert wurde; in der Madrider Nähe des Hofs zum Beichtvater mächtiger Aristokraten und zu einem berühmten Prediger aufgestiegen, erwarb Gracián rhetorische Verdienste auch als Militärgeistlicher beim Sieg kastilischer Truppen über katalanische Aufständische im Jahr 1646, während ihm seine Vorgesetzten übelnahmen, dass er den Gläubigen einer ihm später anvertrauten Gemeinde in Valencia die Verlesung eines Briefs aus der Hölle androhte.

Vor allem aber setzte der Orden Gracián immer wieder als Autorität der theologischen Lehre ein, was seine wachsende Übung und Meisterschaft im rationalen Argumentieren erklärt, da die Jesuiten seit der Mitte des 16. Jahrhunderts und nach dem Willen ihres Gründungsvaters Ignatius von Loyola die Mittel frühneuzeitlichen Geistes den politischen Zielen der katholischen Kirche – vor allem bei der Zurückweisung des Protestantismus – unterstellten. Zwischen der Entwicklung von Graciáns Reflexionen über zeitgemäße Formen der individuellen Lebensführung, Politik und öffentlichen Rede in Werken unter den Titeln *El Héroe* (1637), *El Político* (1640), *Agudeza y arte de ingenio* (1641, 1648), *El Discreto* (1646), *Oráculo manual* (1647) und *El Criticón* (1651–1657) auf der einen und dem jesuitischen Lehramt auf der anderen Seite bestand also kein scharfer institutioneller oder intellektueller Widerspruch. Vielmehr können wir annehmen, dass Gracián wohl den Erwartungen der Oberen mit der Ersetzung des eigenen durch den Namen seines Bruders Lorenzo als Autor der säkularen Werke durchaus Genüge leistete.

*

Als sein am nachhaltigsten erfolgreiches Buch nimmt das *Oráculo manual* auch von der Gattung her eine Sonderstellung ein, weil es den Lesern – wie schon erwähnt – mit eher ungenauen Worten als »Sammlung« von Gedanken eines in Spanien und vor allem in Frankreich erfolgreichen Autors präsentiert wurde. Im kulturhistorischen Kontext allerdings waren weder solche Anthologien der Lebenslehre noch »Aphorismen« als ihre textuelle Form, das heißt Serien von knappen Reflexionen auf hoher Abstraktionsebene, die Ausnahme.[18] Dies galt ebenso für den Titel, in dem sich – neben dem Verweis auf die Lorenço Gracián zugeschriebenen vorherigen Bücher – drei zeitgenössische Tendenzen trafen und gebildete Leser an Traditionen aus der klassischen Antike erinnern mussten: das im wörtlichen Sinn (*manual*) handliche Format; der mit dem Begriff »Orakel« konnotativ verbundene Anspruch auf die Autorität der Klugheit (*prudencia*); und schließlich die ambitionierte Beschreibung der Form, in der solche Klugheit artikuliert war, aber wohl auch gebraucht werden sollte, als »Kunst« (*arte*).[19]

Viel schwerer fällt die Identifikation einer Struktur, welche der Reihung von Graciáns dreihundert Aphorismen zugrunde liegen könnte.[20] Denn zum einen war es gewiss nicht in der Absicht des Autors, seine Gedanken und Argumente als geschlossenes System vorzustellen; zum anderen werden jedoch formale Elemente in ihrer Abfolge zu

18 Vgl. zum gattungsgeschichtlichen Ort des *Oráculo manual* Blanco (1993), S. 30.

19 Zur Auslegung des Titels und seines bildungsgeschichtlichen Hintergrunds vgl. von Koppenfels (2003), S. 171.

20 Vgl. Blanco (1993), S. 47, 63.

deutlich, um die Dimension einer übergreifenden Form ganz aus dem Blick zu verlieren. Unter den Strukturmerkmalen entdecken wir die entschlossen differenzierte Beschreibung der eigenen Gegenwart im ersten und die fast überraschende theologische Emphase im letzten Aphorismus; die Häufung von tatsächlich aus früheren Werken unter demselben Autornamen »gezogenen« Zitaten in den ersten hundert Absätzen;[21] das Vorkommen zusammenfassender oder sentenzenhaft pointierter Gedanken an numerisch markanten Stellen (etwa in den Aphorismen 100, 150, 251); und – vielleicht schon als Übergang zu einer individuellen Gangart des Denkens – Graciáns Neigung, entlang einer kurzen Folge von Aphorismen bestimmte Themen aus verschiedenen Blickwinkeln zu beleuchten und immer neuen Fragen auszusetzen, um sie dann mit dem Eindruck einer abrupten Wendung zu verlassen, ohne dass eine Rückkehr zu den angeschnittenen Fragen je auszuschließen ist.

Im Fortlauf der Lektüre mag sich so gelegentlich ein Eindruck von Widersprüchen einstellen, die Gracián nicht kontrolliert (oder bemerkt) haben könnte, etwa wenn er in Aphorismus 46 den Lesern empfiehlt, Impulsen spontaner Abneigung zu widerstehen, und ihnen in der nächsten Reflexion nahelegt, sich gerade nicht von spontanen Gefühlen der Sympathie leiten zu lassen. Ich glaube allerdings, dass ein solcher Anschein von Inkonsistenz auf eine gegenüber diesem Text nicht angebrachte Systematizitäts-Erwartung zurückzuführen ist. Denn erstens erweist sich die Unnachgiebigkeit von Graciáns Rationalität gerade in ihrem Wi-

21 Ebd., S. 40.

derstand gegen absolute und mithin einseitige »Prinzipien« oder Ratschläge – jeweils spezielle Fälle und Situationen verlangen in seiner Sicht jeweils spezifische Lösungen; zweitens gehört es gerade zu den faszinierenden Lektüremöglichkeiten des *Oráculo manual*, die Bewegungen eines agilen Denkers als Kette von immer neuen intellektuellen Ereignissen verfolgen zu können.

Solche Agilität macht dann einen Teil der – zumal für eine »Anthologie« in Aphorismen-Form – durchaus überraschenden Schwierigkeit, ja manchmal der Widerständigkeit des Texts[22] gegenüber seinen Lesern aus. Denn von einem Aphorismus zum nächsten, oft sogar innerhalb eines einzigen Gedankengangs werden wir zu Revision und Austausch unserer gerade erst entstandenen Verstehens-Prämissen gezwungen. Deutlicher als andere Aphorismensammlungen (etwa die von La Rochefoucauld) laufen die Reflexionen Graciáns als Pluraletantum ab, die wir nicht in einzelnen Merksätzen zusammenfassen können, sondern als Gruppe in immer neuen Sequenzen des Denkens erleben sollten. Nicht selten steigern solche Sequenzen die Komplexität der Perspektiven auf ein spezifisches Thema zu einem Maß, das dem Leser kaum mehr nachvollziehbar ist, ohne je die Existenz eines kohärenten Denk-Systems zu suggerieren. Auch deshalb sind Graciáns Aphorismen eine herausfordernde Lektüre.

All diese unstrukturierten Strukturmomente erschweren nicht nur den aktuellen Lesevollzug, sondern machen es eigentlich auch unmöglich, den Inhalt des *Handorakels* auf einer Ebene größerer Konkretheit als der seines Titels

22 Vgl. ebd., S. 72 f.

zusammenzufassen. Denn dieser Inhalt besteht eben aus einer Vielzahl nicht selten zentrifugaler Denkbewegungen. Wer resümieren will, ist darauf angewiesen, bestimmte Aphorismen in die Ordnung eines möglichen Arguments zu rücken, wie es der Text selbst tatsächlich nicht liefert. Immerhin setzt er ein mit jener eigenartig ambivalenten Diagnose der eigenen Gegenwart:

> **Alles ist schon voll entfaltet, und das Person-Sein im höchsten Grad.** Mehr wird heute von einem Einzigen als früher von sieben Weisen erwartet; und mehr braucht man in diesen Zeiten, um mit einem Menschen zurechtzukommen, als früher mit einem ganzen Volk.

Falls wir unterstellen können, dass sich Gracián mit dem Begriff des »Person-Seins« auf die (in unserer Rückschau: frühneuzeitliche) Form und Fähigkeit des autonomen menschlichen Handelns bezieht, dann schlägt der erste Satz des Auftakt-Aphorismus einen deutlich optimistischen Ton an. Doch diesem Optimismus tritt sofort die Erfahrung der um ein Vielfaches gestiegenen Komplexität des sozialen Alltags gegenüber (»mehr braucht man in diesen Zeiten, um mit einem Menschen zurechtzukommen, als früher mit einem ganzen Volk«). Die »voll entfaltete« Handlungsfähigkeit trifft also auf eine epochale Herausforderung – und es kann nicht vorausgesetzt werden, dass sie ihr genügen wird.

Mehrere Reflexionen des *Handorakels* setzen jene erste Komplexitäts-Beobachtung in eine Anklage der moralischen Dekadenz ihrer eigenen Gegenwart um, so Aphorismus 280:

> **Redlich sein.** Der rechte Umgang ist am Ende. Verbindlichkeiten gelten nicht mehr, es gibt wenig gute Wechselbeziehungen: für den besten Dienst die schlechteste Belohnung, das ist jetzt der allgemeine Brauch. Es gibt ganze Nationen, die zur Schlechtigkeit neigen: von manchen erwartet man immer den Verrat, von anderen die Unbeständigkeit und von anderen den Betrug. [...]

Es sind der Wille und die Notwendigkeit, in einer solchen Umwelt aus brüchig gewordenen Institutionen zu überleben (nicht mit hohen moralischen Ansprüchen zu überleben, sondern bloß den Status des Opfers zu vermeiden), welche den Alltag zu einer anhaltenden »Schlacht [...] gegen das Schlechte im Menschen« machen. Und diese Schlacht vollzieht sich auf einer Ebene kaum zu bewältigender strategischer Subtilität, welche Aphorismus 13 vergegenwärtigt – offenbar inspiriert vom Bild des Kampfs zwischen Fechtern, wie es zahlreiche Autoren aus Graciáns Welt faszinierte:

> **Aus Absicht handeln, manchmal aus der zweiten, manchmal aus der ersten.** Eine Schlacht ist das Leben des Menschen gegen das Schlechte im Menschen. Es kämpft der Scharfsinn mit Strategien der Absicht: nie tut er das, was er vorgibt; er visiert ein Ziel nur an, um zu täuschen; er macht gekonnt aussehende Luftstreiche und tut, immer zu überspielen bemüht, das, woran niemand gedacht hat; eine Absicht lässt er sichtbar werden, um die rivalisierende Absicht zu binden, und kehrt ihr dann den Rücken, um durch das nicht Erwartete zu siegen. Doch aufmerksam kommt ihm durchdringende Intelligenz zuvor,

> lauert mit Reaktionen auf; versteht immer das Gegenteil von dem, was sie verstehen soll, und erfasst jegliche Täuschungsabsicht; sie lässt alle erste Absicht ins Leere laufen und wartet schon auf die zweite oder sogar auf die dritte. […]

Nicht die Verruchtheit potenzieller Feinde oder ihre Verurteilung steht hier im Vordergrund der Reflexionen, sondern die stets bedrohende (und in ihren Leistungen zu bewundernde) strategische Intelligenz der Gegner.

Solch permanente Überforderung im Alltag eines versinkenden Reichs, meine ich, muss der Grund für Graciáns Entschluss gewesen sein, sich ausschließlich auf Fälle und Modi des säkularen Leben zu konzentrieren, für jenen Entschluss, der gegen Ende des Buchs (Aphorismus 251) als »große Meisterregel« herausgehoben wird:

> **Man muss die menschlichen Mittel anwenden, als ob es keine göttlichen gäbe, und die göttlichen, als ob es keine menschlichen gäbe.** Große Meisterregel; man muss keinen Kommentar anfügen.

Diese Worte erinnern an eine Formel, die in den Texten zeitgenössischer Theologen und Philosophen angesichts von Konfrontation mit Problemen besonderer Komplexität immer wieder auftauchte: »et si Deus non esset« (»und wenn Gott nicht wäre«). Es gibt eine praktische Verpflichtung, wird unterstellt, auf die Hilfe »göttlicher Mittel« zu verzichten, weil gerade das Vertrauen auf sie zu Nachlässigkeit und Schwäche in den Schlachten des Alltags führen könnte. Theologisch wie als Ansatz zu einer Reflexion über einen säkularen Alltag wäre die Formel fehlinterpretiert, wenn man sie als Symptom eines frühen Atheismus ansähe, der sich hinter der grammatikalischen Form eines Irrealis (*esset*) zu verbergen suchte. Im Blick auf Gracián haben wir allen Grund zu der Annahme, dass die Existenz Gottes für ihn außer Frage stand. Wenn er also eine Konzentration auf die ausschließliche Anwendung »menschlicher Mittel« nahelegt, »als ob es keine göttlichen gäbe«, so orientierte er sich an einer pragmatischen Notwendigkeit. Nur eine ausschließliche Konzentration auf die säkulare Welt und ihre Strategien schien zumindest die Möglichkeit individuellen Überlebens offenzuhalten.

»Person« ist der schon im ersten Aphorismus aufscheinende und anlässlich entscheidender Reflexionen regelmäßig wiederkehrende normative Zentralbegriff des *Oráculo manual*, in dem die wichtigsten strategischen Kompetenzen des individuellen Überlebens zusammenlaufen.[23] Zur »Person« wird man in der Konfrontation mit praktischen Problemen, nicht durch abstrakte Lektüren oder Belehrungen:

> Eine Herausforderung in ihrem Moment machte viele zu Personen, so wie Ertrinken Schwimmer hervorbringt; dergestalt entdecken viele den Mut und auch das Wis-

23 In diesem Sinn kann *persona* durchaus als ein Synonym des in der Philosophiegeschichte üblichen typologischen Begriffs von »frühneuzeitlicher Subjektivität« gelten. Zwar schließt er die Fähigkeit ein, eigene Impulse oder Absichten zu verbergen, ist aber sicher nicht gleichzusetzen mit der – wortgeschichtlich in anderen Zusammenhängen durchaus denkbaren – Bedeutung von *persona* als »Maske«.

sen, das in ihrer Enge begraben bliebe, wenn sich die Gelegenheit nicht geboten hätte. [265]

Problemsituationen tragen zweitens aber nur dann zur Person-Werdung bei, wenn man sie offen, und das heißt mit höchster Empfindlichkeit erlebt:

> **Nicht schlecht vor lauter Güte sein.** Dies ist der, welcher nie zornig wird; die Unempfindlichen haben wenig Person-Sein; es kommt nicht immer aus Apathie, sondern aus Unfähigkeit. Empfindlichkeit beim richtigen Anlass ist ein persönlicher Akt. [266]

In der Unterhaltung mit anderen zeigt und bewährt sich drittens die Person, weil hier maximale strategische Flexibilität in der Reaktion auf andere zum Tragen kommt:

> **Die Kunst der Unterhaltung haben,** womit einer zeigt, dass er als Person handelt. In keiner menschlichen Übung ist die Aufmerksamkeit mehr gefordert, weil sie die im Leben gängigste ist: hier geht es um Verlieren oder Gewinnen; wenn schon Konzentration notwendig ist, um einen Brief zu schreiben, der eine erdachte und schriftliche Unterhaltung ist, wie viel mehr in der gängigen, wo die Umsicht schnell auf die Probe gestellt wird! [...] Manche halten es für die Kunst der Unterhaltung, ohne sie auszukommen, sie soll lose sein, wie die Kleidung; das versteht sich unter engen Freunden, wo aber Respekt im Spiel ist, muss sie gewichtiger sein, und das Gewicht der Person anzeigen. Um richtigzuliegen, muss man sich dem Gemüt und dem Verstand derer an-

> passen, die mitreden: man soll nicht den Beckmesser der Wörter geben, denn sonst gilt man als Grammatiker; ebenso wenig den Rechnungsprüfer der Sätze, denn dann werden alle vor dem Umgang fliehen und den Austausch verhindern. Die Sensibilität ist beim Sprechen wichtiger als die Beredsamkeit. [148]

Niemand schließlich wird nach Gracián schon im Status des Person-Seins geboren, der Weg dorthin führt über beständige Arbeit der Selbst-Vervollkommnung, welche von kritischer Selbst-Beobachtung geleitet wird:

> **Wissen, welches Teil einem fehlt.** Viele wären echte Personen, wenn ihnen nicht ein Etwas fehlte, ohne das sie nie zur Höhe des vollkommenen Seins gelangen [...]. All diese Mängel ließen sich mit Leichtigkeit ausbessern, wenn sie bemerkt würden, denn die Sorgfalt kann aus der Gewohnheit zweite Natur machen. [238]

Im Vergleich zur Differenzierung und Subtilität des Verhaltens, welche die Person kennzeichnen soll, erscheint die Form der Gesellschaft als Bühne ihrer Bewährung erstaunlich elementar. Gracián setzt als gegeben und unveränderbar die Existenz einer Oberschicht (*superiores*) von Adligen und Amtsträgern voraus, mit denen man sich in bestmöglicher strategischer Weise arrangieren soll, weil ihre hierarchisch gegründete Machtüberlegenheit – ganz unabhängig von ihrer moralischen Würde und ihren Leistungen – nicht zum Gegenstand von Verschiebung oder gar Veränderung werden kann. Analoges gilt für eine dumpfe, nicht zum Aufstieg berufene Unterschicht (*vulgo*, *comunes*), von der sich die Person absetzen und deren Interaktionen sie meiden soll – auch weil dort vor allem, wie Gracián behauptet, die Dummheit zu Hause sei. Ähnlich archaisch wirkt die permanent unterstellte, aber nur einmal explizit gemachte Asymmetrie unter den Geschlechtern:

> Das Beste für einen Mann ist, wie einer zu erscheinen; die Frau kann mit Vollkommenheit das Männliche spielen, und nicht umgekehrt. [275]

Und noch ganz im Sinn des spätmittelalterlichen Begriffs von »Fortuna« erscheint Glück als eine Macht, die – unabhängig von individuellen Verdiensten – manche Menschen begünstigt und andere benachteiligt:

> **Sein Glück eingeschätzt haben:** um zu verfahren, um sich einzulassen. [...] Wer sah, dass es ihm günstig ist, der soll mit Zuversicht fortschreiten, denn oft begeistert es sich für die Waghalsigen oder wie eine stattliche Frau für die Jungen. Wer unglücklich ist, der soll nicht handeln, er soll sich zurückziehen, damit ihm nicht noch einmal Unglück widerfährt. [...] [36]

Auf dieser eher simplen Bühne des ebenso komplexen wie dramatischen Lebens als beständiger Schlacht sollen vor allem zwei Grundregeln für das Verhalten gelten, an denen Gracián als unverrückbar festhält – trotz all seines Bestehens auf Offenheit gegenüber Situationen in ihrer jeweiligen Singularität. Schon der dritte Aphorismus empfiehlt, nicht mit offenen Karten zu spielen; man soll seine Absichten und Leidenschaften verborgen halten (*cubrir*), doch zugleich imstande sein, die verborgene Existenz anderer Menschen weitestmöglich zu »entziffern« (*descifrar* steigt entlang des Texts zu einem Lieblingswort von Gracián auf). Ebenso wichtig ist die Einsicht in die Notwendigkeit, andere Menschen, zumal gesellschaftlich Höhergestellte, durch Gefallen, die zu Verbindlichkeiten werden, an sich zu binden – statt sie zu beschämen oder gar zu besiegen:

> **Darauf achten, Verbindlichkeit herzustellen.** Die meisten reden und handeln nicht als der, der sie sind, sondern nach ihren Verbindlichkeiten. [...] [226]

*

In ihrer säkularen Konzentration, strikten Rationalität und konsequenten Ausblendung »göttlicher Mittel« wie moralischer Werte beschwören diese zentralen Elemente von Graciáns Lebenslehre einen spezifischen Eindruck von kühl distanzierter Verbindlichkeit herauf, ohne in ihren Inhalten und Werten überraschend oder gar exzentrisch zu wirken. Hingegen erreichen viele der einzelnen Reflexionen, die zu diesen eher konventionellen Ergebnissen führen, einen erstaunlichen Grad an Kompliziertheit.

Vielleicht hätte sich das *Oráculo manual* nie über die vielen anderen Traktate zur Lebensklugheit in seiner eigenen Zeit erhoben, wenn es nicht im Stil des damals sogenannten »Conceptismo« geschrieben wäre. Die Behauptung, dass die Gegenstände und Argumente von Graciáns Denken nicht von diesem Stilgestus zu trennen seien, gehört zu den unmittelbar überzeugenden Gemeinplätzen der Forschungsliteratur.

Auf weit weniger Klarheit und Konsens stoßen wir hinsichtlich der historischen Beschreibung des Conceptismo. Die gängigen Handbuchartikel divergieren in ungewöhnlichem Grad und führen wohl auch deshalb kaum weiter, weil sie sich allzu sehr auf die Abgrenzung vom »Culteranismo« verlassen, einem ähnlich schwer zu fassenden Stil-Gegenbegriff aus derselben Epoche. Immerhin kann man beim Culteranismo – durchaus impressionistisch gesprochen – auf einen Überschuss der Worte gegenüber den von ihnen artikulierten Inhalten verweisen, als dessen Kontrast dann die pointierte sprachliche Verknappung im Conceptismo hervortritt. Daneben ist festzuhalten, dass der Bezug des Conceptismo zum Wort *concepto* weniger auf dessen Bedeutung im Sinn von »Begriff« zielt, sondern auf eine Variante, die näher bei dem englischen Wort *conceit* liegt, anders gesagt: näher bei »Einbildung« oder »Konstruktion von Gedanken«. Es geht also um begriffliche Konfigurationen, die aus verschiedenen Versatzstücken bestehen.

Graciáns ausufernde Abhandlung zum Conceptismo unter dem Titel *Agudeza y arte de ingenio* treibt wie so oft die Reflexion in verschiedene Richtungen weiter, ohne zu einem handlichen Begriff zu führen, zumal er wohl vor allem darauf aus war, das Phänomen in maximaler Differenzierung zu illustrieren. Immerhin trägt das Buch zur Erklärung und zum Verständnis der mit dem Conceptismo immer wieder verbundenen stilistisch-intellektuellen »Schärfe« (*agudeza*) als »Kunst der Vernunft« (*ingenio*«) bei – und zwar aus einer zunächst überraschenden Perspektive. Statt *agudeza* mit formalen Qualitäten zu verbinden, wie man zunächst erwarten könnte (etwa mit sentenzhaft scharfsinnigen Schlussformeln), assoziiert sie der Traktat wiederholt mit der Seite der »Substanz«, welche in der aristotelischen Philosophie zusammen mit der »Form« das Zeichen bildet. Schon in der Vorrede »An den Leser« ist so von »Tropen und rhetorischen Figuren« als »materiellen Grundlagen« (*fundamentos materiales*)[24] des Geistes die Rede; noch deutlicher bald von *agudeza* als »Nahrung (oder Weideland) der Seele« (*pasto del alma*),[25] und schließlich – in besonders schöner Deutlichkeit – als »Licht« des Verstands:

> Verstand ohne Schärfe (*agudeza*) oder Einbildung (*concepto*) ist wie Sonne ohne Licht, ohne Strahlen, und wie diese in den Himmelskörpern scheinen, sind sie mit denen der Vernunft materiell vergleichbar.[26]

Über die dreiundachtzig Denkansätze (*Discuros*) von *Agudeza y arte de ingenio* häufen sich weitere Anzeichen für die Vermutung, dass Gracián den Stil seiner Sprache primär der Substanz-Dimension zuschlug. Man könne Stil »wahrnehmen, aber nicht definieren«[27], heißt es an einer Stelle. Vor allem betont er immer wieder, dass sich Stil aus dem Verhältnis zwischen einer Mehrzahl von wahrnehmbaren Elementen ergibt: »das Verhältnis zwischen den Teilen des Sichtbaren ist die Schönheit, zwischen den Tönen die Har-

24 Zit. nach der Ausgabe (2011), S. 436.

25 Ebd., S. 438.

26 »Entendimiento sin agudeza ni conceptos es sol sin luz, sin rayos, y cuantos brillan en las celestes lumbreras son materiales con los del ingenio« (ebd., S. 439).

27 »Es este ser uno de aquellos que son más conocidos a bulto, y menos a precisión; déjase percibir, no definir« (ebd., S. 440).

monie«[28]. Am Ende verweist ein Versuch zur Beschreibung vollkommenen Stils Wörter auf die Seite des Materiellen und Gedanken auf jene der Form: »Zwei Dinge machen einen vollkommenen Stil aus, das Materielle der Wörter und das Formale der Gedanken«[29].

Auch in Bezug auf Graciáns eigenen Stil, seine »Leuchtkraft«, sein »unvergleichliches Formvermögen«[30] und das »Feuerwerk«[31] seiner Prosa ist Werner Krauss weit über die Einsichten anderer Literaturwissenschaftler hinausgelangt. Vor allem bestätigt seine Analyse die Intuition, dass der Begriff »Concepto« weniger »eine Begrifflichkeit, sondern in erster Linie eine Beziehung *zwischen* den Dingen« in den Blick bringt (und dass es dabei um eine Beziehung zwischen den »Dingen« geht, auf welche Wörter verweisen, nicht allein um eine Beziehung zwischen den Wörtern selbst).[32] Diese Einsicht erlaubt es Krauss zu verstehen, wie der Gedanke für Gracián »nur in der Sprache sein Leben führt. Er will in der Tat die Bewegung der Begriffe ins Leben führen.« Dem Leser aber gelingt es nicht, diese Bewegung einfach – oder gar vollständig – nachzuvollziehen. Eher wird sein Denken von ihr aktiviert, so dass er »als Widerpart« dem Autor »mithelfen« kann oder sogar in eigenem Vollzug dessen Reflexion zu Ende bringt:

28 »la proporción entre las partes del visible es la hermosura, entre los sonidos la consonancia« (ebd., S. 441).

29 »Dos cosas hacen perfecto un estilo, lo material de las palabras y lo formal de los pensamientos« (ebd., S. 788).

30 Krauss (2003), S. 16.

31 Ebd., S. 124.

32 Ebd., S. 122 [Hervorhebung im Original].

> Graciáns gedankenvoller Sprachstil fesselt, während die Rede forteilt. Der Autor ist dem Leser immer voraus. Der Sinn rundet sich erst, wenn man zurückgleitet zum Anfang, im Satz den Gegensatz aufdeckt, den Begriff von seinem Gegenbegriff abhebt und die ausbalancierten Widersprüche aus einem System von Wortentsprechungen heraushört.[33]

Präziser lassen sich die Herausforderung von Graciáns Prosa und die Reaktionen, welche sie in Gang setzt, kaum fassen. Und so ermutigt die Beschreibung von Krauss den Schritt, eine von ihr ermöglichte, aber nicht mehr realisierte philosophische Folgerung zu wagen: Wenn Gracián die Form und »Schärfe« seiner Sprache als materielle Substanz auffasst, die sinnlich wahrgenommen werden muss, dann rückt er den Stil vor allem dem menschlichen Körper nahe. Eben um den Körper aber entfaltet sich die Dimension des Raums. Deshalb liegt es nahe, das Verhältnis und die Bewegung zwischen Graciáns Gedanken als ein räumliches Geschehen zu erleben – und dies in einem wörtlichen, nicht-metaphorischen Sinn.

Denn offenbar hat Gracián selbst die aus seinen Wörtern und Gedanken entstehenden Strukturen als Konfigurationen im Raum aufgefasst, analog zu den Beziehungen der Dinge und Körper im Raum (genau in diesem Sinn ist es bezeichnend, dass er – wie ja auch Krauss – kaum je eine strikte Unterscheidung zwischen Gedanken und Dingen aufrechthält). Gedanken kommen zusammen, könnte man sagen, wie Himmelskörper in einem Sternbild. Und weil

33 Ebd., S. 123 f.

dies der Fall ist, werden auch Denken und Lesen zu einem Vollzug im Raum, der auf die Präsenz von Körpern angewiesen ist.[34]

Diese Vermutung legt auf mehreren Ebenen eine gegenüber der Rezeptionsgeschichte konkretere, eben nichtmetaphorische Lektüre vieler Aphorismen aus dem *Oráculo manual* nahe. Wir sollten uns zum Beispiel die Prämisse zumuten, dass es Gracián ernst meint, wenn er von der »Tiefe« des Körpers als einem Raum der Gedanken schreibt:

> Eine Brust ohne Geheimnis ist ein offener Brief. Wo es Tiefe gibt, dort liegen die tiefen Geheimnisse, denn da gibt es große Räume und Ausbuchtungen, wo Dinge von Bedeutung versinken. [179]

Ganz ähnlich, aber nun in horizontaler Richtung, vergegenwärtigt er Weisheit als eine körperlich nach vorne tastende Bewegung im Raum:

> **Kunst des Tastens.** Der Dumme fällt immer mit der Tür ins Haus, denn alle Dummen sind waghalsig. Dieselbe Einfalt, die sie zuerst daran hindert, an Vorkehrungen zu denken, nimmt ihnen später das Gefühl für Peinlichkeiten. Dagegen tritt die Weisheit tastend auf, Aufmerksamkeit und Zurückhaltung sind ihre Vorhut, damit sie ohne Gefahr fortschreiten kann. Wer umsichtig sein

34 Den ersten Anstoß zu dieser Überlegung verdanke ich einem Friedrichshafener Gespräch (über Gracián natürlich) mit Gill Zimmermann. Friedemann Kreuder hat es mir dann ermöglicht, sie in seiner Mainzer Vorlesung über das Theater der frühen Neuzeit weiterzuführen.

will, darf keineswegs vorpreschen, selbst wenn ihm das Glück einmal recht gibt. Es ist nötig, langsam zu gehen, wenn man große Tiefe befürchtet: dann wird sich der scharfe Blick nach vorne tasten und vorsichtig den Grund erobern. Heute gibt es große Untiefen im menschlichen Umgang: deshalb trifft es sich, immer ein Senkblei herabzulassen. [78]

Wenn Gedanken aber körperlich wahrgenommen werden, dann können sie auch physische Empfindungen auslösen, etwa Gefühle der Übersättigung oder des Hungers:

Magen für große Bissen des Glücks. Nicht der am wenigsten wichtige Teil im Körper der Bedachtsamkeit ist ein großer Magen, denn aus großen Teilen setzt sich eine große Fähigkeit zusammen. Von guten Glücksfällen wird nicht verlegen, wer größere verdient; was für manche Übersättigung, ist für andere Hunger. Viele gibt es, für die jeder große Leckerbissen wegen ihres kleinen Körperbaus zur Verschwendung wird, weil sie weder an solche Ämter gewöhnt noch für sie geboren sind; ihr Verhalten wird säuerlich, und die Dämpfe, welche aus der unangemessenen Ehre aufsteigen, machen ihren Kopf schwindlig; in hoher Stellung laufen sie große Gefahr, und sie verlieren die Fassung, weil das Glück nicht in sie passt. Der große Mann soll also zeigen, dass ihm noch Raum für Größeres bleibt, und mit besonderer Aufmerksamkeit jedes Anzeichen für Engherzigkeit fliehen. [102]

Solche Drastik des Wörtlichen bringt sogar Verletzungen des Körpers ins Spiel:

> **Die Dinge zu nehmen wissen,** nie gegen den Strich, auch wenn sie einem so unterkommen. Alle haben eine Vorder- und eine Rückseite. Das Beste und das Günstigste schadet, wenn man es an der Schneide anfasst; im Gegensatz wird das Widerstrebendste zur Verteidigung, wenn am Griff. [224])

Folgerichtig wird schließlich auch die Sinnlichkeit der Wörter als eine Leistung des Körpers vorgestellt:

> Man muss den Mund immer voll Zucker haben, um die Worte kandieren zu können, dann schmecken sie selbst den Feinden. [267]

*

Was ich als Verräumlichung des Denkens und als Denk-Raum zu vergegenwärtigen suche, hat Gracián selbst gewiss nicht als eine erst von ihm erschlossene Möglichkeit der Vereinigung von Reflexion und Prosa erfahren. Eher scheint er sie einfach als eine Elementardimension aus seiner kulturellen Umwelt vorausgesetzt zu haben, die mit besonderer Konsequenz zu nutzen war. Tatsächlich kann man für den weiteren Kontext des Goldenen Zeitalters in Spanien[35] von einer allgemeinen Priorität, oder besser von

35 Vgl. zu diesem Zusammenhang – allerdings noch ohne die These von der Priorität des Raums Gumbrecht (1991), vor allem die Kapitel zu den Jahren 1474–1556 (S. 175–293) und 1556–1700 (S. 294–473).

einer Vordergrundstellung der Raum-Dimension reden, die sich aus einer historisch besonderen Konfiguration an der Schwelle zwischen Mittelalter und früher Neuzeit ergeben hatte. Entgegen dem bis heute gerade in Spanien vorherrschenden Eindruck von einer »Verspätung« der nationalen Kulturgeschichte gegenüber zentraleuropäischen Gesellschaften zeigt eine Vielzahl von Symptomen, dass frühneuzeitliche Mentalität – wahrscheinlich aufgrund einer singulären Koexistenz der drei monotheistischen Religionen während vorausgehender Jahrhunderte – auf der iberischen Halbinsel um 1500 besonders weit entwickelt war. Entwickelt in Gestalt eines (typologisch gesehen »cartesianischen«) Selbstverständnisses der Menschen als Bewusstsein, das der Welt der Dinge als Beobachter gegenüberstand (statt die Welt als Schöpfung Gottes mit dem Körper zu bewohnen) – und bald über sie verändernd zu verfügen begann. Genau diese Einstellung war es, welche Fernando von Aragón in Machiavellis Augen zum Ideal des neuen Herrschers gemacht hatte.

Indem das spanische Weltreich aber bald die Zurückweisung und Eindämmung der reformatorischen Konfessionen – als einer, wie wir sagen können, religiösen Praxis aus der Subjekt-Perspektive – zu seiner Sendung machte, legte sich über jene mobile Mentalität der Moderne eine traditionelle theologische Weltsicht, welche den Menschen als Körper und Seele wieder ihre festen Orte in einer als Raum konzipierten Welt zuwies. Die Duplizität der zentralen Helden in der nach 1550 entstehenden Gattung des Schelmenromans illustriert genau diese Situation. Als erstem dieser Helden gelingt Lazarillo de Tormes – als Subjekt – in dem nach ihm benannten Text ein begrenzter Aufstieg innerhalb jener zeitgenössischen Gesellschaft, die ihn – als göttliche Schöpfung – auf ihre niedrigste Stufe verbannt hatte.

Je weiter Spanien dann seit dem späten 16. Jahrhundert militärisch und auch wirtschaftlich ins Hintertreffen geriet, desto drastischer gerieten Inszenierung und Durchsetzung der vormodernen Kultur im Raum. Dazu gehörten die Wahl von Madrid zur neuen Hauptstadt als vermeintliche geografische Mitte des Reichs; der Bau des Escorial als Kloster und Palast in den Bergen östlich über der Hauptstadt; das strikte Hofritual, das mit vielfachen Gesten die Distanz des Monarchen und seiner Familie gegenüber den Untertanen sichtbar machte; und vor allem der Aufstieg des Theaters zur populärsten Form der Unterhaltung, aber auch zu einem Raum der Reflexion vor allem in Madrid.

*

Ganz entgegen der sich im europäischen Prozess der Moderne immer weiter durchsetzenden Dominanz des Bewusstseins, die alles Materielle als bloßen »Schein« durchschauen und abwerten wollte, war in der klassischen spanischen Welt der Substanz und des Raums keine Modalität des Seins ohne Materialität auch nur denkbar. Dies ist eine in ihren Konsequenzen kaum zu überschätzende Voraussetzung für Graciáns Lebenslehre, die nicht wenige Interpreten übersehen haben, weil sie das *Oráculo manual* – im Sinn einer seit der Aufklärung und bis heute üblichen Perspektive – als Aburteilung des »Scheins« gegenüber dem »Sein« missverstehen:

Tun und sichtbar werden lassen. Die Dinge gelten nicht nach ihrem Sein, sondern nach ihrem Schein. Wert haben und ihn zu zeigen verstehen ist zweimal Wert haben; was nicht gesehen wird, ist als ob es nicht wäre. Ihre Verehrung erfährt nicht einmal die Vernunft, wenn sie nicht ein entsprechendes Gesicht hat. [...] Das gute Außen ist die beste Empfehlung der inneren Vollkommenheit. [130]

Statt vom Sein entlarvt zu werden, lesen wir (im Indikativ!), verdoppelt der Schein das Sein – anders gesagt: der physisch und räumlich artikulierte Schein gehört zum Sein. Aphorismus 231 radikalisiert diesen Gedanken zu der Behauptung, dass ein Gegenstand »nichts« sei, bevor seine Form als Erscheinung den vollen Abschluss erreicht habe:[36]

Einen großen Gegenstand mit einem Schlag genießen verhindert die Wahrnehmung der Teile, ist aber in sich selbst dem Gefallen angemessen. Bevor er ganz ist, ist er nichts; und am Beginn des Seins steckt man noch sehr in seinem Nichts. Das Kochen des köstlichsten Essens sehen weckt eher Ekel als Appetit; deshalb soll jeder große Meister verhindern, dass man seine Dinge im embryonalen Zustand sieht; er lerne von der Natur, sie nicht vorzuzeigen, bis sie erscheinen können. [231]

36 In der Vorrede zu seinem Drama *El Gran Teatro del Mundo*, das erstmals 1655 veröffentlicht wurde, inszeniert Pedro de Calderón de la Barca das Ereignis der Weltentstehung als einen Übergang vom Nichts als ungeformter zur Erscheinung als geformter Substanz.

Als »hohen Sinn« beschreibt Gracián einen sich gewaltsam ausbreitenden Drang der Gedanken hin zur Erscheinung:

> Wo immer er sich findet, macht er auf sich aufmerksam, und selbst wenn er manchmal vom Neid des Schicksals in Abrede gestellt wird, bricht er durch, um sich zu zeigen [...]. [128]

»Sich zu zeigen verstehen« gilt deshalb als notwendige – keinesfalls moralisch abzuwertende – Voraussetzung menschlicher Größe, und es bestärkt unsere These über den historischen Ursprung dieser Prämisse, dass Gracián sie im Spanien seiner Zeit für besonders entwickelt ansah:

> Das ist die Beleuchtung der Fähigkeiten. Es gibt eine Gelegenheit für jede von ihnen; die muss man nutzen, denn nicht jeder Tag wird ein Tag des Triumphs sein. Es gibt stattliche Leute, bei denen schon wenig hell strahlt und viel Bewunderung erregt; wenn das Talent, sich zu zeigen, eine Verbindung mit herausragender Größe eingeht, dann wird daraus ein Wunder. Es gibt Nationen mit einem Hang, sich zu zeigen, und die spanische ist darin überlegen. Erst das Licht war die Erleuchtung alles Geschaffenen. Das Zeigen füllt aus, es ergänzt und gibt allem ein zweites Sein, vor allem, wenn es sich auf die Wirklichkeit verlassen kann. [277]

Letztlich gehört der Welt als Ort menschlicher Existenz auch ein konkreter kosmologischer Ort in der Schöpfung:

Im Himmel ist alles Freude, in der Hölle ist alles Kummer. In der Welt als Mitte das eine und das andere; wir sind zwischen zwei Extremen, und so hat man an beiden teil […]. [211]

Eben diesen Raum der Existenz durchmessen die Möglichkeiten unseres Verhaltens und Handelns:

> Große Fähigkeiten sind immer auf großem Abstand zu den letzten Möglichkeiten: von einem Extrem zum andern gibt es weite Wege zu gehen […]. [47]

Selbst der Gebrauch der Vernunft artikuliert sich im Raum, weil Gracián ihn in Beziehung zum Körper denkt:

> Wer sich die Vernunft am Anfang verkehrt herum angezogen hat, setzt dies bei allem weiteren fort: er trägt zwischen den Füßen, was er sich auf den Kopf setzen soll; er macht aus der Rechten die Linke und ist so in seinem ganzen Verhalten ein Linkshänder. [268]

Denken im Raum erklärt auch die Besonderheit von Graciáns Sprache und Stil. Wenn in ihnen immer wieder Begriffe und Dinge wie Sternbilder zusammenkommen, dann müssen Substantive und die an ihre Stelle tretenden Pronomina in ungewöhnlicher, oft das Verstehen überfordernder Dichte dominieren. In den Hintergrund treten die Verben, wie Krauss bemerkt: »Der Gedanke bleibt ohne verbale Zuspitzung, weil Gracián kein anderes Ziel hat, als sich selbst im Spiegel der Sprache zu erleben.«[37] Verben er-

37 Krauss (2003), S. 125.

scheinen einmal in der grammatischen Form des Infinitivs, wo ein von ihnen als »Zeitwörtern« abgerufener Verlauf (»sie geht«) zur Statik gefriert (»Gehen«). Nicht selten bleibt die syntaktische Position der zu erwartenden Verben einfach unbesetzt, was viele von Graciáns Sätzen grammatikalisch unvollständig und stilistisch zu Ellipsen macht – aber vor allem den Effekt der Verdichtung noch weiter steigert.

Zum Repertoire der Dispositive, welche Verräumlichung in der Leservorstellung ermöglichen, gehören aber auch Wortpaare wie »weder/noch«, »sowohl / als auch« und »je/desto«, weil sie Symmetrien, Asymmetrien oder Wechselwirkungen zwischen Bedeutungen und ihren Bezugsphänomenen suggerieren.

Am Ende konvergieren all diese Formen in den einander widerstrebenden Eindrücken von intellektueller Komplexität und existenziell faszinierender Konkretheit. Sie durchdringen die Prosa des *Oráculo manual* – und stellen die bloß rationale Stringenz seines frühneuzeitlichen Argumentierens in den Schatten.

*

Auch für Werner Krauss ergab sich die Faszination von Graciáns Denken vor allem aus dieser Konkretheit. Doch bei aller Bewunderung vergaß Krauss nicht, dass der auf Substanz und Form setzende Gestus geschichtlich – im Gegensatz zur Bewusstseins-konzentrierten Reflexions-Bewegung der Moderne – keine Zukunft über das 17. Jahrhundert hinaus entfaltet hatte. Deshalb setzte er ihn ab von der Philosophie als Diskurs und Praxis der Abstraktion – mit der impliziten Pointe wohl, dass gerade dank jenes

Kontrastes zur Moderne und mithin dank des Ausbleibens von Philosophie die besondere Stärke der klassischen Kultur in Spanien entstanden war:

> Die Bewusstheit des konzeptistischen Stils strebt keine abstrakte Begrifflichkeit an. Die Begriffe erscheinen wie Gefangene im Durchgang durch die Bewegung der Sprache. Die konzeptistische Prosa stand gleichsam *vor* einer Philosophie, die Spanien *nicht mehr* beschieden war.[38]

Es könnte also tatsächlich der aus dem Leben im Chaos eines Niedergangs entstandene kühle – und vor-moderne – Denk-Raum von Gracián gewesen sein, der Krauss in den Monaten der Todeszelle einen Halt zum Überleben gab. Die intellektuelle Bewegung innerhalb dieses Raums ließ nicht nur seinen Geist wach und aktiv sein, sie musste als räumliche notwendig auch seinen Körper in Anspruch nehmen, als dessen Auslöschung längst beschlossene Sache war.

Wir nähmen freilich die Extrem-Situation nicht ernst genug, unter der das Gracián-Buch von Krauss entstanden ist, wenn wir vorschnell von den Spuren seiner Lektüre auf Möglichkeiten des Erlebens schlössen, die das *Oráculo manual* mehr als ein Dreivierteljahrhundert später für uns bereithalten könnte. Zumal in Deutschland war ja, zunächst auf zwei Wegen rivalisierender politscher Formen und Ideologien, die Zeit seit der Zerschlagung des Nationalsozialismus von aufholenden Etappen im Prozess der Moderne gefüllt – und das heißt von einer wachsenden Entfer-

38 Ebd., S. 126 [Hervorhebung im Original].

nung gegenüber Graciáns verräumlichter Denk-Welt. Jene Etappen haben, sicher zum allgemeinen politischen Gewinn, die Dominanz von Bewusstsein und Rationalität gestärkt, bis diese während der letzten Jahrzehnte zunehmend an die Matrix der elektronischen Technologie gekoppelt wurden.

In den meisten Berufen und mehr noch in den wachsenden Freizeitspannen der Gegenwart steht das moderne Subjekt deshalb nicht mehr als Beobachter einer wahrgenommenen Welt der Dinge gegenüber, sondern geht eine immer engere Fusion mit überbordenden Flüssen von Information und der Software als ihrer Matrix ein. Aus dem in den 1970er und 80er Jahren zunächst als befreiend empfundenen Eindruck, die Welt ergebe sich aus einer Vielfalt »sozialer Konstruktionen«, ist so die permanente Schwierigkeit geworden, zwischen Information und Tatsachen, zwischen Fake News und News zu unterscheiden, eine Schwierigkeit, auf die wir mit Sehnsucht nach unmittelbarem Erleben der Dinge und nach Verbindlichkeit von Werten oder Orientierungen reagieren.

Doch diese Sackgasse der sich ausschließlich auf Bewusstsein verlassenden Existenz ist nur eine von zwei Dimensionen einer sich heute offenbar global verbreitenden Dysphorie. Mit ihr konvergiert das Gefühl einer individuellen Dauer-Überlastung durch alltägliche Komplexität, die zum Leben in einer als »breite Gegenwart« zu beschreibenden neuen Zeitform gehört.[39] Seit der Wende vom 18. zum 19. Jahrhundert hatte die andere Zeitform des sogenannten »historischen Weltbilds« in den westlichen Kulturen die

39 Dazu (in aller Ausführlichkeit) Gumbrecht (2010) und (2012).

Überzeugung durchgesetzt, dass sich im Handeln auf kollektiver und individueller Ebene die Gestaltung offener Zukunft vollziehe (genauer: die Gestaltung offener Zukunft aus einer Gegenwart des beständigen Übergangs und auf der Grundlage von Orientierungen aus einer hinter uns zurückfallenden Vergangenheit).

Dagegen erscheint die Zukunft heute von Gefahren besetzt, die sich unumkehrbar auf uns zu bewegen. Da zugleich das Vergangene nicht mehr hinter uns zurückbleibt (vor allem elektronische Speicherkapazitäten erlauben kein Vergessen, nicht einmal ein Vergessen der früheren Zeitform des »historischen Bewusstseins«), sind alle Phänomene, Gedanken und Möglichkeiten in der einen, sich nun immer weiter verbreiternden Gegenwart versammelt, die nicht mehr eine Gegenwart des Übergangs ist – sondern eine uns in ihrer Komplexität überfordernde.

Am Schnittpunkt der Fusion von Bewusstsein und Software mit unserer »breiten Gegenwart« schlägt die Sehnsucht nach unmittelbarem Sinneserleben und nach verbindlichen Werten um in das elementare, kaum mehr inhaltlich umschriebene existenzielle Bedürfnis, sich an etwas festhalten zu können. Und dieses Bedürfnis wird im Stil der Politik seit einigen Jahren von zwei nach ihrem Selbstverständnis entgegengesetzten Tendenzen bedient, die allerdings funktionsäquivalent in der einen entscheidenden Hinsicht sind, dass sie die erlebte Komplexität mit elementar wirkenden Gesten und Konzepten in – unverantwortlicher – Klarheit unterbieten. Die eine dieser beiden Varianten möchte ich als »Politik der Resonanz« charakterisieren, weil sie nicht auf Beistimmung und auf aus ihr als Grundlage entstehende Solidarität setzt, sondern auf eine vom Eindruck vermeintlicher Authentizität hervorgerufene bloße Resonanz. Wir alle kennen Meister solcher Resonanzpolitik mit ihrem inkohärente Positionen und Strategien überdeckenden Talent, potenzielle Anhänger durch einen Eindruck von unverstellter Direktheit und verlässlicher Eindeutigkeit zu binden.

Auf der anderen Seite des politisch-öffentlichen Spektrums unterbietet »politische Korrektheit« die Komplexität unserer Gegenwart mit ihrem Anspruch, dass Normen und strategische Konzepte der Vergangenheit, wie sie sich vor allem aus dem »historischen Weltbild« ergeben hatten, heute weiter zur Lösung kurzfristiger wie langfristiger Probleme hinreichend seien. Der Kontrast zwischen politischer Korrektheit und Resonanzpolitik mag erklären, warum derzeit immer mehr Gesellschaften durch einen Prozess unversöhnlicher Spaltung zu gehen glauben. Dass Parteien und Protagonisten der Gegenwart ohne Ausnahme behaupten (und behaupten müssen), selbst die einzige Alternative zu der ebenso lähmenden wie risikoreichen Spannung zwischen zwei Polen der Komplexitätsunterbietung zu sein, versteht sich. Ob eine solche Alternative wirklich auf die politische Bühne von heute gehört, ist eine ganz andere Frage.

Im Blick auf Baltasar Graciáns *Handorakel* jedoch kommt die eher existenzielle als politische Frage auf, wie denn eine legitime – und ich meine politisch unproblematische, aber vielleicht auch politisch irrelevante – Möglichkeit aussehen könnte, der individuellen Sehnsucht nach Halt zu genügen, ohne den beiden mittlerweile gängigen Versionen von Komplexitätsunterbietung auf den Leim zu gehen. Diese Frage hat mir geholfen, die Faszination zu verstehen, mit der ich auf Graciáns Text in den Monaten seiner Übersetzung reagiert habe – und Freunde, die mich mitlesend begleitet haben, reagieren sah. Es war nur am Rande eine Faszination durch Beobachtungen, rationale Argumente oder Empfehlungen des Autors. Solche Inhalte gehören entweder in die ganz anders dramatische Welt des 17. Jahrhunderts (»das Leben als Schlacht«) – oder lassen sich an die eher banalen Versionen der »Lebenshilfe«-Literatur anpassen (etwa: »es ist besser, andere zu verpflichten, als sie zu besiegen«).

Ergriffen hat mich jene kühle Konkretheit, die im Raum von Graciáns Denken entstanden war, eine Konkretheit aus Singularität und Räumlichkeit der Phänomene wie der Gedanken – während das Bild des Autors selbst eher ein flüchtiges Versprechen von Konkretheit blieb. Gewiss, die Konkretheit existierte allein in den Vorstellungen, die der Text bei mir auslöste; es war eine Konkretheit, die ich nicht in Welten außerhalb der Arbeit an Graciáns Text werde mitnehmen können. Doch so, stelle ich mir vor, muss es selbst dem großen Werner Krauss gegangen sein.

Zu dieser Ausgabe

Grundlage der Übersetzung ist die Ausgabe:

Baltasar Gracián: Oráculo manual y arte de prudencia. Hrsg. von Emilio Blanco. Madrid: Letras Hispánicas, 1993.

Schreibung und Interpunktion wurden verglichen mit der Ausgabe:

Baltasar Gracián: Oráculo manual y arte de prudencia. In: B. G.: Obras Completas. Hrsg. und komm. von Santos Alonso. Madrid: Cátedra, 2011.

Dank

Besonders danken möchte ich meinem Lektor Hannes Fricke für das leidenschaftliche Interesse an Graciáns Text in seinen historischen Welten und für entscheidende philologische wie ideengeschichtliche Beiträge zum Kommentar. Ohne seine ansteckende Begeisterung hätte ich mich nicht an die Arbeit der Übersetzung gemacht.

Anmerkungen

Die folgenden Anmerkungen wollen Verständnishilfen anbieten, nicht interpretieren: sie versuchen, den geistigen Horizont aufzuspannen, in dem sich Gracián bewegt haben mag. Zeitgenössische Anspielungen, historische Kontexte und mögliche literarische Anspielungen werden möglichst breit dokumentiert, um dem Leser denkbare Zusammenhänge zwischen Text und Hintergrund zu verdeutlichen (bloße Verweise auf entsprechende Stellen bei Klassikern oder auf einzelne Schlagworte wären nicht genug). Orientierung lieferten die Kommentare bei Schopenhauer, in der vorzüglichen spanischen Ausgabe von Emilio Blanco (1993), in der im Manesse-Verlag erschienenen Ausgabe (2012) sowie bei Sebastian Neumeister (2013).

Die Seitenzahlen jeweils nach dem Zitat verweisen auf die entsprechende, im Literaturverzeichnis genannte Übersetzung.

Titel

Lorenço Gracián: durch den veränderten Vornamen (nicht: Baltasar) als bewusst gewähltes Pseudonym zu verstehen.

An den Leser

alle zwölf Graciáne: meint, dass Gedanken aus allen zwölf Büchern von Gracián im Handorakel präsent sein sollen, wobei nicht klar wird, welche Werke genau sein adliger Freund und Förderer Vicencio Juan de Lastanosa (oder ein sich hinter diesem Namen verbergender Verfasser des Vorworts) im Sinn hatte. Der ins Deutsche als *Der Weltkluge* übersetzte Titel steht für Graciáns *El Discreto.*

Hof: span. *corte*; könnte sich an dieser Stelle auch auf die »Hauptstadt« Frankreichs, also Paris, beziehen.

1

sieben Weisen: Gemeint sind die sieben Weisen der vorsokratischen Philosophie. Platon nennt unverbindlich folgende (*Prot.* 343a): 1. Thales von Milet, 2. Pittakos von Mytilene, 3. Bias von Priene (vgl. Aphorismus 137), 4. Solon von Athen, 5. Kleobulos von Lindos, 6. Myson von Chenai (oder Chen) und 7. Chilon von Sparta (S. 91).

3

löse mit solcher Unklarheit Verehrung aus: vgl. Tacitus, *Agr.* 30,3; dort hält der Anführer der Engländer Calgacus eine Rede, in der er die strategisch-geografisch-weltanschauliche Offenheit Britanniens gegenüber den römischen Invasoren beklagt: »Uns hier am Rande der Erde, uns letzte Söhne der Freiheit, hat gerade unsere Entlegenheit und Verborgenheit vor der Welt bis heute verteidigt – und alles Unbekannte gilt für großartig« (S. 45).
Entbergung: span. »a la mistar y al desvelo«: ›erkennen lassen, was verborgen war‹.

5

Das Gottesbild … anbetet: vgl. Martial, *Epigr.* 8,24,5 f.: »Nicht, wer aus Marmor oder Gold die Götterbilder schuf, / schuf einen Gott. Allein der Bittende vermag's« (S. 321).

8

Keine größere Herrschaft … über sich selbst: vgl. Seneca, *Epist.* 11,19,113,30: »Die Herrschaft über sich selbst ist die höchste Form der Herrschaft« (S. 1159). Marc Aurel, der sich in seinen *Selbstbetrachtungen* immer (vor dem Hintergrund seines direkten politischen Einflusses bzw. als Kaiser) auch auf direkte Aktion und Handeln bezieht und nicht ohne weiteres direkt mit Gracián in Verbindung gebracht werden kann, empfiehlt, sich nie aus der Fassung bringen zu lassen (V,32): »Warum bringen ungebildete und unwissende Seelen eine gebildete und verständige Seele aus der Fassung? Welche Seele ist nun gebildet und verständig? Doch diejenige, die den Ursprung, das Ziel und die Vernunft kennt, die das ganze Sein durchdringt [...]« (S. 71). Es sei auch »das ein Zeichen von Schwäche, ihnen [d. h. denjenigen, die sich einem in den Weg stellen] zu zürnen, genauso wie von seinem Handeln abzulassen und aus Angst nachzugeben« (XI,9, S. 69 f.).

9

da sich ein günstigerer Himmel dort höher wölbte: span. »que cupo allí más favorable el cenit«: ›da dort ein günstigerer Zenit Platz hatte‹.

10

Glück und Ruhm: span. »Fortuna y fama«; *fama*: Ausgeburt des Zornes und des Durstes nach Rache, hier als Göttin des Ruhms und des Gerüchts, nach der griechischen Mythologie Schwester der von den Göttern ermordeten Giganten (Riesen) und verwandt mit den Erinnyen bzw. Furien (Rachegeistern).

13

Eine Schlacht ... im Menschen: vgl. Hiob 7,1: »Ein Kriegsdienst [*militia*] ist das Leben des Menschen auf der Erde, und wie die Tage eines Tagelöhners sind seine Tage« (Hieronymus, *Vulgata* II,1359); vgl. auch Seneca, *De ira*, 2,7,2: Die Menschen »führen genau so ein Leben wie Gladiatoren in ihrer Kaserne, die zugleich miteinander leben und kämpfen« (S. 87).

mit der Wahrheit selbst zu täuschen: vgl. Lope de Vega, *Arte nuevo* (§ 24, 319–326): »El engañar con la verdad es cosa / que ha parecido bien, como lo usaba / en todas sus comedias Miguel Sánchez, / digno por la invención de esta memoria. / Siempre el hablar equívoco ha tenido / y aquella incertidumbre anfibológica / gran lugar en el vulgo, porque piensa / que él sólo entiende lo que el otro dice«: »Das Täuschen mit der Wahrheit ist ein Mittel, das in allen Dramen von Miguel Sánchez gut gefallen hat. Ihm kommt der Verdienst dieser Erfindung zu. Immer hat das zweideutige Sprechen und jene amphibische Ungewissheit dem breiten Publikum gefallen, weil es glaubt, allein zu verstehen, was der andere sagt«.

hitzige Python ... Strahlen: Ovid schildert in *Met.* 1,435–445, wie die Erde die Schlange Python gebar, »eine Schlange, wie man sie nicht gekannt hatte – [...] der Schrecken der neuentstandenen Völker. So viel Raum nahmst du am Berg [dem Parnass] ein! Der bogentragende Gott [...] tötete diesen Drachen« (S. 37/39): Apoll befreite also das Orakel von dem Ungeheuer.

15

Tigranes: Tigranes II., der Große (121–56 v. Chr.), König aus der Dynastie der Artaxiden, herrschte um 95 bis 56 v. Chr. über Großarmenien und soll die von ihm besiegten Könige wie Sklaven behandelt haben.

Es gibt viel zu wissen und wenig zu leben: Anspielung auf den angeblich von Hippokrates stammenden Ausspruch: »Vitam brevem esse artem longa« (Aph. 1,1: »Das Leben ist kurz; die Kunst ist lang; der rechte Augenblick geht schnell vorüber; die Erfahrung ist trügerisch, die Entscheidung schwierig. Der Arzt muß nicht nur selbst bereit sein, das Erforderliche zu tun, sondern auch der Kranke, seine Umgebung und die äußeren Umstände müssen dazu beitragen« (*Ausgewählte Schriften*, S. 192). Vgl. Seneca, *Brev. vit.* 1,1 f.: »Nur für eine kurze Spanne Zeit werden wir geboren, und diese uns zugestandene Frist läuft so rasch, ja rasend schnell ab, dass das Leben die Menschen, mit nur wenigen Ausnahmen, verlässt, während sie sich gerade im Leben einrichten. [...] Daher stammt der bekannte Stoßseufzer des berühmtesten aller Ärzte [Hippokrates]: ›Kurz ist das Leben, lang ist die Kunst.‹« (S. 7). Für Marc Aurel, *Selbstbetrachtungen* II,5, ist die Kürze des Lebens eine der grundlegendsten Tatsachen überhaupt: So solle man jede Tat so vollbringen, »als wäre es die letzte deines Lebens, ohne Überstürzung und leidenschaftliche Abneigung gegenüber dem Urteil der Vernunft und frei von Heuchelei, Eigenliebe und Unzufriedenheit mit dem, was das Schicksal beschieden hat« (S. 21), also alles »so tun, sagen und denken, als bestünde die Möglichkeit, jetzt gleich aus dem Leben zu scheiden« (II,11, S. 23).

ohne Wissen lebt man nicht wirklich: vgl. Seneca, *Epist.* I,10,82,3: »Beides ist verabscheuenswert, sowohl übertriebene Anspannung als auch Stumpfheit. Ich meine, tot ist genauso, wer in Duftwolken herumliegt, wie wer mit dem [Fleischer-]Haken einhergeschleift wird; Muße ohne wissenschaftliche Betätigung ist Tod und Bestattung eines lebenden Menschen« (S. 659).

17

Nicht immer beim ersten Versuch: span. »No siempre de primera intención [...] y aun frustrándole, las acciones«.

18

Minervas Begabung: Minerva: Schutzgöttin der Handwerker, aber auch der Dichter und Lehrer, insgesamt der Weisheit. Schopenhauer übersetzt die Stelle freier nur mit ›Begabung‹. Vgl. Aphorismus 196.

19

Vollendung ... verwirklichen: vgl. auch Platon, *Pol.* 4,435c: »vielleicht, mein Sokrates, hat das Sprichwort recht, dass das Schöne schwer ist« (S. 173). Man solle, so Gracián, seine Erwartungen also sogar unter das zu erwartende Maß niederdrücken und damit anders handeln als Marc Aurel empfiehlt, dass wir das begehren und meiden sollen, »was in unserer Macht liegt«, aber nicht weniger (*Selbstbetrachtungen* VII,7, S. 115).

22

Ausrüstung: span. *munición.*

sieben freien Künste: Gemeint sind die sieben *artes liberales* als Fächer der mittelalterlichen Lehrtradition, also Grammatik, Rhetorik, Dialektik, Arithmetik, Geometrie, Musik und Astronomie.

23

Cäsar: war Epileptiker. Statt diese Lebensbedingung zu verbergen, gelang es ihm, sein Umgehen damit zu einem Gegenstand der Bewunderung zu machen.

einen Lorbeer zu machen: also in ein Zeichen des Sieges umzumünzen.

26

primären Impuls: span. *primer móvil*; wahrscheinlich eine Anspielung auf den »unbewegten Beweger« bei Aristoteles als den ursprünglichen Impuls jeder Veränderung; vgl. Aristoteles, *Metaph.* 1073a: »Daß es nun ein ewiges, unbewegliches und in den Sinnesdingen abgegrenztes Wesen gibt, ist aus dem Gesagten klar ersichtlich. Es ist aber auch gezeigt worden, daß dieses Wesen über keine Größe verfügen kann, sondern ohne Teile und unzerlegbar ist. (Denn es bewegt unbegrenzte Zeit hindurch; nichts Begrenztes aber verfügt über ein begrenztes Vermögen [...].)« (S. 315).

27

sich nirgends auszukennen ... überall auskennen wollen: möglicherweise Anspielung auf Martial, *Epigr.*, 7,73,6: »Denn, wer an jeder Stelle wohnt, / an keiner ein Zuhause hat« (S. 299) oder Seneca, *Epist.* I,1,2,2: »Nirgends ist, wer überall ist« (S. 13).

28

Was für ein großer Weiser... vielen behagten: vgl. Seneca, *Epist.* I,3,29,10, der dort Epikur zitiert: »Niemals wollte ich beim Volk gut ankommen; denn das, worauf ich mich verstehe, billigt das Volk nicht, und was das Volk billigt, darauf verstehe ich mich nicht. [...] Wer kann nämlich dem Volk gefallen, dem die sittliche Vollkommenheit gefällt? Mit verwerflichen Mitteln wirbt man um die Volksgunst. Anpassen musst Du Dich ihnen: nicht werden sie Dich willkommen heißen, wenn sie Dich nicht [als einen der Ihren] anerkannt haben. Es ist jedoch viel wichtiger, wie Du vor Dir selbst, als wie Du vor anderen erscheinst; nur auf gemeine Weise kann man die Zuneigung gemeiner Leute gewinnen« (S. 205) sowie Seneca, *Const. sap.* 19,2: »Ehrungen und Ungerechtigkeiten der Masse sind für belanglos anzusehen, weder darf man über sie Schmerz empfinden noch Freude« (S. 91). Vgl. auch mit ähnlicher Einstellung Horaz, *Carm.* 3,1: »Abhold bin ich gemeinem Volk, ich halt es fern« (S. 127).

sanften Hauch ... den gemeinen Atem: Lange Zeit war es akzeptiertes Allgemeingut, dass sich ein Chamäleon ausschließlich von Luft ernährt; vgl. z. B. Shakespeare, *The two Gentleman of Verona* II,1,4: »wenn auch das Chamäleon Liebe sich mit Luft sättigen kann, ich bin einer, der sich von Speise nährt, und möchte gern essen« (*Die beiden Veroneser*, in: W. S, *Sämtliche Werke in vier Bänden*, Bd. 1, Berlin 1975, S. 167).

29

Leute: span. *sujetos*, mit unklarem Bezug: »y si deja los sujetos, no es por variedad suya«; Schopenhauer übersetzt ›Partei‹.

33

Jedes Übermaß ist ein Fehler: vgl. Seneca, *Tranq.* 9,6: »Überall ist das verwerflich, was ein Übermaß darstellt. Was hast du für einen Grund, einen mit Nachsicht zu behandeln, der auf der Jagd ist nach

Bücherschränken aus Zedernholz und Elfenbein, auf der Suche nach Gesamtwerken unbekannter oder wenig anerkannter Autoren und der inmitten so vieler Tausender von Bänden gähnend dasitzt, dem an seinen Buchrollen [der antiken Form der Bücher] Rücken und Titel am besten gefallen?« (S. 45) und Ovid, *Met.* 2,137, als Phoebus, der Lenker des Sonnenwagens, seinen Sohn ermahnt: »Steigst du zu hoch empor, wirst du die himmlischen Hallen verbrennen, gehst du zu tief, die Erde; in der Mitte wirst du am sichersten fahren« (S. 73). Das Prinzip des mittleren Weges ist grundlegend für die aristotelische Ethik; vgl. Aristoteles' *NE* 2,6: »Die Tugend ist also eine Grundhaltung, begründet auf Vorsätzen; sie liegt in der Mitte, und zwar in der Mitte in Bezug auf uns, einer Mitte, die durch Überlegung bestimmt ist, danach also bestimmt, wie der Vernünftige sie bestimmen würde. Sie ist die Mitte zwischen zwei Lastern, dem Übermaß und dem Mangel: und zwar dadurch, dass die Laster in den Affekten und Handlungen hinter dem, was man soll, zurückbleiben, teils über dieses hinausgehen, die Tugend aber die Mitte findet und wählt« (S. 45). Es ist schwierig, direkten Einfluss des Gründers des Jesuiten-Ordens Ignatius von Loyola auf Gracián nachzuweisen, doch finden sich in dessen *Exerzitien* häufig Hinweise auf einen mittleren Weg, etwa in der 179. Regel: »ich muß mich somit indifferent finden, ohne irgendeine ungeordnete Anhänglichkeit, so daß ich nicht dazu mehr geneigt bin noch danach verlange, die vorgelegte Sache zu nehmen, als sie zu lassen, noch mehr dazu, sie zu lassen, als sie zu nehmen, sondern mich wie in der Mitte einer Waage finde, um dem zu folgen, wovon ich verspürte, daß es mehr zu Ehre und Lobpreis Gottes unseres Herrn und zur Rettung meiner Seele ist« (S. 84) oder in der 350. Regel, die Seele solle den Extremen entgegenwirken und sich bemühen, »sich in der Mitte zu festigen, um in allem ruhig zu werden« (S. 138). Vgl. die Anm. zu Aphorismus 38.

36

Hippokrates... Seneca: Es sei also ein Fehler, erst im fortgeschrittenen Alter und damit viel zu spät die wichtigsten medizinischen und moralischen Instanzen erstmals zu Rate zu ziehen.

die Waghalsigen: vgl. Vergil, *Aen.*, 10,284: »Wagemutigen steht Fortuna bei!«, dort nämlich beim Überraschungsangriff der Trojaner auf die Griechen, die vor Troja aus ihren Schiffen an Land steigen wollen (S. 519).

Freie Bahn für den, der es beherrscht, dem es den Vorrang gibt: »Adelante él que le predomina«, auch im Original unklar (von Schopenhauer vermutlich aus diesem Grunde nicht wiedergegeben), weil nicht deutlich wird, ob derjenige gemeint ist, den das Glück beherrscht (oder begünstigt), oder derjenige, welcher das Glück beherrscht.

38

Fortgesetztes Glück war immer verdächtig: vgl. Seneca, *Epist.* I,4,39,4: »Merkmal eines großen Geistes ist es, Großes geringzuschätzen und das richtige Mittelmaß dem Übermaß vorzuziehen; jenes nämlich ist nützlich und lebenswichtig, dieses hingegen schadet gerade durch seinen Überfluss. So drückt übergroße Fülle die Saat nieder, so brechen Äste unter allzu schwerer Last, so gelangt übergroße Fruchtbarkeit nicht zur Reife. Dasselbe widerfährt auch Menschen, die ein maßloser Wohlstand zerbricht, den sie nicht nur zum Nachteil anderer, sondern auch zum eigenen Nachteil gebrauchen« (S. 253). Vgl. die Anm. zu Aphorismus 33.

39

Kunst... nicht verbessern können: vgl. Cicero, *Fin.* 2,81: »das Zeugnis der Menge hat [...] kein sehr großes Gewicht. Bei jeder Disziplin oder Beschäftigung, bei jeder Wissenschaft oder selbst bei der Tugend ist ja gerade das Beste jeweils ganz besonders selten« (S. 205).

40

lieben, um geliebt zu werden: vgl. Seneca, *Epist.* I,9,6 bzw. die Anm. zu Aphorismus 28 über das Verhältnis zum Volk.

erst nach den Taten und dann nach der Schreibfeder ... ewig: Über die Problematik der Verbindung von aktivem Leben und Schriftstellerei vgl. z. B. Sallust, *Cat.* 3: »Schön ist es, dem Gemeinwesen Gutes zu leisten; auch gut zu reden ist nicht verkehrt; im Frieden, aber auch im Kriege kann man berühmt werden; sowohl die, welche Taten vollbracht haben, als auch die, welche über die Taten anderer schrieben, haben in großer Zahl Lob geerntet« (S. 7).

43

Denken wie die wenigsten und reden wie die meisten: vgl. Seneca, *Epist.* I,1,5,2: »Vermeide grobe Kleidung, ungeschorenes Haupthaar, allzu ungepflegten Bart, erklärten Hass gegen das Geld, ein Lager auf dem Erdboden und was sonst noch dem Ehrgeiz auf falschem Wege folgt. Genug missliebig ist schon der Name ›Philosophie‹ selbst, auch wenn er maßvoll gehandhabt wird: Was dann, wenn wir uns auch noch dem geselligen Umgang mit Menschen zu entziehen beginnen? Im Innern sei alles anders – unsere Stirn gleiche sich dem Volke an!« (S. 27).

47

Verpflichtungen: span. *empeño*; unklar, auf welche Verpflichtungen sich bezogen wird; Schopenhauer übersetzt ›Ehrensachen‹. Vgl. Aphorismus 45.

von einem Extrem ... Mitte ihrer Weisheit: vgl. die Anm. zu Aphorismus 33.

48

sizilianische Pferde: gelten als besonders schön. (Alonso vermerkt in seinem Kommentar ohne weitere Erklärung: »caballos muy vistosos y adornados« (2011), S. 1456).

49

Er beherrscht die Dinge, nicht die Dinge ihn: Ähnlich Marc Aurel in seinen *Selbstbetrachtungen* IX,16, jedoch mit deutlich aktiverem, weltzugewandterem Ansatz: »Nicht im Erleiden, sondern im Tun liegen Wohl und Wehe des vernunftbegabten politischen Lebewesens, wie auch seine Tugend und Schlechtigkeit nicht im Erleiden, sondern im Tun liegt« (S. 139).

50

Erzieher, den Seneca sich vorstellt: Gracián bezieht sich hier nach den einschlägigen Kommentaren auf Senecas Meinung, das eigene, nicht das fremde Gewissen müsse Autorität für individuelle Entscheidungen sein, also auch nicht der Einfluss der Leute (vgl. Seneca, *Epist.* I,5,43,4 f.: »Kaum einen wirst Du finden, der bei offener Tür leben kann. Die Pförtner hat unser Schuldbewusstsein, nicht unser Hochmut davorgestellt: So leben wir, dass ertappt zu werden das Gleiche heißt wie unvermutet erblickt zu werden. Was aber nützt es, sich zu verstecken und Augen und Ohren der Leute zu meiden? Ein gutes Gewissen ruft die Menge zu Zeugen herbei, ein schlechtes ist auch in der Einsamkeit ängstlich und beunruhigt. Wenn Deine Handlungen anständig sind, sollen alle sie kennen; wenn [aber] verwerflich – was liegt schon daran, dass niemand sie kennt, da *Du* sie doch kennst« (S. 275). Diese Deutung erklärt allerdings nicht, warum Gracián der Meinung ist, dass Senecas Position von seiner eigenen, in Aphorismus 50 artikulierten Sicht der Dinge abweicht.

(Andrea Alciato, *Emblematum Libellus*, Paris 1542)

52

Nie die Fassung verlieren: vgl. Anm. zu Aphorismus 7 bzw. Marc Aurels Hinweise.

53

Die Tätigkeit ... bedenkt: vgl. Sallust, *Cat.* 1: »Denn bevor du beginnst, ist Überlegung, und sobald du überlegt hast, rechtzeitiges Handeln nötig« (S. 5).

Viel hat getan, wer nichts für morgen übrigließ: vgl. Ovid, *Rem.* 93 f.: »beeil dich, und nicht verschieb auf die Zukunft die Heilung: / Morgen ist minder bereit, wer es nicht heute schon ist« (S. 13).

eile langsam: Wahlspruch, der Kaiser Augustus zugesprochen wird; vgl. Sueton, *Aug.* 25,4 über den Kaiser, der »glaubte, für einen vollkommenen Feldherrn sei nichts weniger schicklich als Hast und Unbesonnenheit. Daher pflegte er häufig jene griechischen Worte zu zitieren: ›Eile mit Weile‹ oder ›Vorsicht ist nämlich für einen

Heerführer besser als Verwegenheit‹, und dazu auf Lateinisch: ›Was gut genug getan wurde, ist auch schnell genug getan.‹« (S. 83.)

54

Den toten Löwen zupfen selbst die Hasen: bekanntes lat. Sprichwort »mortui leoni et lepores insultant« (»Den toten Löwen beleidigen selbst die Hasen«), vgl. die Abb. auf S. 227. »Cum larvis non luctandam«: »Ringe nicht mit den Toten«. Löwe und Hasen bei Gracián und im Bild beziehen sich auf eine berühmte Sentenz nach Simonides (*Anthologia Graeca* 16.4): »Beschießt meinen Leichnam nun, nach dem schicksalhaften Tod, so verhöhnen die Hasen auch den Körper des toten Löwen«. Hektor wurde von Achilles im Zweikampf vor Troja besiegt. Bevor Achilles den Toten an seinen Wagen binden und entehrend um die Burg Troja schleifen wird, treten die Kumpane des Achilles hervor und beschimpfen, treten und stoßen den Leichnam. Bei Gracián im übertragenden Sinne: An den König trauen sich nach dessen Tod selbst kleine Geister heran.

55

eiserne Keule des Herkules: Die Keule ist eines der Attribute des mythischen Helden (neben dem Fell des Nemeischen Löwen, vgl. hier Anm. zu Aphorismus 220, sowie Bogen und Köcher). Die Keule wurde jedoch aus dem Holz eines Ölbaums geschnitten, so Pausanias 2,31,10: An eine Statue des Hermes Polygios soll »Herakles seine Keule gelehnt haben, und sie wuchs, da sie aus dem Holz vom wilden Ölbaum war, wieder in der Erde an, wer das glaubt, und grünte wieder« (S. 139). Das Bild wird hier sozusagen modernisiert bzw. militärisch aufgerüstet.

die Zeit und ich, wir nehmen es mit zwei anderen auf: Dieser für situationsspezifische Auslegungen offene Satz wurde in Graciáns Zeit entweder Karl I. von Spanien (Karl V. nach deutscher Zählung) oder Philipp II. von Spanien zugeschrieben. Die »zwei anderen« können sein: Tod und Leben, Krankheit und Gesundheit oder andere Begriffspaare.

Ein Strohfeuer, das Amor entfacht hat und das schnell wieder verlöschen wird: *quod cito fit, cito perit* ›Was schnell entsteht, vergeht rasch‹ (Otto Vaenius, *Amorum emblemata*, 1608)

56

antiparastatische Genies: so auch Schopenhauers Übersetzung für »caudales de antiparístasi«. Er kommentiert in einer Anmerkung: »Antiparistasis heißt die auf Enstasis (d. h. auf Entkräftigung des Grundes oder Verneinung der Folgen aufgebauten Unrichtigkeitsnachweis) folgende Widerlegung des Gegners« (nach griech. *antiperistasis* ›Verdrängung, Widerlegung‹).

57

Was gut ist, ging schnell genug: vgl. Sueton, *Aug.* 25,4: »Was gut genug getan wurde, ist auch schnell genug getan« (S. 83) sowie die Anm. zu Aphorismus 53.

Was man gleich macht, löst sich auch gleich wieder auf: vgl. das lat.

Sprichwort »quod cito fit, cito perit«: ›Was schnell entsteht, vergeht rasch‹, das häufig auf Liebeshändel bezogen wird.

dauert am längsten … höchstes Gewicht: Gemeint ist Gold. Span. *tardo* (›dauert am längsten‹) weist hier auf Alterslosigkeit hin, denn Gold rostet nicht. Der Hinweis auf Gold als schwerstes bekanntes Metall war seinerzeit korrekt: Gold wiegt 19,3 Gramm pro Kubikzentimeter und ist das siebtschwerste Metall (nach Osmium, Iridium, Platin, Rhenium, Neptunium und Plutonium, die zu Graciáns Zeit noch keine Rolle gespielt haben bzw. noch gar nicht entdeckt worden waren; zum Vergleich die Gewichte von Blei: 11,4, Eisen: 7,9 und Kupfer: 8,9 Gramm pro Kubikzentimeter).

62

seine erste Ursache: s. Anm. zu Aphorismus 26 bzw. zu Aristoteles' erstem Beweger.

63

Phönix: sagenumwobener Vogel, der jedes Mal, nachdem er verbrannt ist, wieder aus seiner Asche aufersteht. Das Fabeltier wird in christlichen Zusammenhängen als Symbol der Auferstehung Christi gedeutet. Hier also: unaufhaltbarer Aufstieg im Glanz des Lichtes.

Die Ersten … den Zweiten … Rest des Erbes: entspricht dem damaligen spanischen Erbrecht, dass der Erstgeborene Titel und Besitz des Vaters erbt und die übrigen Geschwister sich um den verbliebenen Rest streiten müssen.

lieber Erste in der zweiten als Zweite in der ersten Kategorie: vgl. Plutarch, *Caesar* 11: »Auf der Reise über die Alpen kam Caesar, so erzählt man, durch ein kleines Barbarenstädtchen, in dem nur ein paar Leute ein kümmerliches Dasein fristeten«. Seine Mitreisenden fragten scherzhaft, ob es auch hier Wettbewerb und Kampf um Ämter gebe. »Darauf habe Caesar ganz ernsthaft zu ihnen gesagt: ›Ich möchte lieber bei denen hier der Erste sein als in Rom der Zweite.‹« (S. 126).

Der Phönix verbrennt und ersteht wieder aus der Asche: *Rinasce piu gloriosa* ›herrlicher wiedergeboren‹ (*Emblematische Gemüths-Vergnügung*… Augsburg 1697)

64

sich Enttäuschungen zu ersparen: vgl. die Anm. zu Aphorismus 19 bzw. Marc Aurels Hinweis, nur das, »was in unserer Macht liegt«, anzustreben (*Selbstbetrachtungen* VII,7, S. 115).

Lucina: röm. Schutzgöttin der Gebärenden und des Lichts (in dieser Verbindung, da das Neugeborene bei der Geburt zum ersten Mal Licht sieht), verschmolz später mit der Jupiter-Gattin Juno zu »Juno Lucina«; in der griech. Mythologie verehrt als Eileithyia.

Mithridates: Mithridates IV. (um 132–63 v. Chr.) war König ab etwa 120 v. Chr. in der Region des heutigen Armenien und ein Widersacher der in Expansion befindlichen römischen Republik. Er soll sich durch das tägliche Einnehmen kleiner Giftdosierungen gegen Gift immunisiert haben. Als er am Ende sich zu töten versuchte, musste er zum Schwert greifen (vgl. Appian, *Mithridatius* 111). Eines der ältesten Allheilmittel und Gegengifte (Antidot) wurde »Mithridatikum« genannt.

einmal einen Grund zur Freude zu geben: span. »por dar placer una vez a otro«: Obwohl die Negation im Originaltext fehlt, scheint Gracián hier zu meinen, dass man es sich gerade nicht verbieten soll, anderen »einen Grund zur Freude zu geben«.

65

Vollkommenheiten verlassen sich nicht auf ihn: zu ergänzen ist hier: weil der gute Geschmack selten ist.

66

Wer siegt, braucht keine Rechenschaft ablegen: vgl. Tacitus, *Hist.* 4,14,4: Civilis plant Verrat, stachelt seine Verbündeten an und beendet seine Rede mit dem Ausruf: »für den Sieg brauche man keine Rechenschaft abzulegen« (S. 463).

Ein gutes Ende vergoldet alles: oder: Der Zweck heiligt die Mittel; vgl. Graciáns Zeitgenossen Thomas Hobbes, der in *De Cive* 1,8 schreibt: »Das Recht auf einen Zweck verleiht das Recht auf die notwendigen Mittel« (S. 63).

67

Aragón: Gracián stammte aus dem – zu seiner Lebenszeit schon ehemaligen – iberischen Königreich Aragón.

68

größerem … größer: Diese etwas rätselhafte Tautologie entspricht dem span. Originaltext: »Es de más primor que de el dar memoria, cuanto es más«.

69

Nachdenken über sich selbst: vgl. Seneca, *Tranq.* 6,5: »Sodann gilt es, besonders die Aufgaben abzuschätzen, die wir in Angriff nehmen, und unsere Kräfte mit den Vorhaben, an die wir uns heranwagen wollen, in Vergleich zu setzen« (S. 35), sowie Cicero, *Off.* 1,31,114:

»Es erkenne also ein jeder seine eigene Begabung und erweise sich als scharfsinniger Beurteiler seiner guten und schlechten Seiten, damit nicht Schauspieler größere Klugheit zu haben scheinen als wir. Jene wählen nämlich nicht die besten, sondern die geeignetsten Dramen [bzw. Rollen für sich] aus« (S. 101).

70

Höflichkeit… Mangel der Taten ersetzen: vgl. etwa Publilius Syrus, *Sententiae* P20: »Man schenkt schon etwas, wenn man freundlich abschlägt« (*Sprüche*, S. 49).

71

Gestern ein weißes Ja, heute ein schwarzes Nein: Die Römer pflegten einen vergangenen Tag durch einen weißen oder schwarzen Stein zu kennzeichnen, je nachdem, ob er gut oder schlecht für die betreffende Person war. Daraus entwickelte sich der sog. *dies ater* (›schwarze Tag‹), ein Tag, an dem man mit Unglück rechnen muss oder ein großes Unglück geschehen ist. Dies wurde übertragen auf die *dies atri* bzw. die *dies postriduani* (›Nachtage‹), also die Anfangstage der Kalenden, Nonen und Iden: Jeder Monat besaß drei *dies atri*, nämlich den 2., 6. oder 8. und den 14. oder 16. Tag des Monats. Gemeint ist hier aber auch die Vertauschung von Schwarz und Weiß, vgl. Juvenal, *Sat.* 3,30: »Verlassen wir also die Heimat. Hier mögen wohnen bleiben ein Artorius, ein Catulus, die Schwarz in Weiß verwandeln können […]. Früher waren diese Menschen Hornbläser, die mit den Fechterspielen von Ort zu Ort mitzogen, und die wohlbekannten Backenbläser [die bloß die Backen aufblasen bzw. sich großtun] in den Provinzstädtchen; jetzt aber veranstalten sie selbst Spiele, und wenn der Pöbel es mit erhobenem Daumen befiehlt, lassen sie abschlachten, wen das Volk will. […] – warum nicht schließlich alles Mögliche?« (S. 28). Auch Marc Aurel ist in seinen *Selbstbetrachtungen* (11,13) in dieser Frage unmissverständlich: »Was von den Göttern kommt, ist wegen seiner Vortrefflichkeit verehrungswürdig, was von den Menschen kommt, ist uns lieb, weil wir ja miteinander verwandt sind, mitunter verdient es aber auch irgendwie Mitleid, weil es auf der Unkenntnis von Gut und Böse beruht. Dieses Gebrechen ist nicht geringer als jenes, das uns die Fähigkeit raubt, weiß und schwarz zu unterscheiden« (S. 24). Ignatius von Loyola empfiehlt für den Umgang mit unverrückbaren Glaubenslehren und Kirchenoberen interessanterweise genau das Gegenteil: »Wir müssen immer festhalten, um in allem das Rechte zu treffen: Von dem Weißen, das ich sehe, glauben, daß es schwarz ist, wenn die hierarchische Kirche es so bestimmt« (*Exerzitien* Nr. 365, S. 142).

72

für eine andere: möglicherweise Anspielung auf die Interessen an fremden Welten, etwa von Alfons X., dem Weisen (1221–1284), der sich für Astronomie und insbesondere für das ptolemäische bzw. geozentrische Weltbild interessierte, oder Ferdinand II. von Arágon (1452–1516), der Christoph Kolumbus (um 1451–1506) bei seinen Entdeckungsfahrten in die neue Welt unterstützte und per Edikt alle Ureinwohner Südamerikas unterwarf.

73

Grandes Capitanes: Gonzalo Fernández de Córdoba (1453–1515), jener spanische Feldherr, der 1492 Granada als letztes verbleibendes Gebiet der islamischen Herrschaft eroberte.

keine größere Form der Zugewandtheit … nicht verstanden: vgl. Quintilian, *Inst.* 10,7,21: »Doch wer so schmählich der Beredsamkeit spottet, des spottet auch sie ihrerseits, und sie, die vor Toren als gebildet erscheinen wollen, erscheinen vor Gebildeten als Toren« (Bd. 2, S. 537/539).

74

je nach den Ehrenbezeigungen ihre Laune ändern: Wortspiel im Span.: »que mudan los humores con les humores«.

75

Alexander … zu Ruhm gelangt war: Gemeint ist vermutlich Cäsar; vgl. Plutarch, *Caesar* 11, der nach seiner Lektüre über Alexanders Leben weinte: »Er saß lange Zeit ganz in sich gekehrt da, dann vergoß er Tränen. Seine Freunde waren verwundert und fragten ihn nach dem Grund für sein Verhalten. Er erwiderte darauf: ›Scheint euch das kein Grund zur Trauer zu sein: Alexander hat in meinem Alter schon über so viele Völker geherrscht, aber ich habe noch keine Heldentat vollbracht!‹« (S. 127).

76

dauernde Freundlichkeit: span. *continuo donaire*; Schopenhauer übersetzt freier ›das beständige Schäkern‹.

77

proteische Fähigkeit: nach Proteus, dem antiken Gott der Wandlung, vgl. z. B. Ovid, *Met.* 8,730 f.: »Andere haben das Recht, mehrere Gestalten anzunehmen, wie du, Proteus, […]. Denn bald hat man dich als Mann, bald als Löwen gesehen, bald warst du ein grimmiger Eber, bald – entsetzlich aufzufassen! – eine Schlange; bald machten dich Hörner zum Stier« (S. 453).

Gelehrter unter Gelehrten, Heiliger unter Heiligen: vgl. Paulus' Brief an die Korinther 1,19–23: »Denn obwohl ich von allem frei war, habe ich mich zum Sklaven von allen gemacht, um mehr [Menschen] zu gewinnen. Und für die Juden bin ich gleichsam zum Juden geworden, um die Juden zu gewinnen, für die unter dem Gesetz, als ob ich unter dem Gesetz stünde, obwohl ich selbst nicht unter dem Gesetz stand, um diejenigen, die unter dem Gesetz waren, zu gewinnen; für die ohne Gesetz, als ob ich ohne Gesetz wäre, obwohl ich nicht ohne das Gesetz Gottes, aber im Gesetz Christi war, um die zu gewinnen, die ohne Gesetz waren. Für die Schwachen bin ich schwach geworden, um die Schwachen zu gewinnen. Allen bin ich alles geworden, um alle zu retten. Alles aber mache ich wegen des Evangeliums, um an ihm teilhaben zu können« (Hieronymus, *Vulgata* V,791).

79

Anmutiges Gemüt: im Span. Spiel mit den Anlauten *Genio genial.*

80

Das Ohr ist die zweite Tür der Wahrheit: vgl. Seneca, *Epist.* I,1,6,5: »Mehr jedoch wird Dir die lebendige Stimme und der Umgang als ein aufgesetzter Vortrag nutzen; an Ort und Stelle musst Du Dich begeben, erstens, weil die Menschen mehr den Augen als den Ohren trauen, und zweitens, weil lang der Weg ist durch Belehrungen, kurz und wirksam durch Beispiele« (S. 33).

81

Phönix: vgl. Anm. zu Aphorismus 63.

das mittelmäßige Neue siegt über gealterte Exzellenz: vgl. etwa Ovid, *Pont.* 3,4,51: »Auch ist bei allem die Neuheit das, was am meisten geschätzt wird: / kommt eure Leistung zu spät, findet sie niemandes Dank« (S. 449).

82

Auf Mäßigung in allem führte ein Weiser die gesamte Weisheit zurück: Gemeint ist Aristoteles, der im Mittelalter so geschätzt wurde, dass man ihn schlicht »der Philosoph« nannte (als ob es keine anderen neben ihm gegeben hätte). Vgl. Seneca, *Epist.* I,4,39,4: »Merkmal eines großen Geistes ist es, Großes geringzuschätzen und das richtige Mittelmaß dem Übermaß vorzuziehen; jenes nämlich ist nützlich und lebenswichtig, dieses hingegen schadet gerade durch seinen Überfluss« (S. 253). Vgl. Anm. zu Aphorismus 33.

Das höchste Recht wird Unrecht: vgl. Cicero, *Off.* 1,10,33: »Es kommen oft auch Ungerechtigkeiten vor durch eine Rechtsverdrehung, d. h.

durch allzu spitzfindige, aber böswillige Auslegung des Rechtes. Daraus ist jenes schon abgegriffene Sprichwort: ›höchstes Recht ist höchste Ungerechtigkeit‹ entstanden« (S. 31/33).

statt Milch bekommt Blut, wer rücksichtslos melkt: vgl. *Sprüche* 30,32 f.: »und wer sich als dumm erwiesen hat, nachdem er in die Höhe gehoben wurde – wenn er es nämlich gemerkt hätte, hätte er die Hand auf den Mund gelegt. Wer aber das Euter zu stark drückt, um Milch zu gewinnen, drückt Butter heraus, und wer sich heftig ausschneuzt, lässt Blut fließen, und wer Zorn erregt, erzeugt Uneinigkeit« (Hieronymus, *Vulgata* III,889).

83

Scherbengericht: Form eines Volksurteils zur Verbannung von unliebsamen Personen aus der Polis bzw. aus Athen: Namen wurden auf Tonscherben geritzt und die einzelnen Scherben bzw. Namen ausgezählt. Die zehn am häufigsten Genannten mussten die Stadt verlassen.

Fehler … keinen Fehler zu haben: vgl. Plinius, *Epist.* 9,26,1, ironisch über Lupercus: »Ich habe über einen zwar korrekten und vernünftigen, aber nicht eben sonderlich erhabenen und kunstreichen Redner unserer Zeit, wie ich meine, passend gesagt: ›Er macht keinen Fehler, außer daß er keinen Fehler macht.‹« (S. 663).

Es darf selbst Homer einmal eindösen: vgl. die berühmte Stelle bei Horaz, *Ars poetica* 359 f.: »so wird mir, wer vielfach versagt, zum Choirilos [unbekannter Schriftsteller], über den ich lachend mich wundre, wenn er zwei- oder dreimal gut ist; andererseits bin ich entrüstet, wenn einmal der gute Homer eingenickt ist; doch eine so lange Arbeit darf schon mal der Schlaf überkommen« (S. 31).

dem Stier des Neides das Tuch überwirft: Anspielung auf eine frühe Form des Stierkampfes, der als kulturelle Form auf der iberischen Halbinsel seit dem Mittelalter belegt ist, aber erst im frühen 19. Jahrhundert seine bis heute erhaltene Ritualform fand.

84

Gewinn aus seinen Feinden: vgl. Ovid, *Met.* 4,428: »Er selbst kann mich lehren, was ich zu tun habe – man darf ja auch vom Feind etwas lernen!« (S. 209).

86

Der Pöbel hat viele Köpfe: vgl. Horaz, *Epist.* 1,1,75: auf die Frage, warum er mit dem Volk weder dieselben Säulenhallen noch dieselben Ansichten teile: »Volk, du bist ein Untier mit vielen Köpfen! An was soll ich mich wohl halten? An wen?« (S. 519).

88

sich verstellen: span. *disimular*; eines der wichtigsten Konzepte Graciáns, vgl. die Aphorismen 13, 29, 98, 120, 219, 277.

89

das konzentrierte Nachdenken über sich selbst soll der Spiegel sein: Seneca, *Tranq.* 6,4 f.: »Es gilt zu überdenken, ob dein Charakter mehr für ein tätiges Leben oder für mußevolles Sichversenken und geistige Betrachtung geeignet ist, und du mußt dich neigen, wohin dich die Richtung deiner Begabung lenkt [...]. Sodann gilt es, besonders die Aufgaben abzuschätzen, die wir in Angriff nehmen, und unsere Kräfte mit den Vorhaben, an die wir uns heranwagen wollen, in Vergleich zu setzen. Denn immer muß der Handelnde über mehr Kraft verfügen, als die Aufgabe abverlangt: Belastungen, die die Kraft des Ertragenden übersteigen, müssen ihn zerbrechen« (S. 33/35). Vgl. die Anm. zu Aphorismus 69.

90

So wie die Tugend sich selbst belohnt: vgl. Seneca, *Vita beat.* 9,4: »Du fragst, was ich von der Tugend haben will. Sie selbst. Denn sie besitzt nichts Besseres, sie ist selbst ihr Preis« (S. 25).

stirbt … auf zweierlei Weise: nämlich sowohl geistig als auch körperlich.

wer intensiv in der Tugend lebt, stirbt nie: vgl. Seneca, *Brev. vit.* 2,1: »Wozu beklagen wir uns über die Natur? Sie hat sich doch gütig gezeigt: Das Leben ist lang, wenn du es zu nutzen verstehst« (S. 9).

nach innen … nach außen: span. *intensión … extensión*, hier also qualitativ nach innen (als Innerlichkeit) und quantitativ nach außen (als Ausdehnung).

91

nemine discrepante: lat. Formel für »ohne jemanden, der abweicht«, früher am Ende universitärer Prüfungen bzw. in dem Moment ausgesprochen, von dem an nun niemand mehr Kritik vorbringen will und darf bzw. das Verfahren abgeschlossen ist.

93

Die Abwechslung in Vollkommenheit ist unterhaltsames Leben: vgl. Publilius Syrus, *Sententiae* I10: »Der Freuden schönste Quelle ist der Wechsel« (*Sprüche*, S. 33).

95

ganze verbleibende Hand: die verbliebenen von den einem ausgeteilten Karten in einem Kartenspiel.

96

man bemerkt am meisten ihr Ausbleiben: im span. Original eine paradoxe Formulierung: »nótase más su menos«.

97

Ruhms: span. *fama*, vgl. Anm. zu Aphorismus 10.

Es verpflichtet sehr und wirkt mehr: Ähnlich Tacitus, *Ann.* 13,8, der vom Feldherrn Corbulo berichtet, man sei froh, dass man ihn mit der Aufgabe »betraut hatte, Armenien zu behaupten, wobei es so aussah, als ob der Tüchtigkeit freie Bahn geschaffen« worden sei – durch die Verpflichtung des Tüchtigen habe man also noch mehr erreicht (S. 391).

98

geheimen Türen des Geistes: Die Leidenschaften zeigen das nach außen, was innen im Menschen eigentlich vorgeht, stellen also Verbindungen bzw. Türen nach außen dar.

Sepia-Tinte: Sepia wird aus dem Tintenbeutel von Tintenfischen gewonnen, die diese benutzen, um sich im Wasser plötzlich in eine dunkle Wolke zu hüllen, und so vor Angreifern fliehen können; braun- bis grauschwarzer Farbstoff, Färbemittel, das vor allem zum Schreiben und Zeichnen verwendet wird; hier also: Die Zurückhaltung hält einen vor neugierigen Blicken verborgen wie die Sepia-Tinte den Tintenfisch.

99

Wirklichkeit und Schein: vgl. hierzu Aphorismus 130, 146, 175 und 201.

was sie sind … was sie scheinen: ähnlich schon Phaedrus, *Liber Fabularum* 4,2, über die kleine Fabel des Poeten: »Und wenn du diese nun mit großer Sorgfalt liest, / Kannst du fürwahr aus ihnen großen Nutzen ziehen. / Sie sind nicht immer das, was sie zu sein scheinen« (S. 77).

100

Seneca führte es in Rom ein … Zumutung angesehen: Seneca (um 1–65 n. Chr.) war der Lehrer des Nero, bis er in Ungnade fiel bzw. von diesem genötigt wurde, sich selbst zu töten. In Rom eingeführt bzw. mit großem Einsatz verteidigt wurde jedoch von Cicero die republikanische Verfassungsform gegen Diktatoren. Einige Kommentatoren gehen davon aus, dass hier ein bewusst gemachter Fehler vorliegt – als Verbeugung vor Seneca.

101

so zahlreich sind die Geschmäcker wie die Gesichter: vgl. Terenz, *Phormio* 2,4,545: »es ist ja so, daß es so viele Ansichten gibt wie Menschen: Und jeder hat so seine Gewohnheiten« (S. 51/53).

Es gibt keinen Fehler ohne Gefallen: span. Wortspiel »No hay defecto sin afecto« meint: ›ohne dass jemand an diesem Fehler Gefallen findet‹.

weder von einer einzigen Ansicht, noch von einer einzigen Konvention: vgl. Persius Flacchus, *Saturae* 5,53: »Jeder hat seinen eigenen Willen; man lebt nicht entsprechend einer Entscheidung«.

102

Magen für große Bissen des Glücks: span. »Estómago para grandes bocados de la fortuna«: Ausspruch Philipps II. von Spanien (Botero, *Memorabili*, Folie 49r).

welche aus der ungemessenen Ehre aufsteigen, machen ihren Kopf schwindlig: vgl. Seneca, *Brev. vit.* 13,7: »Ach, wie sehr verdunkelt doch ein großes Glück unsern Verstand!« (S. 49).

in hoher Stellung: span. *en los lugares*, wörtl. ›auf hohen Orten‹.

103

König nach Verdiensten: vgl. Juvenal, *Sat.* 8,20: »Mag auch Wachsbild der Ahnen die ganze Halle dir schmücken: / Adel besteht allein in männlicher Tatkraft und Tugend. / [...] Als erstes zeige mir den Adel deiner Seele. Willst du mit Recht als Mann von Ehre gelten, der sich ans Recht stets hält in Wort und Tat? Daran erkenne ich den wahren Adel« (S. 88 f.).

104

wenn sie verrückt oder dumm sind: vgl. Graciáns *Agueza y arte de ingenio* (XXX,559) mit dem Ausspruch des Don Esteban, dass: »ein großer Verstand nötig ist, um über Narren zu regieren, und viel Wissen, um über Ignoranten zu herrschen«.

menschlichen Wohnstätte … göttlichen: Gemeint sind vermutlich Ämter, für die ihre Träger entweder auf Erden oder im Himmel zur Verantwortung gezogen werden. Hilfreich hier ein Abschnitt aus Miguel de Cervantes' *Don Quijote* (2,42): Don Quijote gibt seinem Knappen Sancho Pansa Ratschläge auf den Weg: »Solltest Du aber Witwer werden, was durchaus geschehen mag, und kannst dir dank deines hohen Amtes eine bessere Gemahlin suchen, nimm keine, die nur den Angelhaken spielt oder mit der vorderen Hand abwehrt und die hintere aufhält, denn glaube mir, was des Richters Weib bekommt, dafür muss ihr Mann in der Endabrechnung und beim Jüngsten Gericht geradestehen und im Tode vielfältig die Posten bezahlen, für die er im Leben nicht aufkommen wollte« (S. 363).

105

ein weitläufiger Mensch nur selten verständig ist: lat. Sprichwort: »Homo longus, raro sapiens«, wörtl. ›Ein langer Mensch ist selten weise‹; zur Erklärung des Satzes wird von den Kommentatoren häufig auf die einfältigen Riesen Goliath und Polyphem verwiesen.

106

Ansehen gewinnt man umso weniger, je mehr man es sucht: vgl. Tacitus, *Agr.* 18,6: »Doch Agricola benutzte die Gunst der Umstände nicht zum Prahlen und nannte es nicht Feldzug oder Sieg, Besiegte gezügelt zu haben; nicht einmal mit lorbeergeschmücktem Briefe berichtete er seine Taten. Aber gerade durch Verhehlung des Ruhmes mehrte er den Ruhm, da man vermuten durfte, mit welcher Hoffnung auf die Zukunft er so Großes verschwieg« (S. 31), oder

Livius, *Ab urbe condita* 22,39,20: »Wer Ruhm verachtet, wird wahren Ruhm davontragen« (S. 125).

107

Homer döst manchmal ein: vgl. Anm. zu Aphorismus 83.
Alexander fällt aus der Illusion über seinen Status: vgl. Anm. zu Aphorismus 114.

109

aus den Atomen Balken machen, um die Augen auszuhöhlen: vgl. Matth. VII,3–5: »Warum aber siehst du den Splitter in deines Bruders Auge – und den Balken in deinem Auge siehst du nicht? Oder wie sagst du zu deinem Bruder: ›Lass mich den Splitter aus deinem Auge nehmen‹ – und siehe, der Balken ist in deinem Auge? Du Heuchler, nimm zuerst den Balken aus deinem Auge, und dann wirst du danach sehen, den Splitter aus dem Auge deines Bruders zu nehmen!« (Hieronymus, *Vulgata* V,63,65); s. auch Cicero, *Tusc.* 3,30,73: »Denn diejenigen, die keine Erleichterung finden, laden sich selbst zum Unglücklichsein ein, und diejenigen, die ihre Schicksalsschläge anders ertragen, als sie selbst es anderen geraten haben, begehen keinen größeren Fehler als fast die meisten Menschen, die, selbst habgierig, die Habgierigen, selbst ruhmsüchtig, die Ruhmsüchtigen tadeln. Denn der Dummheit ist es eigen, die Fehler anderer zu sehen« (S. 285/287).
Elysium: jene Zone im Jenseits der griechisch-antiken Mythologie, wo die Gerechten ein zweites Leben der Freude genießen sollten.

110

zieht das Rennpferd … Lachen auf sich zieht: vgl. Horaz, *Epist.* 1,1,8 f.: »›Sei vernünftig, spanne rechtzeitig aus das alternde Rennpferd, damit es nicht sonst noch als Letzter stolpert und zum Lachen dahinkeucht.‹ Also lege ich jetzt meine Verse beiseite und all den übrigen Tand« (S. 515).

111

Ist das zweite Sein: Vgl. Cicero, *Fin.* 5,74 über das zweite Sein, also über eine Lust, die zur Gewohnheit wurde: »Ja selbst die Anhänger der Lust sind auf der Suche nach Ausflüchten und führen die Tugend den ganzen Tag im Munde; die Lust, so sagen sie, erstrebe man nur anfangs, dann bilde sich durch die Gewöhnung gleichsam eine Art zweiter Natur, durch die Menschen veranlaßt würden, vieles zu tun, ohne nach irgendeiner Lust zu suchen« (S. 471).
sie: also die Freundschaften. Vgl. hier Aphorismus 154, 158.

112

höchste Ursache: im span. Original »suma Causa«; keiner der verschiedenen Kommentare und keine der Übersetzungen kann befriedigend erklären, auf was genau sich diese Stelle bezieht. Einige setzen *causa* einfach mit ›Gott‹ gleich. Vgl. die Anm. zu Aphorismus 26 bzw. zu Aristoteles' erstem Beweger.
den Wert: Schopenhauer übersetzt freier »ihren Wert« (also ihren eigenen).

113

Im günstigen Glück Vorkehrungen für das ungünstige treffen: vgl. Livius, *Ab urbe condita* 30,30,18/21: Hannibal bittet Scipio um Frieden: »Gerade dem größten Glück darf man am wenigsten trauen. In der für dich günstigen und für uns bedrohlichen Lage ist der Frieden, den du gewährst, glorreich und herrlich, für uns, die wir ihn erbitten müssen, eher notwendig als ehrenvoll. [...] Erworbene und erhoffte Ruhmestitel kann das Schicksal in einer einzigen Stunde zugleich zunichte machen« (S. 115/117).

114

Jedes Streben gegen einen Widerstand schadet dem Ansehen: vgl. Marc Aurels Hinweis in den *Selbstbetrachtungen* V,17, »Unmöglichem nachzujagen ist Wahnsinn« (S. 66).

Der Wetteifer… Höflichkeit vergaß: vgl. auch Ignatius von Loyola, *Exerzitien*: »Nichts sagen, was entehrt oder ins Gerede bringt: – Denn wenn ich eine Todsünde aufdecke, die nicht öffentlich bekannt ist, begehe ich eine Todsünde; – wenn eine läßliche, dann sündige ich läßlich; – und wenn eine Unzulänglichkeit, dann zeige ich meine eigene Unzulänglichkeit« (Nr. 41, S. 45).

117

Nie von sich reden: vgl. *Proverbia/Sprüche* 27,2: »Ein Fremder soll dich loben und nicht dein Mund, ein Auswärtiger und nicht deine Lippen!« (Hieronymus, *Vulgata* II,873).

118

vereint sie die Gunst aller: vgl. Cicero, *Off.* 2,48, über die leidenschaftliche Rede im Gegensatz zur Freundlichkeit: Es sei »schwer zu sagen, wie sehr Freundlichkeit und Umgänglichkeit im Gespräch Sympathien gewinnen«, man könne aber, so raten einige, »durch gütige Rede die Sympathien der Menge und Wohlwollen gewinnen und die Soldaten durch entgegenkommende Rede beschwichtigen« (S. 183/185).

119

wer Zuwendungen will, lebt zugewandt: span. Wortspiel »el que quiere hacer casa, hace caso«. *hacer casa* hatte zu Graciáns Zeit die Bedeutung von ›gedeihen, Erfolg haben‹.

120

Selbst das Wissen muss dem Gebrauch entsprechen, und wo es nicht gebraucht wird, muss man als Unwissender zurechtkommen können: vgl. Cato, *Disticha* 2,18: »Spiele den Narren, wenn es Zeit oder Umstände erfordern; sich zur richtigen Zeit dumm zu stellen, beweist größte Klugheit«. Die *Disticha Catonis* sind eine lat. Sammlung ethischer Regeln aus dem 3./4. Jahrhundert, deren Autorschaft unsicher ist. Der Titel schreibt sie Marcus Porcius Cato dem Älteren zu. Aufgrund ihrer Beliebtheit im Mittelalter auch als Grundlage für den elementaren Lateinunterricht haben die *Disticha* in vielen Handschriften überdauert; frühe Ausgaben stammen von Erasmus von Rotterdam (1517) und Joseph Justus Scaliger (1598).

die guten Männer … den guten Zeiten: im span. Original nur *passado*, also ›vergangene Zeiten‹, gemeint sind aber die »guten alten Zeiten«: Offenbar wird hier unausgesprochen vorausgesetzt, dass gute Zeiten nur in der Vergangenheit liegen konnten. Vgl. Prediger 7,10: »Sprich nicht: Was ist's, daß die vorigen Tage besser waren als diese? denn du fragst solches nicht weislich.«

121

eine Geschichte … wichtige Angelegenheit: Im span. Original findet sich hier ein Gegensatz zwischen *cuento* und *negocio*. Schopenhauer übersetzt *cuento* freier als ›Klatschgeschichte‹.

Am Anfang … später nicht: vgl. Cicero, *Phil.* V,31: »Als wir dann zum ersten Male tagten, habe ich […] mit meinem Antrag unter größter Zustimmung von eurer Seite den Grund für unsere Politik gelegt; gewiß später als gut war (eher konnte ich's ja nicht) – immerhin, wenn wir seither keinen Tag hätten verstreichen lassen, dann bräuchten wir keinen Krieg zu führen. Jedes Übel lässt sich in seinen Anfängen leicht beseitigen; wenn es sich einfrißt, gewinnt es meist an Kraft« (S. 259/261).

123

die Bemühung überspielen: vgl. Ovid, *Ars.* 2,313 f. »Kunst ist nützlich, wenn sie verborgen bleibt; wird sie entdeckt, bringt sie Schande und nimmt dir verdientermaßen für alle Zeiten die Glaubwürdigkeit« (S. 85/87).

124

dass man begehrt wird: Schopenhauer übersetzt span. *deseado* freier mit dem Neologismus ›zurückgewünscht‹ im Sinne von »vom anderen genauso gegengewünscht«.

125

öffentliche Kloake: Die Bedeutung von span. *albañares* ist unklar. Blanco vermerkt in seinem Kommentar, es handele sich um eine abgeschliffene Form von *albañal* für Abflussrinne/-kanal für Exkremente (1995, S. 171).
direkt oder vermittelt: im span. Original »o al derecho, o al través«. Die Bedeutung ist nicht klar; Schopenhauer übersetzt ›hier oder dort‹.

126

Dumm ist ... nicht zu verbergen weiß: Ausspruch von Kardinal Christoforo Madruzo, Bischof von Trient (Botero, *Memorabili*, S. 248). Vgl. auch die Anm. zu Aphorismus 262.
unter dem Siegel: also streng verschlossen (unter dem Siegel der Verschwiegenheit).
Alle Menschen irren: vgl. Cato, *Disticha* 1,5: »Wenn Du das Leben der Menschen betrachtest und schließlich ihre Sitten: Wenn sie andere tadeln, [so wirst du erkennen]: ›Niemand lebt, ohne Schuld zu erzeugen‹«.
überspielen ... ankündigen: span. *mienten*, also ›lügen‹. Gracián spielt mit den Verben *desmentir* (für ›überspielen‹) und *mentir* (hier als ›unfreiwillig ankündigen‹).
Vergessen-Können: vgl. Aphorismus 262.

128

höchste Würde: span. *majestad.*

129

mehr erweckt es ... entschuldigt die zweite: schon im span. Original unklare Stelle: »más sirve de ejemplar de atrevimiento a la pasión que de consuelo a la compasión; abre el paso a quien la oye, para lo mismo; y es la noticia del agravio del primero disculpa del segundo«, die hier freier übersetzt wird. (Strenger, aber dunkler wäre: »Das Klagen bringt dem Ansehen immer Schaden ein; mehr dient es der Leidenschaft als Beispiel der Verwegenheit denn dem Mitleid als Trost; es öffnet den Weg, wem immer es hört, zu dem, worüber geklagt wird, und die Kunde von der Beleidigung des Ersten entschuldigt die des Zweiten«.)

132

Revision: im span. Original *la revista,* also hier durchaus mit juristischem Beigeschmack.

133

Eher mit allen ein Narr als allein klug sein: vgl. Horaz, *Serm.* 1,6,97 f.: »von Sinnen / nach dem Urteil des Volkes, vernünftig vielleicht nach dem deinen« (S. 377). Vgl. die Anm. zu den Aphorismen 28, 40, 43, 86, 187 und 206.

die Unwissenden sind in der Mehrzahl: vgl. Cicero, *Fam.* 9,25,4 über Aufregungen über angeblich unzüchtige Wörter: »Überall sind Torheiten«.

Gott ... Tier: vgl. Aristoteles, *Pol.* 1253a: »Wenn nämlich der Einzelne getrennt für sich nicht selbstgenügsam leben kann, so wird er sich in gleicher Weise wie die anderen Teile zum Ganzen verhalten. Wenn aber jemand nicht in der Lage ist, an der Gemeinschaft teilzuhaben, oder zufolge seiner Selbstgenügsamkeit ihrer nicht mehr bedarf, der ist kein Teil des Staates, somit also entweder ein wildes Tier oder gar ein Gott« (S. 79).

136

müden Redseligkeit ... Substanz der Angelegenheit: vgl. Publilius Syrus, *Sententiae* D18: »Gelegenheit verpaßt, wer viel bedenkt« (*Sprüche*, S. 25).

137

Der Weise soll sich selbst genug sein: vgl. Seneca, *Epist.* I,1,9,1 (der jedoch dort genau diese Maxime kritisiert): »Ob mit Recht in einem Brief Epikur diejenigen tadelt, die sagen, der Weise genüge sich selbst und bedürfe daher des Freundes nicht, das verlangst Du zu wissen. Dies wirft Epikur dem Stilpon und jenen vor, denen ein leidenschaftsloser Charakter als das höchste Gut erschien« (S. 47) sowie *Epist* I,1,9,13: »›Sich selbst genügt der Weise.‹ Das, mein Lucilius, interpretieren die meisten falsch: Den Weisen schieben sie überall beiseite und drängen ihn in die Isolation. Man muss jedoch definieren, was diese Behauptung verspricht und inwieweit: Sich selbst genügt der Weise, um *glücklich* zu leben, nicht aber, um überhaupt zu leben; für dieses benötigt er viele Dinge, für jenes nur einen gesunden, aufrechten Geist, der mit Verachtung auf den Zufall herabsieht« (S. 53/55).
Er: Diogenes.
indem er sich selbst mitnahm, nahm er alles mit: Cicero (*Parad.* 1,8) schreibt Bias, einem der sieben Weisen (vgl. Anm. zu Aphorismus 1), einen entsprechenden Ausspruch zu: »Doch die philosophische Vernunft wird bei mir größeres Gewicht haben als die Meinung der Masse, und ich werde niemals behaupten, jemand habe Güter verloren, wenn ihm ein Stück Möbel oder Vieh abhanden kamen, und ich werde immer jenen weisen Mann loben – ich meine, es war Bias –, der zu den Sieben Weisen gezählt wird: Als der Feind seine Vaterstadt Priene eingenommen hatte und alle anderen auf der Flucht viele ihrer Habseligkeiten bei sich hatten und als jemand ihn

ermahnte, dasselbe zu tun, sagte er: ›Ich tue das schon, denn ich habe meinen gesamten Besitz bei mir‹« (S. 205); vgl. ebd., 2,17: »Jeder, der ausschließlich von sich selbst bestimmt wird und alles, was er besitzt, in sich allein verwahrt, kann nur ausgesprochen glücklich sein.« (S. 211.)

Wer so das Leben ... viel vom Weisen und alles von Gott: vgl. die Anm. zu Aphorismus 133.

138

die Dinge sein zu lassen: eine stoizistische Binsenweisheit: Marc Aurel dankt zu Beginn seiner *Selbstbekenntnisse* (I,8) seinem Lehrer Apollonius, er habe von diesem gelernt, »bei heftigen Schmerzen, beim Verlust eines Kindes und bei langer Krankheit stets Gleichmut zu bewahren« (S. 11).

Heilmittel: vgl. Seneca, *Epist.* I,1,2,3: »Nicht nutzt die Nahrung, noch kommt sie dem Körper zugute, die man nach dem Genuss sogleich wieder von sich gibt. Nichts hemmt die Genesung so sehr wie ein häufiger Wechsel der Heilmittel; nicht kommt die Wunde zur Vernarbung, an der Medikamente erprobt werden; nicht wächst der Schössling kräftig heran, der oft verpflanzt wird; nichts ist so nützlich, dass es im Vorbeigehen hilft« (S. 15).

jetzt der Zeit nachgeben, wird später Siegen sein: vgl. Cicero, *Fam.* 4,9,2: es habe stets »als Zeichen von Klugheit gegolten, sich in die Umstände zu schicken« (S. 207).

139

niemand wusste zu jeder Stunde: vgl. Plinius, *Nat. hist.* 7,40,41: »Kein Sterblicher ist zu jeder Stunde weise«.

140

Gleich zur Süße geht die Biene in der Wabe und die Natter zur Bitterkeit im Gift: Die Parallelisierung der Phänomene (die Biene und die Süße des Nektars, der außerhalb von ihr ist, mit der Natter und der

Bitterkeit von Gift, das bereits in ihr ist) kann als Ähnlichkeitsbeziehung im Foucault'schen Sinne verstanden werden: Bis zum Ende des 16. Jahrhunderts habe »die Ähnlichkeit im Denken der abendländischen Kultur eine tragende Rolle gespielt«, nämlich »zu einem großen Teil die Exegese und Interpretation der Texte geleitet, das Spiel der Symbole organisiert, die Erkenntnis der sichtbaren und unsichtbaren Dinge gestattet und die Kunst ihrer Repräsentation bestimmt«. Im Zusammenhang der Ähnlichkeit von Biene und Natter könnte man Foucaults dritte Ähnlichkeitsform bzw. die Analogie anführen, die »die wunderbare Gegenüberstellung der Ähnlichkeit durch den Raum hindurch« sicherstellt. Sie könne »von einem einzigen Punkte aus eine unbeschränkte Zahl von Verwandtschaften herstellen« (*Ordnung der Dinge*, S. 46, 51): Wie die Natter zur Bitterkeit des Giftes steht, steht die Biene zur Süße der Blume. Es ist dabei anscheinend nebensächlich, dass die Natter das Gift selbst produziert und die Biene den Nektar aus der Pflanze holt und nur in Süße umwandelt. Die Herausarbeitung von solchen Ähnlichkeiten ist ihrerseits nicht trivial, so Foucault, denn es »gibt keine Ähnlichkeit ohne Signatur. Die Welt des Ähnlichen kann nur eine bezeichnete Welt sein«. Ähnlichkeit sei allgemein »die unsichtbare Form dessen« gewesen, »was aus der Tiefe der Welt die Dinge sichtbar machte. Damit aber jene Form ihrerseits bis zum Licht kommt, muß eine sichtbare Gestalt sie aus ihrer tiefen Unsichtbarkeit zerren« (S. 57). Vgl. in diesem Zusammenhang die Ausführungen hier im Nachwort zum *concepto* als Technik zum Aufzeigen von Beziehungen zwischen Dingen (S. 199 f.), zur (wahrgenommenen) Welt der Dinge (S. 204, 211), zum nichtabstrakten Denken (S. 207–209) sowie zur Bewegung (des Denkens) im Raum (S. 200, 203 f., 208–211).

Sammler des Schmutzes: Plinius, *Epist.* 3,5,10 über seinen Onkel, der nichts las, »ohne sich Auszüge zu machen; der pflegte nämlich zu sagen, kein Buch sei so schlecht, daß es nicht irgendwie nützen könnte« (S. 173).

141

Bordun: ständig durchklingende Quinte, typisch für Hirtenmusik (etwa beim Dudelsack); hier also im übertragenen Sinne: im Grundton, mit dem durchgehenden Charakterzug vorgetragen.
Stöckeln: Schopenhauer übersetzt *chapines* (›hohe Stöckelschuhe‹) mit ›Kothurn‹, also den Plateauschuhen antiker Schauspieler.

144

Mit fremden Interessen ... abzuziehen: vgl. Ignatius von Loyola, *Exerzitien*: »Es ist dem bösen Engel eigen, der Gestalt *unter einem Lichtengel* annimmt, bei der frommen Seele einzutreten und bei sich selbst hinauszugehen; nämlich gute und heilige Gedanken zu bringen, wie es dieser gerechten Seele entspricht; und danach bemüht er sich allmählich, bei sich hinauszugehen, indem er die Seele zu seinen verborgenen Täuschungen und verkommenen Absichten zieht« (Nr. 332, S. 133).
hinsichtlich des zweiten Versuchs: vgl. Aphorismus 13, hier in Bezug auf das Problem, dass der Gegner sich an unsere Denkweise gewöhnt.

145

Achillesfersen: span. *sentimento*, ›Gefühle, Sensibilitäten‹, hier im Sinne von nervlichen Schwächen oder Schmerzen, die deshalb vom Gegner leicht als Angriffsziele genutzt werden können.

146

Frau Wahrheit kommt am Arm der Zeit hinkend immer zuletzt und spät: vgl. Aulus Gellius, *Noctes* 12,11,7: »Veritatem Temporis filiam esse dixit«: ›Die Wahrheit ist eine Tochter der Zeit‹.
verdoppelt: die Ohren des Menschen als zwei Eingänge für die Wahrheit.

147

Keinen noch so Vollkommenen ... bräuchte: vgl. Plautus, *Miles* v. 885: »Doch niemand ist allein gescheit genug: schon viele sah ich / Die Richtung guten Rats verfehlen, eh sie ihn gefunden« (S. 93).

148

Sprich, wenn du willst, dass ich dich kennenlerne: freie Übersetzung des lat. Sprichworts »loquere ut te videam«: ›Sprich, damit ich Dich sehe‹. Vgl. auch Seneca, *Mor.* 72: »Imago animi est sermo«: ›Die Rede ist ein Abbild des Geistes‹, sowie Cicero, *Oratio in Pisionem* 1,1: »voltus denique totus, qui sermo quidam tacitus mentis est«: ›schließlich das ganze Gesicht, das sozusagen eine Art stille Sprache des Geistes ist‹.
Beckmesser: span. *censor.*

149

Abfallplatz des Misslingens: span. *terrero de infelizidades.*

150

Zurücksetzung Sporen geben: vgl. das berühmte Zitat aus Ovid, *Am.* 3,4,13–19: »Neulich habe ich gesehen, wie ein Pferd mit störrischem Maul sich beharrlich gegen sein Zaumzeug wehrte und pfeilschnell galoppierte; es blieb jedoch stehen, sobald es spürte, dass man ihm die Zügel überlassen hatte und dass sie lose auf seiner wallenden Mähne lagen. Wir streben nach Verbotenem und begehren immer, was uns verwehrt ist« (S. 135).

151

stumme Sibylle: Die Sibyllen in der antiken griech. Mythologie verkörperten die Offenbarung der Orakel (etwa im Heiligtum von Delphi). Die Formulierung »stumme Sibylle« scheint nahelegen zu wollen, dass es manchmal angemessen ist, sich nicht zu viele Gedanken über mögliche Probleme der Zukunft zu machen.

über den Punkten: unklarer Bezug von *los puntos* im span. Originaltext.

Manche handeln und denken später: vgl. Publilius Syrus, *Sententiae* D6: »Gut Überlegen ist ein fruchtbar Säumen« (*Sprüche*, S. 25).

152

Fabula: wörtl. ›Geschichte‹; gemeint ist hier die von dem Dichter Martial erfundene Gestalt »fabulla«, die nur im Kontrast zu den sie umgebenden alten Weibern schön wirkt, die Gracián schon in seinem Buch *El Discreto* erwähnt hatte; vgl. Martial, *Epigr.* 8,79: »Du hast als Freundin alle alten Weiber / und die noch häßlicher als diese, leider. / Die schleppst du zur Begleitung mit herum, / zu Gastmahl, Hallen, vor das Publikum. / So bist du, im Vergleich gesehen, / Fabulla, mädchenhaft und schön« (S. 348).

154

Ein Mangel... des Mögens: vgl. Cicero, *Lael.* 17,63: »Es ist also klug, den Drang freundschaftlicher Zuneigung erst einmal zurückzuhalten, wie man die Pferde vor einem Wagen zurückhält, um von der Freundschaft wie von einem Gespann erst nach vorheriger Erprobung Gebrauch zu machen, nämlich wenn wir den Charakter der Freunde einigermaßen auf die Probe gestellt haben« (S. 73/75) sowie 22,85: »Und ebendarum muss man – ich betone es immer wieder – erst prüfen, dann lieben und nicht jemanden erst dann prüfen, wenn man ihn schon liebgewonnen hat« (S. 95).

155

der erste... letzte: Anspielung auf das span. Sprichwort »No hay hombre cuerdo en caballo«: ›Es gibt keinen klugen Menschen auf dem Pferderücken‹.

156

aus Prüfung der Umsicht ... hervorgehen: vgl. die Anm. zu Aphorismus 154.

157

Stimmungslagen: span. *los humores,* wörtl. ›die Säfte‹. Der Begriff spielt an auf die sogenannte Vier-Säfte-Lehre des antiken Arztes Galen (2. Jahrhundert n. Chr.): Gelbe Galle ist demnach prägender Körpersaft für den Choleriker, schwarze Galle für den Melancholiker, Blut für den Sanguiniker und Schleim für den Phlegmatiker.

158

Ganzheit, Güte und Wahrheit: Güte hier im Sinne von Qualität oder Klasse; insgesamt eine Anspielung auf den scholastischen Lehrsatz »Wo immer etwas seiend ist, ist es Eines, ein Wahres, ein Gutes oder Perfektes«. Vgl. die klassische Untersuchung zum Thema Wahrheit von Thomas von Aquin, *De veritate*: »Wenn sie nicht ganz und gar dasselbe sind, muß Wahrheit etwas zu Seiendem hinzufügen. Wahres fügt aber Seiendem nichts hinzu.« sowie »Das Übereinstimmen eines Seienden mit dem Strebenden drückt also das Wort ›Gutes‹ aus« (S. 5/7).

Wenige können gute Freunde sein ... auszuwählen: vgl. Terentius Varro, *Sententiae* 36,25: »Kindlich ist die Freundschaft, die nicht vorher durch Prüfung gegangen« ist, sowie Anm. zu Aphorismus 154.

sie erhalten können ... zu Freunden machen: vgl. Pseudo-Seneca, *Mor.* 20: lat. »Servandus ergo est omni diligentia raro inventus amicus«: ›Da man einen Freund nur selten findet, muss man ihn mit aller Sorgfalt festhalten; er ist nämlich ein zweites Ich‹.

dass sie alte Freunde werden können: vgl. Jesus Sirach 9,15: »Ein neuer Wein [ist] ein neuer Freund; altern möge er, und mit Wonne wirst du ihn trinken« (Hieronymus, *Vulgata* II,1061).

Scheffel: vgl. Cicero, *Lael.* 19,67: »und das Sprichwort ist wahr, dass man viele Scheffel Salz miteinander essen muss, bis die Freundschaft ihre Bewährungsprobe bestanden hat« (S. 79).

159

wer Wissen vermehrt, vermehrt Ungeduld: Pred. 1,17 f.: »Und ich habe mein Herz darauf gerichtet, Klugheit und Belehrung sowie Irrtum und Torheit zu kennen, und ich habe erkannt, dass auch in ihnen Mühe und Betrübnis des Geistes ist, weil in vieler Weisheit auch viel Ärgernis liegt, und wer Wissen hinzufügt, auch Mühe hinzufügt« (Hieronymus, *Vulgata* II,897).

Nach Epiktet… Aushalten-Können: Grundsatz der stoizistischen Lehre. Nach Aulus Gellius, *Noctes* 17,19,6, lehrt Epiktet: »Wer die Worte *anechou* und *apechou* beherzigt und befolgt, der führt ein schuldfreies und zufriedenes Leben […]. Enthalte dich [der Genüsse] und ertrage [die Kränkungen]«.

Aus dem Dulden geht der unschätzbare Friede hervor: Vgl. Cicero, *Fin.* 2,105: »Wie steht es, wenn auch die Erinnerung an die vergangenen Übel angenehm ist? […] Der Volksmund sagt ja: ›Überstandene Mühen sind mir lieb‹. Nicht übel drückt es auch Euripides [in dessen Stück *Andromeda*] aus […]: ›Süß ist es, überstandener Mühen zu gedenken‹« (S. 227/229).

Friede… das Glück auf Erden: vgl. erneut Cicero, *Parad.* 2,17: »Jeder, der ausschließlich von sich selbst bestimmt wird und alles, was er besitzt, in sich allein verwahrt, kann nur ausgesprochen glücklich sein« (S. 211).

160

Es ist immer Zeit, um ein Wort auf den Weg zu bringen, aber nicht, um es zurückzuholen: vgl. Horaz, *Ars poetica*, 389 f.: Horaz gibt den Rat, niemals etwas gegen den Rat der Minerva, also der Schutzheiligen der Schriftsteller (vgl. Anm. zu Aphorismus 16), zu tun. Jeder dichte, man solle aber nicht alles veröffentlichen. Nach neun Jahren dürfe man dann vernichten, »was du nicht veröffentlicht hast – das Wort, das du von dir gabst, kennt keine Rückkehr« (S. 33).

wie in einem Testament sprechen: vgl. Seneca, *Epist.* 11,15,93,6: »Doch deshalb würde ich einen Zuwachs an Jahren nicht zurückweisen; dennoch möchte ich behaupten, dass meinem glücklichen Leben eine Verkürzung seiner Dauer keinen Abbruch getan hat; denn nicht habe ich mich auf *den* Tag eingerichtet, den mir eine gierige Hoffnung als letztmöglichen in Aussicht gestellt hatte, sondern einen jeden habe ich als den letzten angesehen« (S. 873). Vgl. auch den Hinweis von Ignatius von Loyola, *Exerzitien*, er wolle alle seine Ämter so ausfüllen, als wäre er »in Todesnähe« (Nr. 340, S. 135).

Das Geheimnisvolle hat einen Schein von Göttlichkeit: vgl. Cato, *Disticha* 1,3: »Für die oberste Tugend halte: die Zunge im Zaum zu halten: der ist Gott am nächsten, wer mit Vernunft zu schweigen versteht«.

161

Die Lieblingsfehler kennen: Lieblingsfehler: span. *los defectos dulces*, also ›die süßen Fehler‹ im Sinne von Naschereien oder Süßigkeiten, von denen man quasi abhängig ist. Vgl. Aphorismus 225 sowie Cicero, *Att.* 2,17 amüsiert: »der Anflug von Eitelkeit in mir, meine Schwäche für den Ruhm – wie nett ist es doch, seine eigenen Fehler zu kennen! – hat gewissermaßen seinen Spaß daran« (S. 125).

Auch der vollkommenste Mensch entgeht ihnen nicht ganz: vgl. Horaz, *Serm.* 1,3,68: »Fehlerlos nämlich wird niemand geboren; der beste ist jener, / der von den kleinsten [Fehlern] bedrängt ist« (S. 337).

162

Hölle für die Eifersucht ist der Ruhm dessen, auf den man eifersüchtig ist: vgl. Horaz, *Epist.* 1,2,55 f.: »Der Geizige leidet ständig Mangel; fest sei die Grenze, bis zu der dein Wunsch hinstrebt. Ein Neidischer magert gleich ab, geraten einem anderen fette Geschäfte: Selbst Siziliens Tyrannen fanden keine schlimmere Folter als Neid« (S. 527).

Gift aus dem Glück machen: vgl. Valerius Maximus, *Facta et dicta memorabilia* 4,7, Ext. 2: »nulla tam modesta felicitas est, que malignitate dentes vitare possit«: ›Kein Glück ist so fest und beständig, dass es nicht die Zähne der Missgunst vermeiden könnte‹.

164

beim Bitten, Lieben und Regieren: ähnlich eine Äußerung Francesco Guicciardinis (1483–1540), der König Ferdinand II. (Aragón, 1452–1516) diese Fähigkeiten in besonderem Maße zusprach.

166

kein gutes Werk zu haben, wenn man kein schlechtes Wort hat: vgl. Seneca, *Epist.* I,9,75,4: »was wir meinen, wollen wir aussprechen, was wir aussprechen, wollen wir meinen; die Rede soll mit dem Leben übereinstimmen« (S. 563) sowie *Epist.* I,3,24,19: »Es ist beschämend, anders zu reden als zu denken: wie viel beschämender, anders zu schreiben als zu denken!« (S. 175).

167

Keine bessere Begleitung gibt es in großer Bedrängnis als ein gutes Herz: Carlos Manuel de Saboya zugeschriebener Ausspruch (nach Botero, *Memorabili*, S. 330).

171

Die großen Freunde sind für die großen Gelegenheiten: vgl. das berühmte Ovid-Zitat aus dessen *Tristia* I,5,9: »Während du glücklich bist, erfreust du dich vieler Gefährten. / Wird dein Himmel jedoch trübe, so bist du plötzlich allein« (S. 49); aber auch Cicero, *Lael.* 17,64: »Wie drückend, wie lästig erscheint es doch den meisten, am Unglück mit zu tragen! Es sind nicht leicht Menschen zu finden, die sich darauf einlassen. Ennius sagt zwar ganz richtig: ›Den sicheren Freund erkennt man in der unsicheren Lage‹, es sind aber eben diese beiden Fälle, in denen sich die meisten Menschen in ihrer Unzuverlässigkeit und Schwäche offenbaren« (S. 75/77).

172

Jahre kostete sein Erwerb, und er geht in einem winzigen Moment verloren: span. Wortspiel: »y viene a perderse en un punto de un puntillo«.

173

Liebhaber ... Diamant: amante ermöglicht im Span. ein Spiel mit Klängen bzw. mit *diamante.* (»La condición del amante tiene la mitad de diamante«).

176

Orakel ... müßig, weil niemand sie zu Rate zieht: Ausnahme von der Regel, dass alles das begehrt wird, was selten ist (vgl. Anm. zu Aphorismus 65): Hier verhält es sich gerade umgekehrt.

Rat suchen schmälert weder Größe, noch spricht es für einen Mangel an Fähigkeit: vgl. Seneca, *De ira* 3,36,4: »Ein guter Mensch freut sich über Ermahnung, die Schlechtesten reagieren besonders abweisend auf jemanden, der sie anleiten will« (S. 261). Vgl. auch die Anm. zu Aphorismus 15 bzw. Hinweise Marc Aurels.

überlege ... damit einem das Unglück nicht überlegen ist: Wortspiel im Span.: »Debata en la razón, para que no le combata la desdicha«.

180

Der Dumme ... widerlegen wollen wird: Anscheinend soll selbst der Versuch, die Strategien des Gegners vorwegzunehmen, unter die Kritik einer allzu starken Ausrichtung an dem fallen, »was der Feind zu tun hätte«. Dies allerdings scheint im Widerspruch zu dem folgenden Satz zu stehen, der fordert, alles von beiden Seiten zu durchdenken.

181

es verlangt ebenso viel, sie sagen wie sie verschweigen zu können: vgl. Pseudo-Seneca, *Mor.* 74: lat. »Magna res est vocis et silentii tempora nosse«: ›Eine große Sache ist es, die Zeit des Redens und die Zeit des Schweigens zu kennen‹.

Mit einer einzigen Lüge geht der Verdienst der Makellosigkeit verloren: vgl. Cicero, *Div.* 2,146: »Einem Lügner pflegen wir nicht einmal zu glauben, wenn er die Wahrheit sagt« (S. 271).

Nicht alle Wahrheiten können gesagt werden: vgl. Seneca, *Epist.* I,3,29,1: »man soll die Wahrheit nämlich nur dem, der sie hören will, sagen« (S. 199). Vgl. auch die Anm. zu Aphorismus 114.

183

Holzköpfe: span. *cabezas de hierro,* wörtl. ›Eisenköpfe‹.

184

König … hohe Ernst: Anspielung auf Pedro IV. von Aragón (1319–1387), der den Beinamen »el Ceremonioso« trug.

sie: Das span. Original lässt offen, auf wen sich dieses Personalpronomen bezieht, also ob auf »Nationen« oder auf »Götzendiener«.

185

einen guten Tag haben: vgl. Aphorismus 139.

186

Die Fehler erkennen: vgl. die Anm. zu Aphorismus 161.

191

Kräuter Thessaliens: Thessalien: Landschaft in Griechenland; Apuleius (*Metamorphosen* 3,21) beschreibt die magischen Fähigkeiten der

Hexen aus Thessalien, die ihre eigene Gestalt wandeln und »ausfahren« (also fliegen) konnten, indem sie sich mit einer Salbe aus Zauberkräutern einrieben. Noch in Goethes *Faust. Der Tragödie Zweiter Teil* finden sich thessalische Hexen.

192

Man muss hören und sehen, aber schweigen: vgl. das lat. Sprichwort »audi, vide, tace, si vis vivere in pace«: ›Höre, sieh und schweige, wenn du in Frieden leben willst‹. Vgl. auch Cicero, *Fam.* 4,9,2: »Vielleicht darfst Du nicht sagen, was Du denkst, aber schweigen auf jeden Fall« (S. 209).

Der Tag ohne Streit bringt die Nacht mit tiefem Schlaf: vgl. Martial, *Epigr.* 2,90,10: »die Nacht sei mit Schlaf verbunden, frei von Prozessen sei der Tag« (in der Übersetzung von Holzberg, S. 53).

193

den fremden Nutzen – zum Schaden der Hand – aus dem Feuer zu holen: Bezug auf eine zum Sprichwort gewordene tatsächliche Begebenheit am Hofe von Papst Julius II. (1443–1513): Dort vertrieben sich die Kämmerlinge die Wartezeit, bis der Papst endlich zu Bett ging, mit dem Rösten von Kastanien im Kaminfeuer. Einmal wurden alle Höflinge plötzlich abberufen. Ein als Haustier gehaltener Affe kam schnell herbei und versuchte, die Kastanien aus dem Feuer zu angeln, erinnerte sich aber anscheinend daran, dass normalerweise die Kämmerlinge die heißen Kastanien mit Stangen aus dem Feuer holten. Der Affe fing sich eine Katze, drückte sie fest vor die Brust und führte deren eine Tatze ins Feuer, um so die Kastanien für sich gefahrlos aus dem Feuer herausholen zu können. Auf das Geschrei der Katze hin eilten die Diener herbei (die Anekdote verarbeitete Jean de La Fontaine in seinen 1668 erschienenen Fabeln; dort überredet der kluge Affe aber die dumme Katze, indem er an ihre Geltungssucht appelliert, sie könne mit den Kastanien etwas, was er nicht könne; die Geschichte war vor La Fontaine mehrfach beschrieben und immer weiter verbreitet worden).

Der Affe benutzt die Tatze der verständlicherweise wenig kooperativen Katze als Werkzeug, um sich nicht die Finger zu verbrennen. (Jacob Gole, Amsterdam, 1680)

Wichtig hier: In der originalen Anekdote zwingt der Affe die Katze körperlich. Hier also sinngemäß: ›Lass Dich nicht in solche Abhängigkeiten bringen, dass dich jemand zu etwas zwingen könnte‹ (also nicht wie bei La Fontaine: ›Sei nicht so dumm, dich aus Eitelkeit zu etwas überreden zu lassen, das dir schadet‹). Die Grundaussage der Anekdote entspricht damit der Empfehlung Marc Aurels aus seinen *Selbstbetrachtungen*, IV,31, sich »weder zum Tyrannen noch zum Sklaven irgendeines anderen Menschen« machen zu lassen (S. 49).

194

was immer sich ereigne: vgl. Seneca, *De ira* 3,30,3: »Freuen wir uns doch an dem, was wir bekommen haben, ohne zu vergleichen! Jemand, den immer der Gedanke an die noch Glücklicheren quält, wird niemals glücklich sein. Das ist weniger, als ich gehofft hatte: Vielleicht habe ich mir ja mehr erhofft, als ich gedurft hätte! An dieser Stelle droht die größte Gefahr, hier entsteht die Wut, die die schlimmsten Verwüstungen anrichtet und gewaltsam in alles eindringt, was uns heilig und unantastbar sein sollte« (S. 247) und die Anm. zu Aphorismus 138 bzw. zu Marc Aurel I,8, »stets Gleichmut zu bewahren«.

196

seine Hand: d. h. die ihm in diesem Spiel ausgeteilten Karten, mit denen er zurechtkommen muss.

Göttin: im span. Original *minerva* (mit Kleinschreibung des ersten Buchstabens), als metonymischer Verweis auf Minerva, die römische Göttin des Wissens; möglicherweise zeigt die Kleinschreibung aber auch an, dass in Graciáns sprachlicher Umwelt der Name zu einem Substantiv für ›Wissen‹ geworden war. Vgl. die ähnliche Verwendung in Aphorismus 16.

er soll sie nicht austauschen: vgl. Vergil, *Aen.* 5,21–23: »Da Fortuna doch Siegerin bleibt, wollen wir uns fügen und die Fahrt lenken, wohin sie uns ruft« (S. 225).

Nordstern … kleine Bär: Der Nordstern, auch »Polarstern« genannt, ist ein hellstrahlender Stern, der im Sternbild Kleiner Bär die Schwanzspitze bzw. im Sternbild Kleiner Wagen (wie das Sternbild des Kleinen Bären auch oft bezeichnet wird) den Endpunkt der Wagen-Deichsel bildet: Hat man also den Nordstern gefunden, lässt sich schnell auf den Kleinen Bären schließen – und umgekehrt.

198

Die Vaterländer sind stiefmütterlich gegenüber den wirklich Herausragenden: vgl. Luk 4,24: »Wahrlich, ich sage euch: Kein Prophet ist willkommen in seiner Heimat« (Hieronymus, *Vulgata* V,301).

von den einen, weil sie sie von weit weg, von den anderen, weil sie in die Weite sehen: Wortspiel im Span.: »de los unos porque los miran de lejos, de los otros porque lejos«. Vgl. Tacitus, *Ann.* 1,47, über die Einsichten des Kaisers Tiberius, dass er dann, wenn er Befehle aus der Ferne über Mittelsmänner gibt, mächtiger wirkt: »unbeschadet seiner Hoheit, die, je weiter sie entfernt sei, umso größere Ehrfurcht genieße« (S. 46).

200

selbst beim Verstehen muss immer etwas zu wissen bleiben: vgl. zum Lernen als nie zu beendender Tätigkeit Seneca, *Epist.* I,9,76,3: »Man muss so lange lernen, solange man etwas nicht weiß; wenn wir dem Sprichwort glauben, solange man lebt. Denn zu keinem Bereich passt dies besser als dazu: man muss so lange lernen, wie man leben soll, solange man lebt« (S. 573).

Übersättigungen an Glück sind tödlich: vgl. Seneca, *Epist.* I,8,74,18: »Wir wollen sie [die Dinge] gebrauchen, uns ihrer aber nicht rühmen, und wir wollen sie sparsam gebrauchen, als ob sie bei uns hinterlegt wären und sich bald wieder entfernten. Jeder, der sie ohne Vernunft besessen hat, hat sie nicht lange behalten; das Glück bringt sich nämlich selbst in Bedrängnis, wenn es nicht maßvoll gebraucht wird« (S. 551). Vgl. Anm. zu Aphorismus 162.

201

Weisheit ... des Himmels Unbedarftheit: vgl. 1. Kor 3,18–20: »Niemand soll sich auf Abwege führen! Wenn einer unter euch in dieser Welt scheinbar klug ist, soll er töricht werden, um klug zu sein. Denn die Weisheit dieser Welt ist Torheit vor Gott. Denn es ist geschrieben: ›Ich werde die Weisen mit ihrer Weisheit fangen.‹

Und wieder: ›Der Herr weiß um die Gedanken der Weisen, dass sie eitel sind.‹« (Hieronymus, *Vulgata* V,73).

es weiß derjenige, der denkt, dass er nicht weiß: Anspielung auf die angeblich authentische Behauptung Sokrates', die Cicero als gesichert wiedergibt (vgl. *Academicorum Reliquiae Cum Lucullo* 1,16), dass Sokrates sich mit seinem einzigen gesicherten Wissen, dass er nichts weiß, als anderen überlegen versteht – doch hatte Sokrates' Äußerung (oîda ouk eidōs – οἶδα οὐκ εἰδώς) einen weniger selbstbewussten Sinn. Wörtlich übersetzt heißt der Spruch: ›Ich weiß als Nicht-Wissender‹ bzw. ›Ich weiß, dass ich nicht weiß‹. Cicero führt aber aus: »[Socrates] ita disputat, ut nihil se scire dicat nisi id ipsum, eoque praestare ceteris, quod illi quae nesciant scire se putent, ipse se nihil scire id unum sciat«: ›[Sokrates] diskutiert so, dass er sagt, er wisse nichts, außer eben das, und damit überbiete er die anderen, dass jene glaubten, das zu wissen, was sie nicht wüssten, er aber selbst dies eine wisse, dass er nichts wisse‹.

Welt voller Toren: vgl. 1. Brief Kor III,19: »Denn die Weisheit dieser Welt ist Torheit vor Gott«. Vgl. auch Anm. zu Aphorismus 133.

203

Phönix: vgl. Anm. zu Aphorismus 63.

Gran Capitán: Kommentatoren verweisen auf Gonzalo Fernández de Córdoba (vgl. Anm. zu Aphorismus 73).

Klasse: span. *categoría* kann sogar einen Dienstrang bezeichnen.

Apelles: lebte 375–370 bis Ende des 4. Jahrhunderts v. Chr., einer der berühmtesten Maler der Antike und Zeitgenosse Alexanders des Großen. Er genoss das Privileg, als einziger Maler der Zeit Alexander porträtieren zu dürfen (ähnlich wie der Bildhauer und Erzgießer Lysippos).

204

trägt die Sorgfalt von der Höhe des Unmöglichen ab: vgl. das lat. Sprichwort »industriae nil impossibile«: ›dem Fleiß nichts unmöglich‹.

Über die großen Verpflichtungen … Hemmung auslöst: vgl. Tacitus, *Hist.* 1,38,2: »Kein Zögern ist jetzt am Platz bei einem Plan, der erst gelobt werden kann, wenn in die Tat umgesetzt« (S. 63).

205

frech prahlen sie … in Flammen setzen: klassisches Beispiel für eine solche Taktik ist die Tat des Herostratos, der 356 v. Chr. den Tempel der Artemis in Ephesos (eines der sieben Weltwunder) anzündete, um auf diese Weise seinen Namen unsterblich zu machen.

206

Korinth: Unerfreulich hoch waren in der Antike die Preise für Fremde im schönen Korinth. Vgl. das Sprichwort: »non cuivis homini contingit adire Corinthum«: ›Nicht jeder kann sich eine Reise nach Korinth leisten‹. Hier also im übertragenen Sinne: Selbst im teuren Nobelviertel gibt es keinen absoluten Schutz vor dem Pöbel.

207

Man muss einem Fall mehr Aufmerksamkeit geben, wenn er ein Zufall ist: Wortspiel im Span.: »Hase de estar más sobre el caso en los acasos«.

Daumenschrauben: span. *torcedores,* also ›Folterwerkzeuge‹. »Daumenschrauben« ist im Zusammenhang einer Übersetzung der im Deutschen geläufigste Begriff.

Vermögen: span. *mayor caudal,* im Sinne von ›die größten Geistesgrößen‹.

Klugheit, um im Sattel zu bleiben: vgl. Aphorismus 155.

208

weil sie nicht am Denken sterben, und andere sind es, weil sie daran sterben: vgl. Aphorismus 232, 239.

209

sich keiner mit seinem Los zufriedengibt: vgl. Horaz, *Epist.* 1,14,11: »Wem des anderen Los gefällt, dem mißfällt ganz ja das eigene. Dumm sind beide und unrecht ist's, daß den schuldlosen Ort [jeweils das Land für den Stadtbewohner und die Stadt für den Landbewohner] sie verklagen: schuld nur ist ihr eigener Sinn, der nie noch sich selbst je entflohen« (S. 559).

Alle begehren aus Unzufriedenheit mit dem eigenen das fremde Glück: vgl. die Anm. zu Aphorismus 194.

210

sie zu versüßen: vgl. die Anm. zu Aphorismus 267.

Man muss für Zeitgenossen wie für Menschen einer vergangenen Zeit reden: vgl. Tacitus, *Ann.* 2,88, über den Germanen Arminius: »Die griechische Geschichtsschreibung, die nur die eigenen Taten bewundert, kennt ihn nicht, und bei den Römern spielt er nicht die ihm gebührende Rolle, da wir die alte Geschichte rühmend hervorheben und der neuen gleichgültig gegenüberstehen« (S. 138).

211

Glücksumstände sind wechselhaft: vgl. Anm. zu Aphorismus 33 und 38.

Aufgepasst also, dass das Ende gut wird: vgl. Shakespeares dunkle Komödie *All's Well That Ends Well* (›Ende gut, alles gut‹): Die literarische Vorlage lieferte eine Novelle aus Boccaccios *Decamerone* (3. Tag, 9. Geschichte).

214

aber in zwei nicht: vgl. das lat. Sprichwort »Sicut canis qui revertitur ad vomitum suum, sic imprudens qui iterat stultitiam suam«, das auf dem biblischen Spruch *Proverbia/Sprichwörter* 26,11 fußt: »Wie ein Hund, der zu seinem Auswurf zurückkehrt, so ist der

Unkluge, der seine Dummheit wiederholt« (Hieronymus, *Vulgata* III,871).

215

das Weiße in der Zielscheibe: also den innersten Kreis der Zielscheibe, heute eher schwarz (Pistole und Gewehr), gelb (Bogenschießen) oder rot (das sog. »Bull's eye« im Dart).

216

Die klaren Geister … keinen Gedanken verbinden: vgl. Quintilian, *Inst.* 2,3,8: »Wie aber nun gar, wenn es sich – wie meistens – herausstellt, daß weit leichter verständlich und klarer ist, was gerade die geschultesten Meister vortragen? Denn die Haupttugend der Beredsamkeit ist die durchsichtige Klarheit, und je schwächer ein Geist ist, desto mehr versucht er sich zu recken und breitzumachen, wie Leute von kleiner Statur sich auf die Zehen stellen und Schwächlinge am meisten drohen« (Bd. 1, S. 173).

217

Den Freunden heute vertrauen wie Feinden, und zwar den schlimmsten, von morgen: vgl. Cicero, *Lael.* 17,61, der diese Einstellung aber scharf kritisiert, ähnlich wie Scipio einen Mann, »der gesagt habe, man müsse so lieben, wie man einmal hassen würde. […] So denke doch nur ein ganz minderwertiger Mensch, ein Ehrgeizling oder einer, der alles nur im Blick auf seine eigene Machtposition sieht. Wie soll denn einer demjenigen ein Freund sein, von dem er sich vorstellt, er könne auch dessen Feind sein!« (S. 69/71).

über böses Handeln: nämlich die zu früh bzw. taktisch zum falschen Zeitpunkt ausgeführte Rache.

218

Antipoden: lat., wörtl. ›Gegenfüßler‹, also diejenigen, die exakt auf der anderen Seite der Erde leben und uns quasi ihre Füße entgegenstrecken: Pythagoras, Platon und Cicero stimmten der Theorie zu, dass es Antipoden geben könne, Laktanz, *Divinae institutiones* 3,24, fand das irrwitzig: »Was verkünden denn jene, die meinen, es gebe Antipoden, die uns die Füße zukehren? Ja, wer ist denn so töricht wie der, der glaubt, es gebe Menschen, deren Füße über den Köpfen sind? Oder wo das, was bei uns herunterzeigt, nach oben hängt? Wo Pflanzen und Bäume nach unten wachsen? Wo Regen und Schnee und Hagel zur Erde nach oben fallen?« (Übers. von Klaus Anselm Vogel, in: *Sphaera terrae – das mittelalterliche Bild der Erde und die kosmographische Revolution*, Göttingen 1995, S. 72.)

219

Durchdenker: span. *reflejo.*

Die größte Verstellung muss sein, zu verdecken, was für Täuschung gehalten wird: vgl. die Anm. zu Aphorismus 109 und 123, aber auch Quintilian, *Inst.* 1,11,3: »Auch Gebärdenspiel und Bewegung ist nicht in allem der Komödie abzulernen. Wenn nämlich auch der Redner beides in gewissem Umfang beherrschen muß, so bleibt er doch weit entfernt von der Art der Bühne, bleibt ohne die Übertreibungen im Mienenspiel, die Gestikulationen und Veränderungen des Standortes; denn wenn es hierfür bei den Redenden einer Kunst bedarf, so vor allem der, nicht als Kunst zu erscheinen!« (Bd. 1, S. 147) sowie 9,3,102 über die Vorbereitung und die Taktik einer Rede: »Vor allem aber muß man wissen, was beim Reden jede Stelle verlangt, was die Person und Situation. […] Wo es aber im Kampf um Entsetzen, um Abscheu, um Erbarmen geht, wer könnte es da aushalten, jemand in Antithesen, gleich langen und gleich klingenden Sätzen zürnen, weinen, bitten zu sehen? Nimmt doch die allzu große Sorge um die Worte den Leidenschaften die Glaubwürdigkeit; und überall da, wo sich die Kunst zur Schau stellet, scheint die Wahrheit zu fehlen« (Bd. 2, S. 365).

im goldenen Zeitalter die Geradlinigkeit, in diesem eisernen die Arglist: Hesiod beschreibt in seinem berühmten Lehrgedicht ΕΡΓΑ ΚΑΙ ΗΜΕΡΑΙ (›Werke und Tage‹) fünf Zeitalter (das goldene, silberne, bronzene, heroische und das eherne/eiserne). Im goldenen Zeitalter führten die Menschen »ihr Leben wie Götter, hatten leidlosen Sinn und blieben frei von Not und Jammer« (S. 13). Über das fünfte, eiserne Geschlecht führt er aus: »nie ruhen sie [die Menschen] aus am Tag von Mühe und Leid, und selbst bei Nacht nicht endet die Mühsal«. Weder »wird der Eidestreue Achtung finden noch der Gerechte, noch der Redliche, sondern eher werden sie Frevler und Gewaltmenschen ehren. Das Recht liegt in den Fäusten, Rücksicht wird es nicht geben«. Übrig »blieben den sterblichen Menschen nur bittere Schmerzen und nirgends ist Abwehr des Unheils« (S. 17/19). Der Einfluss von Hesiods Lehrgedicht kann kaum überschätzt werden, einzelne Sentenzen haben sich bis heute erhalten. Ovids Ausgestaltung der bei ihm nun vier Weltalter stand in der Wirkung auf die Nachwelt kaum hinter Hesiods Text zurück (*Met.* 1,89–150). Auch Ovid beschreibt, zuerst das goldene Zeitalter: »keine bittflehende Schar fürchtete den Spruch ihres Richters, sondern sie waren auch ohne Rächer geschützt. [...] Ohne Soldaten zu brauchen, lebten die Völker in sanfter Ruhe dahin. Auch gab die Erde, frei von Pflichten und Lasten, von keiner Hacke berührt, von keiner Pflugschar verletzt, alles von selbst« (S. 13). Es folgte das silberne und dann das eherne Zeitalter, letzteres »grausamer von Natur und schneller bereit, zu den schrecklichen Waffen zu greifen«. Das letzte Zeitalter (in dem wir jetzt leben) sei das eiserne: »es flohen Scham, Wahrheitsliebe und Treue; an ihre Stelle rückten Betrug, Arglist und Heimtücke, Gewalt und frevelhafte Habgier« (S. 15). Der aus der Zeit gefallene Don Quichote tritt in Cervantes' gleichnamigem Roman (I,20) in dem Selbstbewusstsein auf, »dass der Himmel mich in diesem unseren eisernen Zeitalter in die Welt sandte, um in ihm das goldene auferstehen zu lassen, auch genannt die güldene Zeit. Ich bin der, welchem die Gefahren beschieden sind, die großen Heldentaten, die kühnen Wagnisse« (S. 181).

220

Haut des Löwen ... der Füchsin: Die Löwenhaut ist eines der Hauptattribute des antiken Helden Herkules (vgl. die Anm. zu Aphorismus 48). Füchse gelten als besonders schlau (etwa in Äsops *Fabeln*). Zu beiden Tieren als Sinnbilder in der Politik vgl. Machiavelli, *Il Principe* XVIII: »Da also ein Fürst gezwungen ist, von der Natur der Tiere den rechten Gebrauch machen zu können, muß er sich unter ihnen den Fuchs und den Löwen auswählen; denn der Löwe ist wehrlos gegen Schlingen und der Fuchs gegen Wölfe. Man muss also ein Fuchs sein, um die Schlingen zu erkennen, und ein Löwe, um die Wölfe zu schrecken« (S. 137).

Der Zeit nachzugeben verstehen: vgl. Cicero, *Att.* 10,8: »et temporum serviendum est«, frei übers. von Helmut Kasten: ›den Mantel nach dem Winde hängen‹, wörtl.: ›man muss den Zeiten dienen bzw. gehorchen‹.

Wenn man etwas nicht erlangen kann, stellt sich die Verachtung ein: vgl. Äsops Fabel *Die Füchsin und die Trauben*: Weil sie die Trauben nicht erreichen kann, redet die Füchsin sie schlecht: »›Die sind ja noch unreif!‹ So machen auch manche Menschen, die gewisse Dinge nicht bekommen können, den Zeitpunkt dafür verantwortlich«, fasst Äsop zusammen (S. 23).

222

Ein Janus an Ausgewogenheit: Janus: röm. Gott des Anfangs und des Endes, mit zwei Gesichtern, die in verschiedene Richtung und deshalb insgesamt ausgewogen schauen.

ein Argus an Scharfblick: vgl. die Anm. zu Aphorismus 83.

Momos: in der griech. Mythologie ein extrem scharfzüngiger Kritiker, der sich nicht scheute, selbst die Götter anzugreifen (vgl. die folgende Anm.).

die Augen an den Händen: vgl. Alciatus, Emblem 25, das eine Hand mit einem Auge in der Handfläche zeigt (*manus oculata*). Die Geste der Hand wird als Zeichen für *fides*, also für Zutrauen und guten Glauben, und das Auge als Zeichen für Vorsicht gewertet. Das Bild

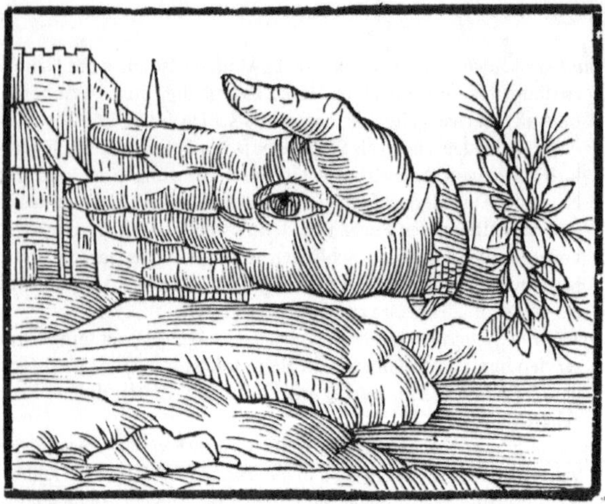

manus oculata ›die sehende Hand‹ (Andrea Alciato, *Emblematum libellus*, Venedig 1546)

geht zurück auf die Komödie *Asinaria* (›Eselskomödie‹) des Plautus (1,3,50): »semper oculatae manus sunt nostrae, credunt quod vident«: ›Immer sehend sind unsere Hände, sie glauben, was sie sehen‹. Das Emblem versinnbildlicht also Zutrauen im Auf-etwas-Zugehen (Hand) bei gleichzeitig ständiger wachsamer Überprüfung. In der emblematischen Tradition wird das Bild auch negativ bewertet (der Advokat, der nur mit der Hand mit dem Auge sieht, die Schmiergeld annimmt, als Sinnbild für Habgier, vgl. *Emblemata*, S. 1011), aber auch für Wahnsinn, dass jemand die Augen nicht wie normale Menschen im Kopf, sondern an den Händen hat, so in *Der Welt Tummel- vnd Schaw-Platz; sampt der bittersüssen Warheit*, S. 129: »Weil Gott die Fürtrefligkeit eines weisen Manns setzet in deme / daß er die Augen im Kopff habe / so wöllen wir sehen / wo der Narr seine Augen habe / Dann hat er sie in den Händen / Inmassen Alciatus in seinen Embelmatibus sie inn den Händen setzt«. Im islamischen Volksglauben bietet die Hand der Fatima (die einem Zuschauer zugewendete Hand mit einem Auge in der Handfläche) universellen Schutz und stellt die wirksamste Abwehrmaßnahme gegen die Dschinn und den bösen Blick dar und wird deshalb häufig als Kettenanhänger getragen. Die Bedeutung hier also: Die Forderungen des Momus (vgl. die folgende Anm.), also die Fenster in der Brust, sind genauso absurd, wie das Auge auf der Handinnenfläche zu tragen.

Fenster in der Brust: Anspielung auf eine Erzählung Lukians (*Hermotimos*), in der die Götter Athene, Poseidon und Hephaistos in einen Wettbewerb um die vollkommene Kunstfertigkeit treten, für den sie den Momus zum Schiedsrichter wählen. Poseidon baut einen Stier, Athene ein Haus, Hephaistos einen Menschen. Momus kritisiert am Stier, dass er nicht die Hörner unterhalb der Augen, und schließlich an dem Menschen, dass er nicht auf der Brust ein kleines Fenster habe, durch das man sehen könne, was der Mensch plane und ob er die Wahrheit spreche, dass also der Gott »der Brust seines Menschen keine Thürchen eingesetzt hatte, die man nur öffnen dürfte, um sogleich zu wissen, was er denkt und will, und ob er lügt oder die Wahrheit spricht. Indem also Momus so urtheilte, gestand er, daß auch er nicht scharfsichtig genug sey, den Menschen zu durchschauen« (S. 532).

223

eher Defekte als Distinktionen: span. »más defectos que diferencias«.

224

zum Schaden … Zufriedenheit … ihre günstige Seite: vgl. das lat. Sprichwort: »Sunt bona mixta malis, sunt mala mixta bonis«: ›Gutes ist mit Schlechtem, Schlechtes ist mit Gutem gemischt‹.

225

Seinen Hauptfehler kennen: vgl. die Anm. zu Aphorismus 161.

227

Konkubinen: Geliebte.

Alexander ... offenhalten: Alexander hielt sich ein Ohr zu, wenn er eine Anklage hörte, und hielt das andere offen für die Stimme des Angeklagten; vgl. Plutarch, *Alexander* 42: »Er soll auch am Anfang, wenn er in Prozessen über Leben und Tod als Richter auftrat, sich während der Rede des Anklägers mit der Hand das eine Ohr zugehalten haben, um es für den Angeklagten rein und unparteiisch zu bewahren« (S. 58).

228

Keine Läster-Stimme haben: span. Wortspiel: »No tener voz de mala voz«.

denn das ist eher verhasst als schwierig: span. »que es más odioso que dificultoso« meint: Es ist nicht schwierig auszuführen, und es ist noch leichter, dadurch schnell verhasst zu werden. Quintilian verbietet es in *Inst.* 6,3,28 sogar, auch nur einen harmlosen Witz zu machen, wenn das einen Freund kosten könnte: »Es kommt eben darauf an, wovon man Gebrauch macht. Denn im Zusammenleben und in täglicher Unterhaltung wird sich das Ausgelassene für die niederen Kreise, das Heitere für alle schicken. Verletzen sollten wir niemals, und fern sei der berüchtigte Grundsatz: lieber einen Freund verlieren als einen treffenden Witz!« (Bd. 1, S. 725).

230

manche beginnen zu sehen, wenn es nichts zu sehen gibt: vgl. Psalm 135,15 f.: »Die Götzenbilder der Heidenvölker [sind aus] Silber und Gold, Werke von Menschenhänden. Sie haben einen Mund und werden nicht sprechen, sie haben Augen und werden nicht sehen, sie haben Ohren und werden nicht hören, aber [es ist] auch kein Atem in ihrem Mund. Wie sie sollen die werden, die sie machen, jeder, der auf sie vertraut!« (Hieronymus, *Vulgata* III,707).

statt sich selbst zu erschaffen: span. »antes de hacerse ellos« im Sinne von ›ehe sie sich selbst zu Menschen machten bzw. sich selbst zu Menschen erzogen‹.

sie: Der Bezug dieses Personalpronomens im span. Original (*ellos*) ist unklar, es könnte sich auf die Menschen mit schlafenden Sinnen beziehen, aber ebenso auf ihre Sinne.

232

Was nutzt das Wissen, wenn es nicht praktisch ist: vgl. Cicero, *Fin.* 1,3: »Denn wenn es möglich ist, zum Ziel des Wissens zu gelangen, dann gilt es, dieses Wissen nicht nur zu erwerben, sondern es auch zu nutzen« (S. 57).

234

Zeugen ... Teilnehmer: zu verstehen in dem Sinn, dass man nicht einen Partner (Teilnehmer) zum Träger eines Protests vielleicht sogar in einem Prozess über Fehlverhalten (Zeuge) werden lassen soll.

235

Angst vor dem Nein verloren: meint: Man braucht keine Angst vor einer Absage zu haben, wenn sie unausweichlich kommen wird, hier also: Die Angst als Angst vor etwas, das ohne jede Möglichkeit, es zu vermeiden oder abzuwenden, so oder so eintreten wird, ist unsinnig.

236

Verdienste: also als Vergabe von Posten, Ehrungen oder Prämien, damit aber punktuell bzw. einmalig, nicht als Verpflichtung wie ein immer wieder neu auszuzahlendes Gehalt, das den Gebenden zur immer wieder pünktlichen Fortsetzung verpflichtet.

dass er durch frühes Geben den, der empfängt, mehr verpflichtet: vgl. das lat. Sprichwort »bis dat qui cito dat«: ›Der gibt zwei Mal, der schnell gibt‹.

237

die Brotkruste, welche am Ende dieselbe Gefahr läuft: nämlich nach einem Essen zunächst als eine Art Löffel (um Speisen auf dem Teller zusammenzuschieben oder Sauce aufzutunken) zu dienen, um dann selbst gegessen zu werden.

zu seinem Nutzen: d. h. zum Nutzen desjenigen, der in direkter Beziehung zum Mächtigen steht.

243

Nicht ganz wie eine Taube sein: vgl. Matth 10,16 f.: »Siehe, ich schicke euch wie die Schafe mitten unter die Wölfe. Ihr sollt also so klug sein wie die Schlangen und aufrichtig wie die Tauben. Hütet aber euch vor den Menschen: Sie werden euch nämlich in den Ratsversammlungen ausliefern und in ihren Synagogen werden sie euch auspeitschen« (Hieronymus, *Vulgata* V,79, 81; auch Ignatius von Loyola empfiehlt die Bibelstelle, vgl. *Exerzitien* Nr. 281, S. 115). Vgl. die Anm. zu Aphorismus 220.

Schläue … Unschuld: Wortspiel im span. Original: »Altérnense la calidez de la serpiente con la candidez de la paloma«.

die Erfahrenen, sehr auf eigene Kosten, und die Arglistigen, sehr auf die Kosten der anderen: vgl. aber das span. Sprichwort »de los escarmentados se levantan los alteros«, also dass erst aus den Erfahrenen die Arglistigen bzw. Schlauen würden bzw. nicht von zwei klar voneinander trennbaren Gruppen, sondern von einer Entwicklung oder von einem Übergang ausgegangen werden muss.

244

ihn seinen Nutzen ziehen zu lassen: nämlich gar keinen Nutzen, also ohne Ergebnis.

246

bei Gesundheit schröpfen: eine alte medizinische Technik: Eine hohle Glaskugel mit kleiner Öffnung wird kurz durch eine in diese hineingehaltene Flamme erhitzt und auf die Haut wie z. B. des Rückens des Patienten gesetzt. Die erkaltende Luft zieht das Gewebe in die Kugel und verstärkt so die Durchblutung der Stelle. Hier: Medizin nehmen, ohne krank zu sein, ist fahrlässig.

247

Nichts Eigenes haben wir außer der Zeit, in der derjenige lebt, der keinen Raum hat: vgl. Seneca, *Epist.* I,1,3: »Alles, Lucilius, gehört den anderen, nur die Zeit ist unser; in den Besitz dieses einen flüchtigen und unsicheren Gutes hat die Natur uns gestellt; daraus verdrängt uns, wer immer es will« (S. 11). Zu »keinen Ort« vgl. die Anm. zu Aphorismus 138.

251

Große Meisterregel: Romero-Navarro hat in seinem Kommentar 1954 als Erster darauf hingewiesen, dass mit der Regel eine Handlungsmaxime gemeint sein könnte, die Ignatius von Loyola zugeschrieben wird, die dieser aber, soweit man weiß, nie selbst als solche schriftlich festgehalten hat: »In den Dingen betreffs des Diensts an unserem Herrn, die er [Ignatius von Loyola] unternahm, nutzte er alle weltlichen Mittel, um diese Dinge zu erreichen, und zwar mit solcher Umsicht und solchem Nachdruck, als ob von ihnen [den weltlichen Mitteln] der Erfolg abhinge; und er vertraute Gott so sehr und verließ sich so sehr auf die göttliche Vorsehung, als seien alle menschlichen Mittel ohne eine Wirkung« (zit. in der Übersetzung von Küpper, 2007, S. 432, nach »De ratione quam in gubernando tenebat Ignatius« 6,14: in: *Scripta de Sancto Ignatio de Loyola*, Bd. 1, Madrid 1904, S. 466 f.).

252

Alte des Hadrian: vgl. Dio Cassius, *Historiae Romanae* 69,6,3: »Eine Frau bat ihn [Hadrian] einmal bei'm Vorübergehen auf der Straße um Etwas, und erhielt zur Antwort: ›ich hab' jetzt nicht Zeit.‹ Sie aber schrie ihm nach: ›dann sey auch nicht Kaiser!‹« (S. 1617).

253

Damit die Dinge geschätzt werden, müssen sie Mühe kosten: vgl. z. B. Lukrez, *De rerum natura* 1,641–643: »lieben doch alles die Dummköpfe mehr und bewundern es stärker, / was zu erblicken sie glauben versteckt in verschrobenen Worten, / stellen als wahr hin das, was hübsch zu kitzeln imstand ist« (S. 51) sowie Plinius, *Epist.* 8,20,1: »weil das Verlangen nach allen Dingen nachläßt, wenn die Gelegenheit dazu sich leicht bietet« (S. 597). Vgl. auch die Anm. zu Aphorismus 150.

alles Verborgene verehren sie als Geheimnis … gefeiert wird: vgl. die Anm. zu Aphorismus 3.

254

Tauben in ihrer Einfalt finden sich bei dem weißesten Fest ein: Gemeint ist, dass auf einem weißen Fest weiße Tauben nicht sichtbar sind; da sie sich nicht vom weißen Hintergrund abheben können, ist ihr Besuch also eigentlich überflüssig, da er unbemerkt bleiben muss.

255

Man darf den Dank nicht erzwingen … Beziehung zerbrechen: vgl. auch Seneca, *Benef.* 3,7,2: »da es ein in hohem Maße sittliches Verhalten ist, Dank abzustatten, hört es auf, sittlich zu sein, wenn es unausweichlich ist« (S. 225).

256

Schlauheit des Odysseus: Odysseus, Held von Homers *Odyssee*, galt als der Gewiefteste unter den Griechen und trug deshalb den Beinamen »der Listenreiche« bzw. »der Erfindungsreiche« (so z. B. 4,763). Zeus stellt neidlos fest: »Sterblichen ist an Verstand er voraus« (1,66).

257

Der Adler ... bricht: Anspielung auf die Tierfabel *Der Adler und der Mistkäfer* des Äsop (3,1): Der Mistkäfer verfolgt den Adler aus Rache gnadenlos: »Wann immer dieser brütete, flog er hinauf, rollte die Eier weg, so dass sie zerbrachen, bis der Adler, von überall vertrieben, zu Zeus floh«. Zeus erlaubt dem Adler, in seinem Gewand Schutz zu suchen und seine Eier auszubrüten. Doch selbst da erreicht ihn der Mistkäfer, drehte »eine Mistkugel und ließ sie auf das Gewand des Zeus fallen«. Der Göttervater will den Schmutz entfernen, steht auf und wirft dabei die Eier des Adlers unbeabsichtigt zu Boden, und sie zerbrechen. »Die Fabel lehrt, niemanden zu verachten, denn sie macht deutlich, dass keiner so ohnmächtig ist, dass er sich für eine üble Behandlung nicht rächen kann« (S. 9/11).

jene Sache eines schönen Rückzugs: Es ist nicht klar, auf welche Erfahrung oder welches Wissenselement sich Gracián hier bezieht (vgl. Aphorismus 38).

258

wenn man allein ist, verdoppelt sich das Unglück und wird unerträglich: vgl. Seneca, *Epist.* I,3,25,5: »Zu allem Bösen verleitet uns die Einsamkeit« (S. 181).

260

Vortrefflichkeit: span. *la fineza.*

261

als dumm gelten, da sie sie weiter verfolgen: vgl. Cicero, *Phil.* XII,5: »warum soll es für den Klugen kein Zurück geben, wenn sich die Ausgangslage wiederherstellen läßt? Jeder kann sich irren, doch nur der Unkluge verharrt bei seinem Irrtum; die späteren Überlegungen pflegen ja, wie man sagt, die klügeren zu sein« (S. 459).

262

Vergessen können: ist mehr Glück als Kunst: vgl. Cicero, *Fin.* 2,104: Simonides verspricht Themistokles, ihn in der Gedächtniskunst zu unterrichten, doch der lehnt ab: »Mir wäre die [Kunst] des Vergessens lieber. Denn ich erinnere mich auch an das, was ich nicht will, und kann das nicht vergessen, was ich will« (S. 227).

263

selbst das Wasser des anderen tut so, als ob es Nektar sei: span. »hasta el agua ajena se miente néctar«, wörtl.: ›selbst das Wasser des anderen lügt von sich, Nektar zu sein‹. Vgl. Spr Eccl 9,17 »Gestohlene Wasser sind süßer, und verstecktes Brot schmeckt besser«.

264

Nicht-Denken, das ist das Bein, das uns der Untergang stellt: Cicero, *Off.* 1,81, meint, es beweise »hohe Gesinnung« oder »sogar hohen Verstand, in Gedanken die Zukunft vorwegzunehmen und ziemlich lange vorher festzustellen, was in diesem oder jenem Sinne vorfallen könnte und was zu tun sei, wenn etwas vorgekommen ist, und es nicht zuzulassen, daß man einmal sagen muß: ›Damit hätte ich nicht gerechnet.‹ Das sind die Leistungen einer hohen und überragenden Gesinnung, die auf kluge Voraussicht und Überlegung vertraut« (S. 73).

265

Impulse für das Ansehen sind die Bedrängnisse: vgl. Machiavelli, *Il Principe* XX: »Ohne Zweifel erlangen die Fürsten Größe, wenn sie die Schwierigkeiten und Widerstände überwinden, die ihnen in den Weg gelegt werden; darum läßt das Glück – zumal wenn es einem neuen Fürsten Größe geben will [...] – ihm Feinde erwachsen und ermutigt diese zu Unternehmungen gegen ihn, damit er Gelegenheit hat, sie zu überwinden und auf der Leiter höher zu steigen, die ihm seine Feinde gereicht haben« (S. 167/169). Vgl. Seneca, *Prov.* 2,4: »Ohne Gegner erschlafft die Tapferkeit: erst dann wird deutlich, wie groß sie ist und wie viel sie vermag, wenn sie durch Ausdauer zeigt, was sie vermag« (S. 31). Auch Ignatius von Loyola weist auf Widerstände als Möglichkeiten zur Bewährung hin: »Denn wie ein Hauptmann oder Anführer des Feldlagers in Stellung geht und die Kräfte oder die Verfassung einer Burg anschaut und sie auf der schwächsten Seite angreift, so zieht auf die gleiche Weise der Feind der menschlichen Natur umher und schaut ringsum alle unsere theologischen, kardinalen und sittlichen Tugenden an. Und wo er uns am schwächsten und am meisten in Not für unser ewiges Heil findet, dort greift er uns an und bemüht sich, uns zu nehmen« (*Exerzitien*, Nr. 327, S. 131 f.).

Königin Isabel: Isabella I. (1451–1504), auch »Isabella die Katholische« genannt, war von 1474 bis zu ihrem Tode Königin von Kastilien.

sie: die Lehre.

267

Die Pfeile durchdringen den Körper, aber die bösen Worte die Seele. Ein guter Teig lässt den Mund gut riechen: vgl. *Proverbia/Sprichwörter* 26, 22 f.: »Die Worte des Einflüsterers wirken schlicht und gerade so gelangen sie ins innere des Bauches. Wie wenn man mit unreinem Silber ein Tongefäß schmücken möchte, so also sind aufgeblasene

Lippen [vgl. Anm. zu Aphorismus 71, Hornbläser], verbunden mit dem schlechtesten Herzen« (Hieronymus, *Vulgata* II1,871).

Worte kandieren zu können: Anspielung auf das spätestens seit Lukrez gebräuchliche Bild der überzuckerten Pillen, das als Rechtfertigung für eine poetische bzw. satirische Schreibweise dient, so auch bei Sorel (*Francion* V,191), ein Werk, das Gracián nachweislich kannte. Lukrez führt in *De rerum natura* 4,14–25 (S. 255) aus: »denn so, wie wenn der Arzt den Kindern bitteren Wermut / einzuflößen versucht, er vorher den Becher am Rande / überstreicht mit des Honigs süßem, goldenen Seime, / daß das arglose Alter des Knaben zum besten gehalten [d. h. getäuscht] / wird bis zur Lippe, indes aber austrinkt die bittre / Feuchte des Wermuts und [...] sich also erholt und wieder zu Kraft kommt, / so hab auch ich jetzt, da diese Lehre ja meistens ein wenig / herb scheint dem, der mit ihr nicht viel sich beschäftigt, [...] dir gewollt in lieblich beredtem / Lied der pierischen Mädchen [also den Töchtern des Pieros bzw. den Musen, also den Schutzgöttinnen der Künste] entwerfen ein Bild unsrer Lehre / und mit süßem musischem Honig leicht sie benetzen, / ob ich vielleicht deinen Sinn auf solche Weise vermöchte / bei meinen Versen zu halten [...]«. Vgl. auch Psalm 119,103: Die Verheißung Christi sei »köstlicher für meinen Gaumen und süßer als Honig für den Mund«. Vgl. auch Bernhard von Clairvaux, *Sermones super Cantica*, 13,3 f.: »O Jesu, in ore mel, in auro melos, in corde jubilus«: ›O Jesus, im Munde Honig, Gesang im Ohr, Jubel im Herzen‹. Schon der Mediziner Paracelsus empfahl 1536, man solle »kein purgation [also ein reinigendes bzw. abführendes Mittel] einnehmen« und auch »kein digestif [ein die Verdauung anregendes Mittel] vorhin trinken, als syrupen« (also vorab mit Sirup versüßen) sowie am besten alles einnehmen »in einem dragee«, nach altfrz. *Draigee* für ›Naschwerk, Mandel in Zuckerumhüllung‹ (*Sämtliche Werke* I,10,574). Vgl. auch die alte jüdische Sitte, am Schawuot-Fest, das an die Gesetzestafeln des Mose erinnert, ein Kind, das vom Vater in die Synagoge gebracht worden war, Honig von einer Tafel mit Buchstaben auflecken zu lassen, um das Lernen zu versüßen.

schmecken sie selbst den Feinden ... um liebenswert zu sein: vgl. in die-

Occasio: Die Göttin der Gelegenheit steht wackelig und hält ein Schermesser in der Hand. Vor der Stirn hat sie langes Haar, ist im Nacken aber geschoren. Hat man es verpasst, eine Gelegenheit beim Schopf zu packen, ist diese unwiederholbar vorbei, und man hat das Nachsehen. (Andrea Alciato, *Emblematum libellus*, Paris 1542)

sem Zusammenhang die 350. Regel der *Exerzitien* Ignatius von Loyolas zur Introspektion und Bewertung (fremder) Stimmen als Gegner bzw. dort die fünfte Bemerkung, »um Skrupel und Überredungskünste unseres Feindes zu verspüren und zu verstehen« (S. 137): »Die Seele, die im geistlichen Leben Nutzen ziehen will, muß immer in entgegengesetzter Weise vorangehen, als der Feind vorangeht. Wenn der Feind nämlich die Seele gröber machen will [etwa wird er dann, wenn die Seele sich aus Sünden nichts macht, die Seele dazu bringen, dass sie sich auch aus Todsünden nichts macht], bemühe sie sich, sich zu verfeinern. Und ebenso, wenn der Feind sie zarter machen will [indem die Seele übernervös dort eine

Sünde vermutet, wo keine ist], um sie zum Extrem zu bringen, so bemühe sich die Seele, sich in der Mitte zu festigen, um in allem ruhig zu werden« (S. 138).

269

solange er neu ist, wird er geschätzt werden: vgl. die Anm. zu Aphorismus 81.

dass alles auch seine Zeit gehabt hat und dass die vorbeiging: vgl. Cato, *Disticha* 2,26: »Rem, tibi quam nosces aptam, dimittere noli; / Fronte capillata, post haec occasio calva«: ›Eine Sache, die du als passend erkennst, sollst du nicht verpassen, denn die Gelegenheit hat nur an der Stirn Haare, hinten ist sie kahl‹.

270

dem schlechten Ruf seines Urteils schaden: Dieses Paradoxon (dem schlechten Ruf durch Schaden schaden) geht auf den span. Originaltext zurück.

272

Höflichkeitspreis: schärfer (und moderner) wäre die Übersetzung ›Dumpingpreis‹.

die Bedingungen der guten Bedingung: span. Wortspiel: »no entiende los términos del buen término«.

273

die Seele aus den Zeichen ausbuchstabieren: Der Kenner soll also die Gabe guter Redner, die Rede sich in ihrem Gesicht widerspiegeln zu lassen, ausnutzen; vgl. Cicero, *Orat.* 3,221: »Doch vom Gesicht hängt alles ab. In ihm herrschen aber ganz die Augen vor. Der ganze Vortrag ist ja ein Ausdruck des Geistes und sein Abbild das Gesicht, die Augen sein Zeichen: Denn als einziger Teil des Körpers ist das Gesicht imstande, so viele Varianten hervorzubringen, wie es Regungen des Gemüts gibt« (S. 587). Der Weise selbst soll aber ruhig und unlesbar bleiben, also nicht durch Mimik verborgenen Hintersinn oder Geheimnisse verraten. Vgl. die Anm. zu Aphorismus 148.

flach ... falsch: im span. Original: *falto* und *falso.*

So groß wie die Schönheit pflegt die Dummheit zu sein: vgl. Petron, *Satyrica* 94,1, der zynisch ausruft: »›Wie glücklich ist deine Mutter‹, rief er aus, ›die einen Sohn wie dich zur Welt gebracht hat! Gut gelungen! Da ist die Schönheit mit der Weisheit eine seltene Kombination eingegangen‹« (S. 109).

274

Anziehungskraft haben: span. »Tener la atractiva«.

276

Das Gemüt natürlich und mit Kunst zu erneuern wissen: vgl. Plautus, *Mercator* 984: »itidem ut tempus anni, aetatem alia aliud factum condecet«: ›Wie für unterschiedliche Jahreszeiten, so ziemt sich auch für unterschiedliche Lebensalter eine andere Handlungsweise‹.

alle sieben Jahre der Charakter ändert: vgl. Solons (640–559 v. Chr.) Einteilung eines (männlichen) Menschenlebens in zehn Jahrsiebte (Hebdomaden), die er in seiner *Elegie* beschreibt (hier die Schilderung der ersten vier Jahrsiebte): »Knabe zuerst ist der Mensch, unreif: da wirft er der Zähne / Hag [Zaun, Umzäunung], der dem Kinde entspross, von sich im siebenten Jahr. / Wenn zum anderen Mal Gott schloß die Sieben der Jahre, / Zeichen der Mannheit dann keimen, der nahenden, auf. / Während der dritten umkraust sein Kinn – noch wachsen die Glieder – / Wolliger Flaum, da der Haut Blüte im Wandel verwich. / Nun in den vierten empor zu hohem vollem Gedeihen / Reift die Stärke, in ihr zeigt was tauge der Mann. [...]« (S. 282).

Mit zwanzig Jahren ... und mit achtzig nichts: In Graciáns *Discreto* findet sich eine Übersetzung von Teilen des Gedichtes »De partibus vitae« des neulateinischen Dichters Jayme Juan Falcó (1522–1594), das hier durchscheint (vgl. den deutlich längeren Text in Falconis *Opera poetica*, Bl. 60): Jupiter teilt dem Menschen 30 Jahre Lebenszeit zu, erweitert diese aber nach dessen Bitten, indem er Lebenszeit von der der Tiere wegnimmt: »Dem Menschen sind dreißig Jahre gegeben, um sich zu genießen und zu genießen; danach zwanzig Jahre, um zu arbeiten, vom Esel geliehen, ebenso viele vom Hund, um zu bellen, und die letzten zwanzig vom Affen, um zu verfallen: eine großartige Dichtung über die Wahrheit«.

277

Beleuchtung: span. *lucimiento*, also auch ›Glanz, Prunk, Freigiebigkeit‹.

280

Wechselbeziehungen: span. *correspondencia*.

281

Antigonus: Antigonos II. Gonatas (319–239 v. Chr.), König von Makedonien, agierte im Gegensatz zu seinem Vater Demetrios innen- und außenpolitisch vorsichtig, aber beharrlich und gewann im Laufe der Zeit das, was sein Vater Demetrios verloren hatte, wieder zurück bzw. sicherte den Antigoniden die Herrschaft über Makedonien.

Zenon: Zenon von Kition (um 332–262 v. Chr.), Begründer der Lehre des Stoizismus. Diogenes Laertius schildert im 7. Band seiner Philosophiegeschichte (7 f.) beider Verhältnis: Antigonos Gonatius besuchte Zenons Vorlesungen, sooft er konnte, Zenon reiste jedoch nie zum König, obwohl dieser ihn in einem Brief eingeladen haben soll. In dem Schreiben heißt es, Zenon sei »der Lehrer aller Makedonen«, weil der, der »den Herrscher Makedoniens geistig und moralisch unterweist, natürlich auch aus seinen Untertanen tüchtige Menschen macht« (S. 299). Zenon schlug ein Besuchsangebot (vermutlich aus Altersgründen) ab, antwortete dem König aber: »Wer nach Philosophie strebt und sich von der vielbesungenen Lust, die junge Seelen verdirbt, abwendet, der strebt offenbar nicht nur von Natur, sondern aus bewußter Entscheidung zum [geistigen] Adel. Die edle Natur, ergänzt durch angemessene Übung und reichlichen Unterricht, gelangt leicht in den Besitz vollendeter Tugend« (S. 300).

hässliche Frauen die Pinsel: Diese fürchten jene Porträtmaler, die nichts beschönigen wollen, sondern wahrheitsgetreu porträtieren.

282

Von der Abwesenheit profitieren: vgl. Lukrez, *De rerum natura* 3,957: »Aber weil stets du begehrst, was nicht da ist, was da ist mißachtest, / unvollendet ist dir und unhold das Leben entronnen, / und es stellt dir wider Erwarten der Tod sich zu Häupten / ehe du satt und erfüllt von den Dingen zu scheiden vermöchtest« (S. 243). Vgl. Anm. zu Aphorismus 180.

Präsenz den Ruhm vermindert: vgl. Claudius Claudianus, *De bello Gildonico* 385: »minuit praesentia famam«: ›Die [räumliche] Gegenwart mindert den Ruhm‹.

lächerliche Geburt der Berge: Bezug auf eine Fabel des Äsop, in der ein Berg schwanger wird und am Ende eine Maus zur Welt bringt; vgl. Horaz, *Ars poetica* 139: »›Priams Geschick will ich singen, den Krieg auch der Edlen.‹ Wer solches verspricht, was wird er verkünden, das wert ist, so weit den Mund aufzumachen? Gebirge gebären, heraus kommt ein komisches Mäuschen« (S. 15).

die gewöhnlich durch das Ohr eintritt, hat durch die Augen ihren Ausgang: vgl. Plautus, *Truculentus* 490: »Kein Lob verdient der Mensch, dem man mehr traute, / weil er was hörte, statt daß er schaute« (S. 79) sowie Seneca, *Epist.* I,6,5 (S. 33) bzw. die Anm. zu Aphorismus 80.

Phönix: vgl. die Anm. zu Aphorismus 63.

283

Er zeigt ein Übermaß von Geist an, aber was wird er ohne ein Korn von Wahnsinn sein: vgl. Seneca, *Tranq.* 17,10: »Kein großes Genie gab es ohne einen Anflug von Wahn« (S. 79).

284

Halde der Verachtung: span. *terrero desprecios.*

286

es: das Geschenk.

287

immer sehen diejenigen mehr, die schauen, als die, die spielen: vgl. Terenz, *Heautintimoroumenos* 503–505: »ita comparatam esse hominum naturam omnium, / aliena ut melius videant et diiudicent / quam sua«: ›dass also die menschliche Natur so beschaffen ist, dass sie Fremdes besser wahrnimmt und beurteilt, als das Eigene‹.
sie: die Zuschauer.

291

an den Klängen erkennt man die Metalle und an der Rede die Personen: vgl. Cato, *Disticha* 2: »Nulla res magis arguit et aperit vitam et ingenium hominis, quam illius oratio. Hoc est certissimum animi speculum«: ›Nichts zeigt und offenbart die Lebensweise und den Geist eines Menschen mehr als dessen Sprache. Dies ist der sicherste Spiegel der Seele.‹ sowie Cato, *Disticha* 4,30: »Prospicito cuncta tacitus quod quisque loquatur. Sermo hominum mores celat et indicat idem.«: ›Beachte schweigend alles, was ein jeder sagt. Die Rede der Menschen verhüllt und offenbart in gleicher Weise‹.
treffenden Entscheidung: im span. Original *juiciosa crisi,* eine Wortwahl, die nur an dieser Stelle vorkommt.

292

Der große Augustus war stolz darauf, als Mensch größer denn als Fürst zu sein: nicht nachweisbar, anscheinend hat sich Augustus nie so geäußert.

293

Sentenzen: also in Sätzen, die des Merkens würdig sind.

296

Dinge: span. *cosa*, im Sinne von ›Dingsda‹ oder ›Teil‹.

297

Immer so handeln, als ob man gesehen würde: vgl. die Anm. zu Aphorismus 258 sowie Seneca, *Epist.* I,3,25,5: »›Handle in allem so‹, sagt er, ›als ob Dir Epikur zusähe!‹ Nützlich ist es zweifellos, sich einen Aufpasser aufzuerlegen und jemanden zu haben, auf den Du Rücksicht nimmst, von dem Du vermeinst, er sei bei Deinen Gedanken zugegen. Es ist sicherlich weitaus großartiger, so zu leben wie unter den Augen eines rechtschaffenen und immer gegenwärtigen Mannes; doch ich begnüge mich schon damit, dass Du alle Deine Handlungen so ausführst, als ob überhaupt jemand zusehen würde: Zu Bösen verleitet uns die Einsamkeit« (S. 181) und *Epist.* I,1,11,8 bzw. den Brief abschließenden Rat: »Irgendeinen vortrefflichen Menschen müssen wir verehren und uns immer vor Augen halten, um so gleichsam unter seinen Blicken zu leben und alles gleichsam unter seiner Aufsicht zu tun« (S. 67). Vgl. auch Marc Aurel in seinen *Selbstbetrachtungen*, etwa III,33, man solle nichts begehren, »das durch Mauern und Vorhänge verborgen werden müsste«, oder seinen Hinweis in XI,27, sich immer die Sterne bzw. Götter zum Vorbild zu nehmen: Man solle frühmorgens »zum Himmel emporblicken, damit wir an die denken, die stets gemäß denselben Regeln und auf dieselbe Weise ihr Werk verrichten, und an die Ordnung, Reinheit und Nacktheit. Denn ein Stern hat keine Umhüllung« (S. 178). Solche Klarheit im eigenen Leben umzusetzen sei für den Menschen aber schwierig (XII,183): »Wenn nun ein Gott oder ein vernünftiger Lehrer an jemanden herantritt und ihm befiehlt, nichts bei sich zu erwägen und zu überlegen, was er nicht zugleich auch laut aussprechen könnte, dann wird dieser nicht einmal einen einzigen Tag aushalten. So achten wir auf unsere Mitmenschen, nämlich auf das, was sie von uns denken werden, mehr als auf uns selbst« (S. 183).

dass die schlechte Tatsache platzt: dass sie offenbar bzw. sichtbar wird.

weil er weiß, dass man alles wissen wird: vgl. Seneca, *Epist.* I,10,83,1: »So müssen wir sicherlich leben, als ob wir vor aller Augen lebten, so denken, als ob jemand ins Innerste unseres Herzens hineinschauen könnte« (S. 675).

300

Mittelpunkt der Glückseligkeiten: Seneca, *Vita beat.* 16,1: »Auf der Tugend also beruht die wahre Glückseligkeit. Was wird dir diese Tugend raten? Dass du nichts für ein Gut oder Übel hältst, was dir nicht aufgrund von Tugend oder Schlechtigkeit zuteilwird« (S. 41).

glücklich: vgl. Macrobius, *In somnium Scipionis* 1,8,3: »Solae faciunt virtutes beatum, nullaque alia quisquam via hoc nomen adipiscitur«: ›Nur die Tugenden machen glücklich, und niemand wird auf anderem Weg diesen Ruhm erlangen‹.

Drei Zustände, mit S anfangen, …: heilig, gesund, weise: span. als Alliteration »santo, sano y sabio«.

kleineren Welt: Der Mensch wurde in der philosophischen Tradition der Antike als Abbild und Äquivalent des Kosmos (»Mikrokosmos«) angesehen.

Nichts Liebeswürdiges gibt es außer der Tugend: vgl. Cicero, *Fam.* 9,14,4: »Denn wahrhaftig, nichts ist schöner, nichts liebenswerter, nichts herrlicher als eine echte Mannestat« (S. 515).

Die Fähigkeit und die Größe soll man an der Tugend messen, nicht am Glück, das einer hat; sie allein genügt sich selbst: vgl. Cicero, *Fam.* 5,18,5: »wir, alle, die wir Dich nicht nach Deinem Schicksal, sondern nach Deinem sittlichen Wert beurteilen« (S. 283). Vgl. Anm. zu Aphorismus 90.

Literaturhinweise

Ausgaben (Auswahl)

Oráculo manual, y Arte de Prudencia. Sacada de los aformismos que se decvrren En las obras de Lorenço Gracian. Pvblicala D. Vinvencio Ivan de Lastanosa, I la dedica Al Excelentissimo Señor D. Lvis Mendez de Haro, Conde Dvque. Com licencia: Impresso en Huesca, por Iuan Noges, Año 1647.

Oráculo manual y arte de prudencia. Edición crítica, y comentada por Miguel Romera-Navarro. Madrid: C.S.I.C. 1954.

Oráculo manuel y arte de prudencia: In: Obras Completas. Hrsg. von Miguel Battlori / Ceferino Peralta. Madrid: Ed. Atlas, 1969. (Biblioteca de autores españoles. 229.)

Oráculo manuel y arte de prudencia. Hrsg. von Emilio Blanco. Madrid: Letras Hispánicas, 1993.

Oráculo manuel y arte de prudencia. In: Obras Completas. Hrsg. und komm. von Santos Alonso. Madrid: Cátedra, 2011.

Maßgebliche Übersetzungen

L'Homme de cour. Traduit de L'Espagnol de Baltasar de Gracian par le Sieur Amelot de la Houssaie avec des Notes. Paris: Veuve Martin et J. Boudot, 1684.

Balthasar Gracians Oracul, das man mit sich führen, und stets bey der hand haben kan. Das ist; Kunst-Regeln der Klugheit / vormahls von Mr. Amelot de la Houssaye unter dem titel, L'Homme de Cour ins Französische, anietzo aber Aus dem Spanischen Original/ welches durch und durch hinzu gefüget worden, ins Deutsche übersetzet, mit neuen Anmerckungen / In welchen die maximen des Autoris aus den Principiis der Sitten-lehre. erklähret und beurtheilet werden [von August Friedrich Müller]. Leipzig: Caspar Jakob Eyssel, 1715.

Handorakel und Kunst der Weltklugheit. Aus dessen Werken gezogen von Don Vicencio Juan de Lastanosa, und aus dem spanischen

Original treu und sorgfältig übers. von Arthur Schopenhauer. Leipzig: F. A. Brockhaus, 1862.

Handorakel und Kunst der Weltklugheit. Übers. von Arthur Schopenhauer. Mit Nachw. hrsg. von Arthur Hübscher. Stuttgart: Reclam, 1953.

The Art of Worldly Wisdom: A Pocket Oracle by Balthasar Gracián. Übers. von Christopher Maurer. New York: Doubleday, 1992.

Handorakel und Kunst der Weltklugheit. Aus dem Span. übers. von Arthur Schopenhauer. Umfassend komm. sowie mit einem Personen- und Begriffsregister versehen. Nachw. von Adam Soboczynski. Zürich: Manesse, 2012.

Handorakel und Kunst der Weltklugheit. Aus dem Span. von Arthur Schopenhauer. Nachw. von Werner von Koppenfels. München: Deutscher Taschenbuch Verlag, [4]2013.

Handorakel und Kunst der Weltklugheit. Übers. von Arthur Schopenhauer. Hrsg. und komm. von Sebastian Neumeister. 14., vollst. überarb. Aufl. Stuttgart: Kröner, 2013.

Quellen für die Anmerkungen

Äsop: Fabeln. Griech./Dt. Übers. und Anm. von Thomas Voskuhl. Nachw. von Niklas Holzberg. Stuttgart 2018.

Aquin, Thomas von: Von der Wahrheit. De veritate (Quaestio I). Lat./Dt. Ausgew., übers. und hrsg. von Albert Zimmermann. Hamburg 1986.

Aristoteles: Metaphysik. Übers. und hrsg. von Franz F. Schwarz. Stuttgart 1970. [Zit. als Metaph.]

– Nikomachische Ethik. Übers. und hrsg. von Gernot Krapinger. Stuttgart 2019. [Zit. als NE.]

– Politik. Übers. und hrsg. von Franz F. Schwarz. Stuttgart 1989. [Zit. als Pol.]

Marc Aurel: Selbstbetrachtungen. Übers. und hrsg. von Gernot Krapinger. Mit Begleittext von Helmut Schmidt. Stuttgart 2019.

Botero, Giovanni: Detti memorabili di personaggi illustri del signor Giovanni Botero, abbate di San Michele della Chiusa, & c. Brescia 1610.

Cassius Dio, Lucius: Römische Geschichte. Übers. von Leonhard Tafel. Bd. 11. Stuttgart 1859.

Cervantes Saavedra, Miguel de: Der geistvolle Hidalgo Don Quijote von der Mancha. Gesamtausg. in einem Bd. Hrsg. und neu übers. von Susanne Lange. München [4]2019.

Cicero, Marcus Tullius: Atticus-Briefe. Lat./Dt. Hrsg. von Helmut Kasten. München 1959. [Zit. als Att.]

– De divinatione. Über die Wahrsagung. Lat./Dt. Hrsg., übers. und erl. von Christoph Schäublin. Düsseldorf/Zürich [2]2002. [Zit. als Div.]

– De finibus bonorum et malorum. Über das höchste Gut und das größte Übel. Lat./Dt. Übers. und hrsg. von Harald Merlin. Stuttgart 1989 [u. ö.]. [Zit. als Fin.]

– De legibus. Paradoxa stoicorum. Über die Gesetze. Stoische Paradoxien. Lat./Dt. Hrsg., übers. und erl. von Rainer Nickerl. München/Zürich [3]2004. [Zit. als Parad.]

– De officiis. Vom pflichtgemäßen Handeln. Lat./Dt. Übers., komm. und hrsg. von Heinz Gunermann. Stuttgart 2019. [Zit. als Off.]

– De natura deorum. Über das Wesen der Götter. Lat./Dt. Übers. und hrsg. von Ursula Blank-Sangmeister. Stuttgart 1995. [Zit. als Nat.]

– De oratore. Über den Redner. Lat./Dt. Übers. und hrsg. von Harald Merklin. Stuttgart 1978. [Zit. als Orat.]

– Fünfte phillippische Rede. In: M. T. C.: Die politischen Reden. Bd. III. Lat./Dt. Hrsg., übers. und erl. von Manfred Fuhrmann. München 1993. S. 228–285. [Zit. als Phil. V.]

– In L. Catilinam orationes. Vier Reden gegen Catilina. Lat./Dt. Übers. und hrsg. von Michael von Albrecht. Stuttgart 2016.

– Laelius de amicitia. Laelius über die Freundschaft. Lat./Dt. Übers. und hrsg. von Marion Giebel. Stuttgart 2015. [Zit. als Lael.]

– An seine Freunde. Epistulae ad familiares: Lat./Dt. Hrsg. von Helmut Kasten. Düsseldorf/Zürich 2004. [Zit. als Fam.]

– Tusculanae disputationes. Gespräche in Tusculum. Lat./Dt. Übers. und hrsg. von Ernst Alfred Kirfel. Stuttgart 1997. [Zit. als Tusc.]

– Zwölfte phillippische Rede. In: M. T. C.: Die politischen Reden.

Bd. III. Lat./Dt. Hrsg., übers. und erl. von Manfred Fuhrmann. München 1993. S. 454–489. [Zit. als Phil. XII.]
Diogenes Laertios: Leben und Lehre der Philosophen. Aus dem Griech. übers. und hrsg. von Fritz Jürß. Stuttgart [2]2010.
Emblemata. Handbuch zur Sinnbildkunst des XVI. und XVII. Jahrhunderts. Hrsg. von Arthur Henkel / Albrecht Schöne. Stuttgart/ Weimar 1996.
Falco, Jayme Juan: Falconis Opera poetica. Mantua Carpetanorum 1600.
Gellius, Aulus: Noctes Atticae. Attische Nächte. Lat./Dt. Ausgew., übers. und hrsg. von Hartmut Froesch. Stuttgart 2018.
Gracián, Baltasar: El Discreto de Lorenzo Gracian. Que publica Don Vincencio Juan de Lastanosa. Huesca 1646.
Hesiod: ΕΡΓΑ ΚΑΙ ΗΜΕΡΑΙ. Werke und Tage. Gr./Dt. Übers. und hrsg. von Otto Schönberger. Stuttgart 1996.
Hieronymus: Biblia Sacra Vulgata. Lat./Dt. Hrsg. von Andreas Beriger / Widu-Wolfgang Ehlers / Michael Fiege. 5 Bde. Stuttgart 2015. [Zit. als Vulgata.]
Hippokrates: Ausgewählte Schriften. Aus dem Griech. übers. und hrsg. von Hans Diller. Mit bibliogr. Anh. von Karl-Heinz Leven. Stuttgart 1994.
Hobbes, Thomas: De cive. Vom Bürger. Lat./Dt. Übers. von Andree Hahman. Unter Mitarb. von Isabella Zühlke hrsg. von Andree Hahmann / Dieter Hüning. Stuttgart 2017.
Homer: Odyssee. Übers., Nachw. und Reg. von Roland Hampe. Stuttgart 2010.
Horaz [Quintus Horatius Flaccus]: Ab urbe condita. Liber XXX. Römische Geschichte. 30. Buch. Lat./Dt. Übers. und hrsg. von Ursula Blank-Sangmeister. Stuttgart 2017.
– Ars poetica. Die Dichtkunst. Lat./Dt. Übers. und mit Nachw. Lat./ Dt. Übers. und hrsg. von Eckart Schäfer. Stuttgart 1972 [u. ö.].
– Carminum libri quattuor. Die vier Bücher der Oden. In: Q. H. F.: Sämtliche Werke. Lat./Dt. Hrsg. von Bernd Kytzler. Stuttgart 2018. S. 7–257. [Zit. als Carm.]
– Epistularum libri duo. In: Q. H. F.: Sämtliche Werke. Lat./Dt. Hrsg. von Bernd Kytzler. Stuttgart 2018. S. 514–629. [Zit. als Epist.]

– Sermonum libri duo. Die zwei Bücher der Satiren. In: Q. H. F.: Sämtliche Werke. Lat./Dt. Hrsg. von Bernd Kytzler. Stuttgart 2018. S. 306–513. [Zit. als Serm.]

Ignatius von Loyola: Geistliche Übungen. Nach dem spanischen Autograph übers. von Peter Knauer SJ. Würzburg ^{4}2018. [Zit. als Exerzitien.]

Juvenal: Satiren. Übers., Einf. und Anh. von Harry C. Schnur. Stuttgart 1969. [Zit. als Sat.]

Livius, Titus: Ab urbe condita. Liber XXII. Römische Geschichte. 22. Buch. Lat./Dt. Übers. und hrsg. von Ursula Blank-Sangmeister. Stuttgart 1986.

Lope de Vega, Félix: Arte nuevo de hacer comedias. Hrsg., komm. und mit Vorw. von Evangelina Rodríguez. Barcelona 2011.

Lukian von Samosata: Hermotimus oder von den philosophischen Sekten. In: Lucian's Werke. Übers. von August Friedrich Pauly. Bd. 5. Stuttgart 1827. S. 515–598.

Lukrez: De rerum natura. Welt aus Atomen. Lat./Dt. Hrsg., übers. und Nachw. von Karl Büchner. Stuttgart 1973.

Machiavelli, Niccolò: Il Principe. Der Fürst. Ital./Dt. Übers. und hrsg. von Philipp Rippel. Stuttgart 2007.

Martial [Martialis, Marcus Valerius]: Epigramme. Aus dem Lat. übertr. und hrsg. von Walter Hofmann. Frankfurt a. M. / Leipzig 1997. [Zit. als Epigr.]

– Epigramme. Lat./Dt. Ausgew., übers. und hrsg. von Niklas Holzberg. Stuttgart 2018.

Nietzsche, Friedrich: Nachgelassene Fragmente 1869–1874. Hrsg. von Giorgio Colli / Mazzino Montinari. Berlin / New York 1980. (Sämtliche Werke. Krit. Studienausg. 7.)

Ovid [Publius Ovidius Naso]: Amores. Liebesgedichte. Lat./Dt. Übers. und hrsg. von Michael von Albrecht. Stuttgart 1997 [u. ö.]. [Zit. als Am.]

– Ars amatoria. Liebeskunst. Lat./Dt. Übers. u. hrsg. von Michael von Albrecht. Stuttgart 2016. [Zit. als Ars.]

– Briefe aus der Verbannung. Tristia. Epistulae ex Ponto. Lat./Dt. Übertr. von Wilhelm Willige. Eingel. und erl. von Niklas Holzberg. Mannheim ^{5}2011. [Zit. als Pont.]

– Metamorphosen. Lat./Dt. Übers. und hrsg. von Michael von Albrecht. Stuttgart 2010. [Zit. als Met.]
– Remedia amoris. Heilmittel gegen die Liebe. Lat./Dt. Übers. und hrsg. von Niklas Holzberg. Stuttgart 2019. [Zit. als Rem.]
Paracelsus: Sämtliche Werke. Abt. 1: Medizinische, philosophische und naturwissenschaftliche Schriften. Hrsg. von Karl Sudhoff. 14 Bde. München/Berlin 1922–1933.
Pausanias: Beschreibung Griechenlands. Neu übers. und hrsg. von Ernst Meyer. Zürich 1954.
Persius Flacchus: Die Satiren des Persius. Lat./Dt. Hrsg. von Otto Seel. München 1950.
Petron: Satyrica. Übers. und hrsg. von Karl-Wilhelm Weber. Stuttgart 2018.
Phaedrus: Liber Fabularum. Fabelbuch. Lat./Dt. Übers. von Friedrich F. Rückert / Otto Schönberger. Hrsg. von Otto Schönberger. Stuttgart 1975.
Platon: Der Staat. Übers. und hrsg. von Gernot Krapinger. Stuttgart 2017. [Zit. als Pol.]
– Protagoras. Griech./Dt. Übers. und komm. von Hans-Wolfgang Krautz. Stuttgart 1987. [Zit. als Prot.]
Plautus: Miles gloriosus. Der glorreiche Hauptmann. Lat./Dt. Übers. und hrsg. von Peter Rau. Stuttgart 1984.
– Truculentus. Hrsg., übers. und komm. von Walter Hoffmann. 2 Bde. Darmstadt 2001.
Plinius: Epistulae. Sämtliche Briefe. Lat./Dt. Hrsg. und übers. von Heribert Philips / Marion Giebel. Stuttgart [3]2014. [Zit. als Epist.]
Plinius der Ältere: Naturalis historia. Naturgeschichte. Lat./Dt. Ausgew., übers. und hrsg. von Marion Giebel. Stuttgart 2005. [Zit. als Nat. hist.]
Plutarch: Alexander. Caesar. Übers. und hrsg. von Marion Giebel. Stuttgart 1980 [u. ö].
Publilius Syrus: Die Sprüche des Publilius Syrus. Lat./Dt. Hrsg. von Hermann Beckby. München 1969.
Quintilianus, Marcus Fabius: Ausbildung des Redners [Institutionis de oratore]. Hrsg. und übers. von Helmut Rahn. 12 Bücher. 2 Bde. Darmstadt 1972. [Zit. als Inst.]

Sallust: De coniuratione Catilinae. Die Verschwörung von Catilina. Lat./Dt. Übers. und hrsg. von Karl Büchner. Stuttgart 2015. [Zit. als Cat.]

Seneca, Lucius Annaeus: De beneficiis. Über die Wohltaten. In: S.: Philosophische Schriften. Lat./Dt. Übers., eingel. und mit Anm. von Manfred Rosenbach. Sonderausg. Darmstadt 2005. Bd. 5. S. 95–593. [Zit. als Benef.]

– De brevitate vitae. Von der Kürze des Lebens. Lat./Dt. Übers. und hrsg. von Marion Giebel. Stuttgart 2008. [Zit. als Brev. vit.]

– De constantia sapientis. Über die Standhaftigkeit des Weisen. In: L. A. S.: Philosophische Schriften. Lat./Dt. Übers., eingel. und mit Anm. von Manfred Rosenbach. Sonderausg. Darmstadt 2005. Bd. 1. S. 43–93. [Zit. als Const. sap.]

– De ira. Über die Wut. Lat./Dt. Übers. und hrsg. von Julia Wildberger. Stuttgart 2007.

– [Pseudo-Seneca]: De moribus, mit fingiertem Briefwechsel zwischen Seneca und Paulus. Mit Vita Senecae. Venedig 1490. [Zit. als Mor.]

– De otio. Über die Muße. De providentia. Über die Vorsehung. Lat./Dt. Übers. und hrsg. von Gerhard Krüger. Stuttgart 1996. [Zit. als Prov.]

– De tranquilitate animi. Über die Ausgeglichenheit der Seele. Lat./Dt. Übers. und hrsg. von Klaus Gunermann. Stuttgart 2018. [Zit. als Tranq.]

– De vita beata. Vom glücklichen Leben. Lat./Dt. Übers. und hrsg. von Fritz-Heiner Mutschler. Stuttgart 1990. [Zit. als Vita beat.]

– Epistulae morales ad Lucilium. / Briefe an Lucilius über Ethik. Tl. 1. Lat./Dt. Übers. von Heinz Gunermann / Franz Loretto / Rainer Rauthe. Hrsg., komm. und mit Nachw. von Marion Giebel. Stuttgart 2014. [Zit. als Epist. I.]

– Epistulae morales ad Lucilium. / Briefe an Lucilius über Ethik. Tl. 2. Lat./Dt. Übers. von Heinz Gunermann / Franz Loretto / Rainer Rauthe. Hrsg., komm. und mit Nachw. von Marion Giebel. Stuttgart 2014. [Zit. als Epist. II.]

– Vom glückseligen Leben und andere Schriften. Hrsg., Einf. und

Anm. von Peter Jaerisch. Übers. von Rumpel, Ludwig. Stuttgart 1984.
Solon: Elegie: Knabe zuerst ist der Mensch ... Übers. von Wolfgang Schadewaldt. In: W. Sch.: Lebenszeit und Greisenalter im frühen Griechentum. In: Die Antike. Zeitschrift für Kunst und Kultur des klassischen Altertums 9 (1933) S. 282.
Sorel, Charles, sieur de Souvigny: La vraie histoire comique de Francion. Neuausg., mit Vorw. und Anm. von Èmile Colombey. Paris 1858. [7 Bde. Paris 1623. 11 Bde. Paris 1626. 12 Bde. Paris 1633.]
Sueton [C. Suetonius Tranquillus]: Der göttliche Augustus. In: S.: Kaiserbiographien. Aus dem Lat. übers. und komm. von Ursula Blank-Sangmeister / Marion Giebel / Hans Martinet / Dietmar Schmitz. Hrsg. und mit Nachw. von Ursula Blank-Sangmeister. Stuttgart 2018. [Zit. als Aug.]
– Caesar. Lat./Dt. Übers. und hrsg. von Dietmar Schmitz. Stuttgart 2010.
Tacitus: Agricola. Lat./Dt. Übers., erl. und mit Nachw. hrsg. von Robert Feger. Stuttgart 2017. [Zit. als Agr.]
– Annalen. Übers. und Anm. von Walter Sontheimer. Stuttgart 2013. [Zit. als Ann.]
– Historien. Lat./Dt. Übers. und hrsg. von Helmut Vretska. Stuttgart 2017. [Zit. als Hist.]
Terenz [P. Terentius Afer]: Phormio. Lat./Dt. Übers. und hrsg. von Peter Kruschwitz. Stuttgart 1999.
Varro, Marcus Terentius: Sententias M. Terentii Varronis majori ex parte ineditas ex codice ms. bibliothecae Seminarii Patavini. Padua 1843.
Vergil: Aeneis. Lat./Dt. Übers. und hrsg. von Edith / Gerhard Binder. Stuttgart 2012. [Zit. als Aen.]

Forschungsliteratur

Blanco, Emilio: Introducción. In: E. B. (Hrsg.): Oráculo manuel y arte de prudencia. Letras Hispánicas. Madrid 1993. S. 15–73.
Blumenberg, Hans: Die Lesbarkeit der Welt. Frankfurt a. M. 1979.

Cartwright, David D.: Schopenhauer. A Biography. Cambridge 2010.
Chartier, Roger: Traduire – De l'Oráculo manual à L'Homme de cour. In: R. Ch.: L'Oeuvre, l'Atelier et la Scène. Trois études de mobilité textuelle. Paris 2014. S. 122–137.
Foucault, Michel: Die Ordnung der Dinge. Eine Archäologie der Humanwissenschaften. Frankfurt a. M. 1990.
Gumbrecht, Hans Ulrich: Eine Geschichte der spanischen Literatur. Frankfurt a. M. 1991.
– Breite Gegenwart. Berlin 2010.
– Nach 1945 – Latenz als Ursprung der Gegenwart. Berlin 2012.
Koppenfels, Werner von: Graciáns (Über)Lebensjahre. In: Balthasar Gracián: Handorakel und Kunst der Weltklugheit. München [4]2013.
Krauss, Werner: Graciáns Lebenslehre. Frankfurt 1947. [3]2003.
Küpper, Joachim: Jesuitismus und Manierismus in Graciáns Oráculo manual. In: Romanistisches Jahrbuch 58 (2007) S. 412–442.
Lethen, Helmut: Verhaltenslehren der Kälte. Lebensversuche zwischen den Weltkriegen. Frankfurt a. M. 1994.
– Suche nach dem Handorakel. Ein Bericht. Göttingen 2012.
– Im reißenden Strom der Translationen. Der Gracián-Kick im 20. Jahrhundert. Online: https://www.komparatistik-online.de/index.php/komparatistik_online/article/view/131 [Letzter Zugriff: 3. April 2020.]
Neumeister, Stefan: Vorwort: In: Baltasar Gracián: Handorakel und Kunst der Weltklugheit. Übers. von Arthur Schopenhauer. Hrsg. und komm. von Sebastian Neumeister. Stuttgart, 14., vollst. überarb. Aufl. 2013, S. XV–XXX.
Pawlita, Leonie: Staging Doubt. Skepticism in Early Modern European Drama. Berlin/Boston 2019.

Register